（活页版）

高等职业教育商务类专业精品课程系列规划教材

智慧物流与供应链管理

ZHIHUI WULIU YU GONGYINGLIAN GUANLI

主编　权　青
参编　段靖宇　秦　瑞　王春玲
　　　刘玉洁　王玉玲　张　婷

苏州大学出版社
Soochow University Press

图书在版编目（CIP）数据

智慧物流与供应链管理 ： 活页版 / 权青主编. 苏州 ： 苏州大学出版社, 2025. 3(2025.7 重印). -- (高等职业教育商务类专业精品课程系列规划教材). -- ISBN 978-7-5672-5174-8

Ⅰ. F252.1-39

中国国家版本馆 CIP 数据核字第 20253140UH 号

书　　名：智慧物流与供应链管理（活页版）

主　　编：权　青

责任编辑：杨　冉

装帧设计：刘　俊

出版发行：苏州大学出版社（Soochow University Press）

社　　址：苏州市十梓街 1 号　**邮编**：215006

印　　刷：镇江文苑制版印刷有限责任公司

邮购热线：0512-67480030

销售热线：0512-67481020

开　　本：787 mm×1 092 mm　1/16　**印张**：16　**字数**：349 千

版　　次：2025 年 3 月第 1 版

印　　次：2025 年 7 月第 2 次印刷

书　　号：ISBN 978-7-5672-5174-8

定　　价：58.00 元

PREFACE 前言

物流是经济的经脉，是延伸产业链、提升价值链、打造供应链的重要支撑。近年来，“互联网+”、物联网、大数据等新技术蓬勃发展，有力推动了中国智慧物流的变革。党的二十大报告明确指出，要“加快发展物联网，建设高效顺畅的流通体系，降低物流成本。加快发展数字经济，促进数字经济和实体经济深度融合，打造具有国际竞争力的数字产业集群”。当前，中国经济仍处于恢复和转型升级的关键时期，物流业是我国推动经济高质量发展不可或缺的重要组成部分，很多具有前瞻性的企业已把提高物流水平视为提高市场竞争力和核心竞争力的重要手段。《智慧物流与供应链管理》一书顺应物流产业升级和数字化改造趋势，融合智慧物流和数字化供应链发展理念，以培养职业道德、职业素质为本位，强调理论知识传授与职业能力培养协调并重，是物流专业学生学习的重要内容。

本书具有以下特点。

1. 定位明确，结构合理

本书以典型工作过程为依据，通过设置“初识知识·提纲挈领—熟读精思·循序渐进—明确任务·情境挑战”的课前任务单，融教、学、做为一体，致力于培养学生的实际应用能力。各项目任务中设有“企业案例”“知识链接”“说一说”“写一写”等多个小栏目，内容涵盖国家战略、行业发展、职业素养、工作任务等内容，有效增强课堂互动性，引导学生主动思考与实践。

2. 资源丰富，与时俱进

本书提供的企业案例与理论知识紧密结合，兼具实用性、时代性和系统性。其配套开发的数字化特色资源，如教学微课、动画视频、网络学习空间等，以深入浅出的方式展示知识原理和技能，能够实现线上学习和线下学习的有机融合。

3. 潜移默化，立德树人

本书在内容设计上，巧妙融入团结协作、劳动精神、奋斗精神、工匠精神、质量意识等育人元素，在知识传授与能力培养的过程中，循序渐进地引导学生树立正确的价值观，培养学生强烈的社会责任感、良好的职业道德及对物流服务工作的热忱和热爱。

4. 校企对接，岗课融合

本书在编写过程中，依托产业学院、校外实训基地等平台，邀请企业专家及管理人员共同参与，职业素养、职业技能的要求则依据企业实际工作进行设置。通过学习，学生可以参加物流管理职业技能等级认证，实现课堂教学与职业培训的紧密结合。

本书由江苏联合职业技术学院徐州财经分院权青担任主编，徐州财经分院段靖宇、秦瑞、王春玲，无锡旅游商贸分院刘玉洁，无锡交通分院王玉玲和张婷参与编写。在此，特别感谢京东科技集团校企合作总经理杨程、顺丰集团旗下丰翼科技有限公司武亚成总经理给予的技术指导。

在本书的编写过程中，编者参阅了一些同行的著作，在此对相关作者一并表示衷心的感谢。由于编者水平有限，书中难免存在不足之处，恳请各位专家、广大读者批评指正并提出宝贵意见，以便于本书不断完善。

CONTENTS 目录

项目一　穿越古今，开启物流小学堂——物流概述

项目简介

本项目主要介绍物流的演变与发展、现代物流的分类与功能、现代物流管理与现代物流业等内容。

学习目标

知识目标	1. 了解物流的溯源与发展以及物流在我国的发展历程；了解现代物流业的发展趋势。 2. 理解现代物流的分类；理解物流的时间价值和空间价值。 3. 理解物流管理的目标。 4. 掌握物流和现代物流管理的概念。 5. 掌握现代物流的主要功能。
能力目标	1. 能描述现代物流管理含义、物流发展溯源和未来趋势。 2. 能识别物流业务类型，结合实例分析物流管理内容和目标。 3. 能利用所学知识初步分析社会物流活动。
素质目标	1. 培养学生具有强烈的社会责任感、良好的职业道德，具有良好的团队合作意识。 2. 弘扬劳动精神、奋斗精神、奉献精神，培养学生形成踏实刻苦、周密细致、精益求精的工作态度和作风。 3. 引导学生敢于创新，勇于实践，营造人人皆可成才、人人尽展其才的良好环境。 4. 培养学生具有敢于担当、积极进取的工作态度，使学生形成正确的从业心态，保持对物流服务工作的热忱和热爱。

思维导图

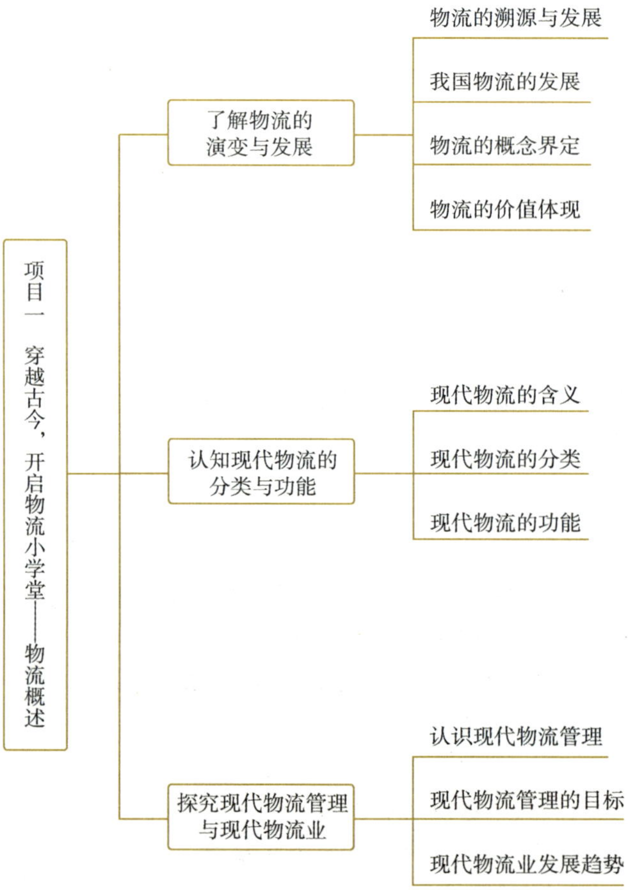
项目一 穿越古今，开启物流小学堂——物流概述
了解物流的演变与发展
物流的溯源与发展
我国物流的发展
物流的概念界定
物流的价值体现
认知现代物流的分类与功能
现代物流的含义
现代物流的分类
现代物流的功能
探究现代物流管理与现代物流业
认识现代物流管理
现代物流管理的目标
现代物流业发展趋势

任务一　了解物流的演变与发展

课前任务单

恭喜各位同学开启了物流专业学习的新篇章。可能很多同学会问，物流专业到底学什么？也有同学议论，物流就是看仓库、搬箱子、送快递，太低端了，我不想从事物流行业。还有同学问，随着人工智能的发展，我们的工作将会被机器人取代吗？那么就请一起进入“智慧物流与供应链管理”课程的学习，了解物流功能和价值、物流各个要素组成，走近智慧物流，领略中欧班列、港珠澳大桥等中国建设成就，感慨令人惊叹的“中国速度”。

初识知识·提纲挈领

1. 阅读将要学习的知识内容，绘制预习内容框架，思考你还想了解哪些其他的知识或信息。

2. 阅读将要学习的知识内容，梳理中国物流发展历程，填写下表。

序号	朝代/时代	主要运输工具	物流特点
1	秦朝		
2	汉朝		
3	隋朝		
4	唐朝		
5	明朝		
6	计划经济时代		
7	市场经济时代		

熟读精思·循序渐进

1. 请搜集和物流活动相关的成语、古诗词，比一比谁查找、收集得更多。

2. 请列举生活中的物流现象，思考其对你的生活产生了哪些影响。

明确任务·情境挑战

近年来，我国现代物流业已迅速崛起，成为国民经济发展的基础性、战略性、先导性产业，与人民群众的生产生活息息相关，在民生服务领域实现了深度融合。

在电子商务日臻成熟的背景下，消费者更倾向于通过线上方式购买生产、生活用品，其中对新鲜度、时效性要求较高的农产品、海产品等离不开专业化的冷链物流。物流行业通过构建完善的冷链物流体系，将产品从全国各地、田间地头运输到销售市场，有效保证了产品的新鲜度和品质。高效的现代流通体系还能降低采购成本、提升备料周转率、缩短工程建设周期。2020 年，武汉火神山医院仅用 10 天建成，这既离不开多家建设单位的紧密配合，也离不开现代物流企业员工的默默付出。随着物流信息技术的发展，国家不断加大智能物流设备的研发力度和推广力度，借助智能分拣系统、无人机投递等技术手段，提升前端与末端效率，提高农村物流网点的覆盖率，解决“最初和最后一公里”的难题，为民众收发货物提供便利。

任务思考：

请问：你所了解的先进物流技术有哪些？物流给我们的生活带来的便利性还体现在哪些方面？请将思考结果与小组成员讨论，在班级进行汇报展示。

一、物流的溯源与发展

人类社会由政治、经济、文化等要素构成，其中，经济由生产、流通和消费构成，而流通包括物流与商流。物流是指物品从生产者到消费者之间的物理性流动，物流活动自人类有商品交换行为起就已存在；商流则是指商品所有权的转移，即商品所有权从生产者转移到商家，最终再转移到消费者手中。

物流概念的提出可以追溯到 20 世纪初。1901 年，格罗威尔在美国政府的《工业委员会关于农场产品配送的报告》中，首次论述了影响农产品配送成本的各种因素，揭开了人们认识物流的序幕。一些资本主义国家出现生产过剩与需求相对不足的经济危机，市场竞争的加剧，促使人们开始关注分销工作，物流概念由此萌芽。

1921 年，美国学者阿奇 · 萧在《市场流通中的若干问题》一书中首次提出了“Physical Distribution（PD）”的概念，有人将其译为“实体分销”，也有人译为“物流”，这被视为物流概念最早的雏形。此时的“PD”概念仅指单纯的生产者至消费者之间的货物配送问题。

第二次世界大战后，西方经济进入大规模生产与销售时期，后勤管理的理念和方法开始被引入工业部门和商业部门，实体配送的概念逐渐被物流取代。由于前线局势变化迅速，出现了诸如如何组织军需品供应、各供应基地与中转基地及前线供应点的合理规划、如何确定最优运输线路等问题，于是美国军队围绕战争期间军需物资供应建立了现代军事后勤（Logistics），对战略物资的生产、采购、运输、仓储、配送等进行全过程管理，形成了“后勤管理”（Logistics Management）学科。这一系列研究推动了现代物流学科的形成。因此，至今欧美仍广泛地把物流学称为“后勤学”，许多国家定义物流概念时更多地使用“Logistics”而不是“Physical Distribution”。

日本最早引用“物流”概念是在 20 世纪 50 年代中期。当时，日本非常重视学习欧美的科学技术，日本的流通技术考察团在考察美国时引入了“物流”的概念。此后，经过很长一段时间的研究与实践，终于在 1965 年，“Logistics”一词被日本理论界和产业界普遍接受，并将其解释为“物的流通”或“实物流通”，之后又被译为“物流”或“综合物流”。

二、我国物流的发展

（一）古代物流发展

物流在中国古代主要体现在运输和仓储两个方面，下面将从古代运输工具、古代运输道路、古代仓储制度和古代的“快递”业等方面介绍古代物流运作模式。

1. 古代运输工具

与现代多样化的运输方式相比，我国古代的运输工具主要包括船与车。商代甲骨文中已经出现了“舟”字，说明那时已有水上运输，人们开始用船来运送东西。《诗经・国风》中云：“谁谓河广，一苇杭之……谁谓河广，曾不容刀”（杭：通“航”，渡过；刀，通“舠”，小船），可见水上运输在西周时已出现。

另外一种运输工具是车。夏朝初期大禹时代开始，车正（专司车旅交通、车辆制造的官）奚仲制造出了世界上第一辆车，有车架、车轴、车厢等，极大地方便了货物运输。三国时期，蜀国征伐魏国时，道路艰险，诸葛亮研制出木牛流马，可以昼夜不停地推行，搬运粮米非常方便。古代物流业还有其他辅助工具，如黄帝指南车、指南针、航海罗盘、鲁班木车马和计里鼓车等。而且古人已经意识到标准化运输可以降低物流成本，有利于国家军队快速转运物资。《礼记・中庸》记载：“车同轨，书同文。”秦始皇在统一六国后开始推行这一战略举措，对贸易活动和信息传递方式进行了标准化的统一。

2. 古代运输道路

（1）陆上通道之丝绸之路

作为一条具有深远影响的贯通中西方的古代商道，丝绸之路为中国与西域各国间的贸易往来提供了便利。西汉时期，张骞两次出使西域，标志着陆上“丝绸之路”的开辟。从物流业角度看，丝绸之路相当于一条国际物流线路，陆上线路起始于古都长安，最初从事以丝绸为主的对外贸易活动，后来扩大到珠宝、马匹、茶叶、瓷器、粮食、棉布等商品的运输。丝绸之路不仅是贸易的通道，更是文化交流的桥梁，为人类文明的发展做出了重要的贡献。

微课：丝绸之路

（2）陆上通道之茶马古道

这条蜿蜒在我国西南区域的古代民间国际商贸通道，起于唐宋时期的“茶马互市”，以马帮为主要交通工具，将藏区和川、滇边地出产的骡马、毛皮、药材等和川滇及内地出产的茶

微课：茶马古道

叶、布匹、盐和日用器皿等，在横断山区的高山深谷间往来运送，并随着社会经济的发展而日趋繁荣，形成一条延续至今的茶马古道。

（3）水上通道之京杭大运河

京杭大运河的历史源头可追溯到春秋时期，当时吴国为伐齐国运送军队物资而开凿了人工河道邗沟。隋朝在此基础上大幅拓建而使京杭大运河基本成形，后于唐宋繁荣、元代取直、明清疏通，经历了多次大规模兴修后才称作京杭大运河。它是真正意义上的南北交通要道，商运繁盛，对古代经济的贡献不可估量。

短视频：
京杭大运河

3. 古代仓储制度

中国是农业大国，自夏朝开始，仓储制度就成为国家的重要制度，受历代王朝的重视，被视为“天下之大命”。在古代农业社会，物流业主要承担粮食的储存和转运功能。

古代仓储分为官方仓储和民间仓储。国家在京师和各地设立官方的仓储，用来存储粮食，以备京师和各地官吏之需，或者作为灾荒、战争的应急之需。中国古代最大的粮仓是位于河南洛阳的含嘉仓，建于隋朝，历经了隋、唐、北宋三个王朝，沿用了500余年。

4. 古代“快递”业

古代就有了快递的雏形，那时又叫“急传”，古代“快递员”被称为“健步”“邮人”。古人十分重视信息保护工作：秦代为了防止信息泄露和私拆，会在竹简结绳处使用封泥，并加盖印玺；到了汉代，按照物件的形状、大小不同，分别进行不同的包装；在唐代，公文尤其是密奏要使用囊封；宋代保密制度和技术更为完善，运用“字验”“数递”“色递”“字递”“物递”等多种先进的保密手法；清代邮件则使用“封桶”“报匣”“夹板”等封套。

递送的主要方式包括陆路和水路。陆路快递有步递、车递和马递等类型。秦汉时期的步递一般都是短途，当天可送达。如果用传车，每天最多可行二三百里。东汉以后，车辆被逐渐淘汰，马成为主要的快递交通工具，称为“马递”。隋唐时期，水路快递的优势随着大运河的开凿更为突出。

知识拓展

我国古代物流发展成就

1. 最早的“国道”：秦始皇统一全国后的第二年，下令修筑以咸阳为中心的、辐射全国的驰道。《汉书·贾山传》载：“秦为驰道于天下，东穷燕齐，南极吴楚……道广五十步，三丈而树。”可知，驰道宽50步（约69米），路基夯实，路面平坦，每隔三丈（约7米）植一棵树。这应该是中国乃至世界最早的“国道”。四通八达的交通网，无疑让咸阳成为当时秦帝国的物流中心。

2. 世界上最长的人工运河：隋唐大运河自开凿到现在已有2 500多年的历

史，是京杭大运河的前身，最早可以追溯到公元前486年的春秋末期。当时，吴王夫差欲争霸中原，为解决军粮和辎重的运输问题，开凿了连通长江和淮河的邗沟。公元605年，隋炀帝下令疏浚拓宽邗沟旧道，并陆续开通通济渠、永济渠及江南运河。它的出现，不仅促进了沿河城市的繁荣，还为漕运的兴起创造了条件，封建统治者可以借助漕运实现粮食和物资的持续畅通运输，从而实现全国资源的调配。

3. 第一条自建铁路：1878年，为满足新式海军及官办、商办企业对煤炭的需求，晚清首座新式煤矿——开平矿务局成立。然而“煤本不难取，所难者使其逐日运出费力”。为解决煤炭运销问题，在李鸿章等洋务派人士的努力下，中国自建的第一条标准轨运货铁路——唐胥铁路于1881年修建完成，铁路运输从此进入了发展新纪元。

4. 最早的物流服务供应商：明清时期，大宗、长途贸易通常都使用现银，银两在异地转移过程中遭受盗贼抢劫成为突出问题，而镖局正是应运而生的专业运输组织。《晋商盛衰记》记载，“运输之时，少数由商人自行携带，多数则由镖号护送，故保镖事业，厥时甚盛，精拳术者，亦大有用”。清朝前期，镖局承担起运货任务，客商只要将货物交给镖局，支付一定的佣金，镖局便负责将货物运送到指定的地点。

说一说：关于古诗词中的物流，你知道多少？

（二）现代物流发展

从1949年中华人民共和国成立至今，我国物流的发展大体可以划分为以下五个阶段。

1. 物流发展萌芽阶段（20世纪80年代以前）

这一时期，我国还处于国民经济恢复和初步发展阶段，物流没有引起企业界关注。在传统的计划经济体制下，国家对生产资料和重要的生活资料实行计划生产、计划分配和计划供应政策。与这种“统购统销”的流通体制相适应，国家各相关部门自成体系，按中央统一下达的计划，对本系统的物品进行统一的储存和运输，从而形成国有储运企业（含仓储、运输企业）一统物流天下的局面。这一时期的物流表现为“储运”，国有储运企业成为物流的主体力量。

2. 学习和引进阶段（1980—1990年）

1979年6月，我国物资工作者代表团赴日本参加第三届国际物流会议，回国后在考察报告中第一次引用和使用“物流”这一术语，并介绍了日本物流的发展情况。1989年4月，第八届国际物流会议在北京召开，“物流”一词开始在我国正式使用。

3. 现代物流起步阶段（1990—2000年）

伴随着改革开放的不断深化，我国现代物流也迎来了发展的机遇。多领域的探索和从理论向实际运行与操作的转化，逐渐成为经济界和企业界关注的热点问题。在这一阶段，储运企业从行业自身特点与优势出发，调整经营方向，不断加强与发展储运主业，进一步完善物流功能，并逐步向现代物流（配送）中心发展。

4. 物流较快发展阶段（2000—2010 年）

进入 21 世纪，物流业受到各级政府的高度重视。国家加强对物流业的发展规划，物流的政策环境得到明显改善，物流人才的培养也开始起步。在国家和地方政府的大力推动下，企业积极参与，转型或创新发展现代意义的物流业务。民营物流企业与外资、中外合资物流企业快速发展并形成一定规模，涌现出一批现代化的物流中心、配送中心，区域性物流网络逐步形成。这一阶段，我国物流行业呈现出可持续发展的态势。

5. 物流高速发展阶段（2010 年至今）

伴随着电子商务的迅猛发展，物流业的发展日益加快，尤其是快递业务的拉动作用明显。国家高度重视物流的发展，在降低物流成本的同时，提升物流企业的规模化、集约化水平，在加强物流基础设施、网络建设等方面都做了详细部署。现代社会物流已经成为融合了多门学科的综合性学科，很多新的物流管理理念被提出和实施，物流进入专业化、科学化、现代化发展的轨道。

三、物流的概念界定

在《物流术语》（GB/T 18354—2021）中，物流被定义为：根据实际需要，将运输、储存、装卸、搬运、包装、流通加工、配送、信息处理等基本功能实施有机结合，使物品从供应地向接收地进行实体流动的过程。

文本：《物流术语》简介

物流的概念主要包含以下要点：

① 物流是物品的实体流动。物流中的“物”包括一切可以进行物理位置移动的货物；“流”既涵盖有交易产生的商业活动中的“流通”，又包括生产领域中的“流程”等。

② 物流的主要流向是从供应地到接收地。

③ 物流包括物品的空间位置移动、时间位置调整和外观形状的改变，能增加物品的效用，更好地满足顾客需求。

④ 物流坚持以现代市场营销理念为指导，以满足顾客需要为出发点和归宿。

⑤ 物流是供应链的一部分，是运输、存储、装卸、搬运、包装、流通加工、配送、信息处理等基本功能的有机结合。

微课：物流的概念

写一写： 茂名荔枝闻名全国，古有“一骑红尘妃子笑，无人知是荔枝来”的快马运送荔枝业务。现今，如果我们从网上下单，荔枝将历经哪些物流环节来到我们手中呢？请简单写出。

四、物流的价值体现

物流是一种经济活动，也是不断满足客户需求的过程。物流可以创造商品的时间价值或空间价值。

（一）时间价值

时间价值指通过改变“物”从供给者到需求者之间的时间差而创造的价值，包括缩短时间差创造价值、弥补时间差创造价值、延长时间差创造价值等。例如，秋天收获的葡萄，通过储存可以在春节期间上市销售。

（二）空间价值

空间价值指通过改变“物”的空间距离而创造的价值，包括从集中生产场所流入分散需求场所创造的价值、从分散生产场所流入集中需求场所创造的价值等。例如，埋藏在深山中的煤和泥土、石块一样，没有任何价值，只有经过采掘、输送到其他地方作为发电、取暖的燃料，通过运输克服空间距离才得以实现空间价值。

企业案例

高效物流降低成本、节省时间

“KYE（跨越速运）”是一家主营“国内限时”快递业务及物流业务的企业。为了缩短贸易周期，满足客户对高效物流的需求，跨越速运依托公司自有的夜航全货机及各机场的航空网络，在国内率先推出“跨省当天达”产品（最快 8 小时门到门送达）。跨越速运为唯品会提供区域分拨仓 JIT（Just In Time，准时制）补货配送服务。借助跨越速运的高效物流配送，唯品会大大降低了区域分拨仓的库存时间，节省了库存成本，并保障了促销旺季的市场供应。

说一说： 物流的时间价值和空间价值还体现在哪些方面？

任务二　认知现代物流的分类与功能

课前任务单

在“2024 中国物流企业家年会”上，中国物流与采购联合会相关负责人介绍：我国现代物流发展取得丰硕成果，社会物流需求实现大幅增长，2024 年社会物流总额超过了 360 万亿元；同时，社会物流成本稳步下降，社会物流总费用与 GDP（国内生产总值）的比率预计下降至 14.1%左右，与 2004 年的 21.3%相比大幅降低 7.2 个百分点。可以说，物流产业在我国经济社会发展中发挥着越来越重要的作用，它的具体功能是什么呢？如何更深入剖析物流系统的结构、特性，以便对其进行更有效的优化和管理呢？

初识知识 · 提纲挈领

1. 阅读将要学习的知识内容，绘制预习内容框架，思考你还想了解哪些其他的知识或信息。

2. 完成以下训练题目。

（1）（单选题）运输是（　　）的主要源泉。

A. 第一利润源　　B. 第二利润源

C. 第三利润源　　D. 第四利润源

（2）（多选题）按行政区域划分，地区物流有（　　）。

A. 西南地区　　B. 华东地区

C. 东北地区　　D. 黑龙江边境贸易地区

（3）（多选题）以下几项中，（　　）属于物流的基本功能。

A. 成本核算　　B. 回收次品

C. 配送　　D. 包装

（4）（多选题）下列属于宏观物流的是（　　）。

A. 社会物流　　B. 第三方物流

C. 国际物流　　D. 企业物流

熟读精思 · 循序渐进

1. 查找资料，了解当地有哪些物流企业，其具体的业务范围是什么。

2. 调研并写出以下物品正确的回收/处理方法。

废弃物	回收/处理方法
废旧电池	
废塑料	
废玻璃	
厨余垃圾	

明确任务·情境挑战

2008 年 5 月，杭州湾跨海大桥建成通车，它北起嘉兴市海盐枢纽，南至宁波市庵东枢纽，全长约 36 千米。杭州湾跨海大桥作为我国沿海大通道中的第一座跨海大桥，突破了杭州湾的瓶颈，优化了国道主干线的路网布局，大大缩短了上海与宁波及浙东南地区的时间距离，也形成了沪杭甬之间的两小时交通圈，为建立现代化物流系统创造了条件。

2020 年，沪苏湖高速铁路正式开工建设，起于上海虹桥站，止于湖州站，正线全长 163.708 千米。沪苏湖高速铁路建成后，将成为连接上海、苏州、湖州等长三角核心区的重要铁路运输通道，对于进一步完善地区路网布局，强化上海向长三角核心腹地的辐射功能，促进区域社会经济发展具有重要意义。

2023 年 12 月，省界断头路项目新胜路跨吴淞江大桥（新胜大桥）、外青松公路跨吴淞江大桥通车。上海市与江苏、浙江两省，历时 5 年，打通 9 条省界断头路，对于优化区域路网功能、改善周边交通环境具有积极作用。

任务思考：

请问：任务情境中提到的长三角物流圈包含哪些城市？其发展优势和特色是什么？你所在的城市属于哪个物流经济圈？道路交通对于现代物流发展的意义是什么？请与小组成员讨论思考结果，并在班级中汇报展示。

一、现代物流的含义

现代物流是相对于传统物流而言的。它在传统物流的基础上，引入高科技手段，即运用计算机进行信息联网，并对物流信息进行科学管理，从而使物流速度加快、准确率提高、库存减少、成本降低，以此延伸和放大传统物流的功能。

2001 年 3 月，国务院印发的《关于加快我国现代物流发展的若干意见》（国经贸运行〔2001〕189 号）的通知中，对现代物流的定义是这样表述的：“现代物流泛指原材料、产成品从起点至终点及相关信息有效流动的全过程。它将运输、仓储、装卸、加工、整理、配送、信息等方面有机结合，形成完整的供应链，为用户提供多功能、一体化的综合性服务。”

说一说：现代物流和传统物流的主要区别是什么？

二、现代物流的分类

社会经济领域中，物流活动无处不在。尽管各个领域中物流的基本要素大体相同，但由于物流对象、目的、范围、范畴存在差异，便形成了不同的物流类型。

（一）按研究层次划分

按研究层次划分，物流可分为宏观物流与微观物流。

1. 宏观物流

宏观物流是指从国民经济的总体发展和长远战略的角度出发，全面、系统地认识、研究、规划和管理物流。宏观物流具有战略性、空间性、整体性等主要特征。

2. 微观物流

微观物流是相对于宏观物流而言的，是消费者、生产者企业所从事的实际的、具体的物流活动。同时，整个物流活动中的一个局部、一个环节的具体物流活动，以及在一个小地域空间发生的具体的物流活动也属于微观物流。

（二）按供应链环节划分

按供应链环节划分，物流可分为供应物流、生产物流、销售物流、回收物流和废弃物物流。

1. 供应物流

为生产企业提供原材料、零部件或其他物品时，物品在提供者与需求者之间的实体流动称为供应物流。对于工厂而言，供应物流是指生产活动所需要的原材料、备品备件等物资的采购、供应活动所产生的物流；对于流通领域而言，则是指交易活动中，从买方角度出发的交易行为中所产生的物流。

2. 生产物流

在生产过程中，原材料、在制品、半成品及产成品等在企业内部的实体流动，称为生产物流。生产物流是制作产品的工厂企业所特有的，它和生产流程同步。原材料、半成品等按照工艺流程在各个加工点之间不停顿地移动、流转，形成生产物流。如果生产物流中断，生产过程也将随之停顿。

3. 销售物流

生产企业、流通企业出售商品时，物品在供方与需方之间的实体流动称为销售物流。对于工厂而言，销售物流是指售出产品；对于流通领域而言，是指交易活动中，从卖方角度出发的交易行为中的物流。

4. 回收物流

不合格物品的返修、退货及周转使用的包装容器，从需方返回到供方所形成的物品实体流动叫作回收物流。再生产及流通活动中有一些资料是要回收并加以利用的，如作为包装容器的纸箱、塑料筐、酒瓶等。

5. 废弃物物流

废弃物物流是指将经济活动中失去原有使用价值的物品，根据实际需要进行收集、分类、加工、包装、搬运、储存等活动，并分别送到专门处理场所时形成的物流活动。生产和流通过程中所产生的无用的废弃物，如开采矿山时产生的土石、炼钢生产中的钢渣、工业废水及其他一些无用的垃圾等，这些废弃物如果不妥善处理，不但没有再利用的价值，还会造成环境污染。

短视频：
废弃物物流

企业案例

德邦快递积极践行 ESG 理念 推动行业绿色可持续发展

ESG 是一种关注企业环境、社会、公司治理绩效而非传统财务绩效的投资理念和企业评价标准，是 Environmental（环境）、Social（社会）和 Governance（治理）三个单词的首字母缩写。2024 年是 ESG 概念提出的 20 周年，在过去的 20 年里，ESG 从一个小众话题逐渐发展成为全球的重要议题。作为大件快递的领导者，德邦快递积极践行 ESG 理念，推动绿色低碳发展，为社会可持续发展贡献力量。

在物品包装环节，德邦快递成立了包装研发部门并推出大量环保产品，包括循环袋、循环包装箱、智能循环箱、无胶带纸箱等。此外，为了提升包装的二次使用率，德邦快递还引入了循环围板箱，用来替代木包装、木架等一次性消耗的包装产品，循环围板箱破损防护效果接近零破损。2022 年开始，德邦快递自主研发的循环围板箱系统可查看到箱子的每一个物流轨迹，实现对产品的调拨管理，把一次性的耗材转化为企业的资产管理，全面提高运营效率，减少资源浪费。

在末端回收环节，德邦快递从 2019 年起开始推广使用包装回收装置，在全国多地直营和合伙人网点投放包装废弃物回收装置，加大可循环产品的使用与重复利用率，减少包装废弃物对环境的污染，实现循环利用。

说一说： 目前一些小区设立回收摊位，还有的设立智能有偿回收箱，通过微信扫码、注册登录、投放物品、自动结算、现金到账就完成了物品回收过程。你所在的城市、小区有无物品回收的创新做法？这种做法的意义是什么？

（三）按物流活动空间范围划分

按物流活动空间范围划分，物流可分为区域物流、国内物流和国际物流。

1. 区域物流

区域物流有不同的划分原则，可以按行政区域划分，如华南区域、华北区域、华东区域等；按经济圈划分，如环渤海经济圈、长三角经济圈和珠三角经济圈等。区域物流系统对于提高该地区物流活动效率、保障当地居民的生活便利有着非常重要的作用。研究区域物流应根据区域特点，从本区域的利益出发，合理组织物流活动。

微课：区域物流

写一写： 你所了解的物流经济圈有哪些？其发展优势和特色是什么？

2. 国内物流

国内物流是指在一个国家境内开展的物流活动。物流作为国民经济的重要组成方面，应该纳入国家的总体规划。国家整体物流系统的内容有：物流基础设施的建设，如公路、高速公路、港口、机场、铁道的建设，大型物流节点的配置等；制定各种交通政策法规，如铁路运输、海运、空运的价格确定，以及税收标准等；与物流活动有关的各种设施、装置、机械的标准化；物流新技术的开发、引进，物流技术专门人才的培养等。

3. 国际物流

国际物流是指物品从一个国家（或地区）的供应地向另一个国家（地区）的接收地的实体流动过程，是国内物流的扩展和延伸，是跨越国界范围的物的流通。相较于国内物流，国际物流在空间、时间和内容等维度上更为广泛。例如，消费者可以从亚马逊网站上选择来自全球各地的商品，并由商品所在地的国家通过物流快递公司跨越国界运送到消费者手上。

（四）按从事物流活动的主体划分

按从事物流活动的主体划分，物流可分为第一方物流、第二方物流、第三方物流和第四方物流。

1. 第一方物流

第一方物流是由物资提供者组织运力向物资需求者送货，以实现物资的空间位移。例如，制造企业自身拥有规模较大的运输工具（如车辆、船舶等）和仓库等物流设施，由其内部物流队伍承担物流任务，来实现自身产品的空间位移。

2. 第二方物流

第二方物流是物资需求者承担所需物资的物流任务，以实现物资的空间位移。例如，一些较大规模的商业部门自身配备运输工具和储存商品的仓库，自行解决物资从供应站到商场的物流问题。

3. 第三方物流

第三方物流是由专业的物流企业以签订合同的方式为其委托人提供部分或全部的物流服务，也被称为合同制物流。

4. 第四方物流

第四方物流是供应链的集成商。它不是物流的利益方，而是凭借拥有的信息技术、整合能力及其他资源提供一套完整的供应链解决方案，以此获得一定利润。它助力企业降低成本和有效整合资源，并且依靠优秀的第三方物流企业、技术供应商、管理咨询及其他增值服务商，为客户提供独特和广泛的供应链解决方案。

短视频：第四方物流

三、现代物流的功能

（一）运输

运输是指利用特定的设备和工具，将货物从某一地点运送到另一地点，实现货物地域转变的物流活动。运输是物流的主要活动之一，物流的很大一部分功能都是由运输来实现的。运输活动改变了货物的空间位置，因此运输是增加物品空间价值最有效的途径之一。

（二）储存

储存是指对货物进行存放、保护和管理。不管什么类型的物资，在加工生产、运输、消费等环节前后，都会产生储存物资的需求。通过对物资存储和保管保养，可以克服产品的生产与消费在时间上的差异，创造物资的时间效用。储存是物流系统的重要节点，对于整个物流系统来说，具有缓冲和调节的作用，同时兼具创造附加价值的功能。

（三）装卸搬运

装卸是指依靠人力或者机械设备将货物装入运输设备或从运输设备上卸下的活动；搬运是指将货物从某处移动到另一地点的活动，相较于运输，搬运是在小范围内进行的活动。通常情况下，装卸和搬运是密不可分、相伴而行的。

说一说：装卸和搬运的区别是什么？

（四）包装

包装是指在流通过程中，为了对货物进行保护、方便储存和运输、促进销售而采用的材料容器及辅助物的总称。包装也指为达到上述目的而采用材料、容器及辅助物的过程中施加一定技术方法等的操作活动。包装一般分为商业包装和运输包装两种。

（五）流通加工

流通加工是指货物从生产地到使用地的过程中，根据需要进行的包装、分割、计量、分拣、做标志、挂标签、组装等简单作业的总和。流通加工也是物品从生产领域向消费领域流动的过程中，为了促进销售、维护产品质量和提高物流效率，对物品进行加工，使物品发生物理、化学或者形状的变化。因此，流通加工有效地完善了流通过程，对流通过程起到补充、完善、增强的作用。

（六）配送

配送是指在经济合理区域内，根据用户的要求，对物品进行拣选、加工、包装、分割、组配等作业，并按时送达指定地点的物流活动。由于配送直接面对消费者，最直接地反映了供应链的服务水平，所以配送作为供应链的末端环节和市场营销的辅助手段，日益受到重视。

（七）信息处理

物流信息在现代企业经营战略中占有越来越重要的地位。建立物流信息系统，提供迅速、准确、及时、全面的物流信息是现代企业获得竞争优势的必要条件。如今的物流信息具有信息量大、更新快、来源多样的特点。

知识链接

奥运物流

奥运物流是指由运输、存储、包装、装卸、配送、流通加工和信息处理等物流基本活动构成的，与举办奥运会相关的物品从供应地到接收地间的实体流动过程。奥运物流的内容可以从服务的客户群、与奥运赛事的关系、地域范围、时间范围、服务形态、服务项目内容等不同角度进行分类分析，从而形成奥运物流构成的多维立体架构。每一维分类都为奥运物流的管理提供了一个视角，凸显了奥运物流管理的复杂性。

任务三　探究现代物流管理与现代物流业

课前任务单

2021 年，《职业教育专业目录（2021 年）》中，物流管理专业更名为现代物流管理专业。此次更名不仅仅是专业名称的变化，在教学内容、教学方法、培养目标上都发生了重大转变，更强调物流管理的现代化和智能化，突出信息技术和智能化设备在现代物流中的应用。当前时代飞速发展，科技日新月异，智慧物流通过融合人工智能、物联网、云计算等新技术，正在引领物流行业发生深刻变革。例如，在智慧仓库中安装射频识别标签，轻松获取出入库情况；通过动态地图和热力图，清晰查看货物实时位置和运输状态，实时监控物流链各个环节，等等。

大家不妨畅想：智能、绿色与高效的物流新时代会是什么样呢？将来在物流行业中，有哪些岗位可以选择呢？我们如何从现在着手，为将来就业做准备呢？

初识知识·提纲挈领

1. 阅读将要学习的知识内容，绘制预习内容框架，思考你还想了解哪些其他的知识或信息。

2. 完成以下训练题目。

（1）（多选题）现代物流管理的特征表现在（　　）。

A. 以企业最优为目的　　B. 注重整个流通渠道的商品运动

C. 既重视效率也重视效果　　D. 以信息管理为中心

（2）（多选题）现代物流管理日益发展，它的特征有（　　）。

A. 以实现顾客满意为第一目标　　B. 以企业整体最优为目的

C. 注重整个流通渠道的商品运动　　D. 既重视效率也重视效果

熟读精思·循序渐进

查找招聘网站，了解当地物流企业的招聘信息和岗位要求，进行列表汇总。

明确任务·情境挑战

2015 年，美团自建配送团队，并根据市场的变化，先后整合众包推出“快送”“飞速达”“光速达”等不同产品，给消费者和商户提供更多选择。近年来，美团研发出了“超脑”即时配送系统，借助机器学习、运筹优化等技术，攻克了千亿级骑手轨迹挖掘、城市级全局并行优化调度、毫秒级配送路径规划等关键难题，实现精准感知、智能决策和高效执行，推动配送从数字化迈向智慧化。

中国邮政建立了全国第一个采用立体式模块协同作业、大小件同步智能自动分拣系统的邮件处理中心，将皮带机、机械臂、自动导引车配套联动，增加传输柔性，提升传输效率，形成智能物流系统。在未来，配备全自动、无人化仓配系统将成为邮政领域的主要发展方向。

交通道路部门与邮政企业资源互补、强强联合，通过“客货邮”有效破解农村物流配送难题。通过整合物流资源，以公交带货的方式将快递件带到沿线村庄居民手里，让更多居住在乡镇的群众享受到更加便捷的寄递服务。

任务思考：

请问：以上三个情境给你最大的感受是什么？请你大胆畅想未来 20 年，物流还会给我们的生活带来哪些改变？请将思考结果与小组成员讨论，并在班级汇报展示。

一、认识现代物流管理

（一）现代物流管理的概念

在《物流术语》（GB/T 18354—2021）中，物流管理被定义为：为达到既定的目标，从物流全过程出发，对相关物流活动进行的计划、组织、协调与控制。

换句话说，现代物流管理就是根据物品实体流动的规律，运用物流管理的基本原理和科学方法对物流活动进行的计划、组织、指挥、协调、控制和监督，

使各项物流活动实现最佳协调配合，通过降低物流成本和满足市场需求来提高社会效益和经济效益的过程。(图 1-3-1)

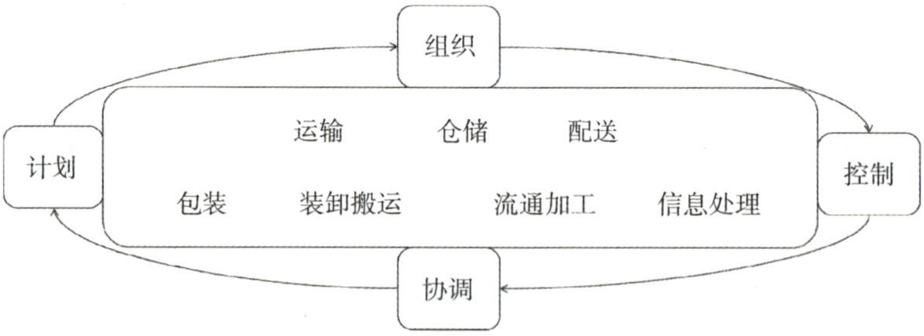

图 1-3-1　现代物流管理的过程

企业案例

一双运动鞋的旅途

一双运动鞋从原材料到成品，再到摆上商店货架供消费者选购，背后是一条完整的物流供应链，如图 1-3-2 所示。

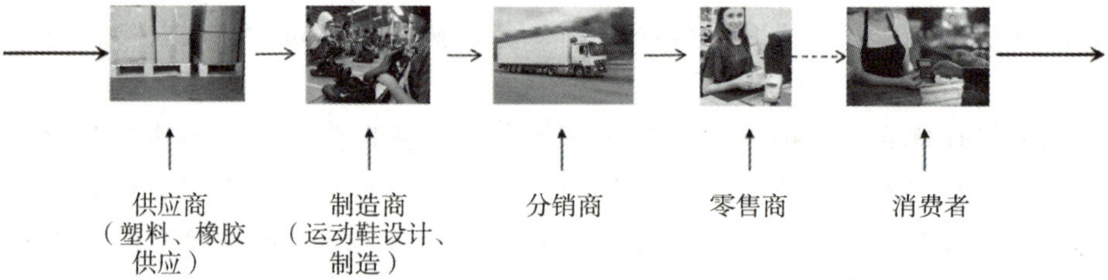

图 1-3-2　一双运动鞋的物流供应链

这条供应链上的各参与方，包括供应商、制造商、分销商、零售商等组织，都把将商品成功销售给终端消费者并获取利润作为共同目标。只有当整个链条中的每一个组织都能相互合作、协调配合，每一个物流环节都能高效运作、紧密连接，才能保证整个供应链的物流效率，使链条上的各方实现盈利。由此可见，物流管理水平的高低决定了物流成本的高低，也决定了企业的市场竞争力。这也是企业越来越重视物流管理的原因所在。

（二）现代物流管理的内容

现代物流管理的内容主要包括物流运作管理和物流要素管理。

1. 物流运作管理

物流运作管理的范畴广泛，涉及包装管理、储存管理、运输管理、装卸搬运管理、流通加工管理、配送管理、物流信息管理、物流技术管理、客户服务管理、物流质量管理等，如表 1-3-1 所示。

表 1-3-1　物流运作管理

职能	内容
包装管理	包装容器和材料的选择与设计；包装技术与方法的改进；包装系列化、标准化、自动化
储存管理	原料、半成品、成品的储存策略；库存统计、库存控制、商品养护等
运输管理	运输工具、运输方式及服务方式的选择；运输线路的选择；车辆调度与组织
装卸搬运管理	装卸搬运系统的设计、设备规划与配置和作业组织等
流通加工管理	加工场所的选定、加工机械的配置、加工技术与方法的研究；加工作业流程的制定与优化
配送管理	配送中心选址与优化布局；配送机械的合理配置与调度；配送作业流程的制定与优化
物流信息管理	物流业务信息的分析；物流信息的录入、存储、传递和加工处理
物流技术管理	各种物流技术的研究、推广和普及；物流科学研究工作的组织与开展；新技术的推广与普及
客户服务管理	对于物流活动相关服务的组织和监督；调研和分析客户对物流活动的反映；决定顾客所需要的服务水平和服务项目等
物流质量管理	KPI（关键绩效指标）设定；物流质量的考核、质量的改进

2. 物流要素管理

物流要素管理包括人力资源管理、物流成本管理、物流设施设备管理，主要集中在人、财、物三个方面，如表 1-3-2 所示。

表 1-3-2　物流要素管理

管理对象	基本含义	主要内容
人力资源管理	物流企业对其拥有的人力资源进行的一种管理活动	物流从业人员的选拔与录用；物流专业人才的培训与提高；物流教育和物流人才培养规划与措施的制定
物流成本管理	降低物流成本，提高经济效益	物流成本的预测；物流成本的核算；物流成本的分析；物流成本的控制
物流设施设备管理	对物流设施、设备进行管理	各种物流设备的选型与优化配置；各种设备的合理使用与更新改造；各种设备的研制、开发与引进等

二、现代物流管理的目标

现代物流管理的根本目标是以最低的成本向用户提供最优质的物流服务。物流管理同时应实现以下功能目标。

1. 快速反应

快速反应关系到厂商能否及时满足客户需求。信息技术提高了厂商在最短的时间内完成物流作业和交付所需存货的能力，从而避免在传统模式下按预期客户需求过度地储备存货的情况。

2. 准确交货

由于现代物流环节多、功能复杂，误差可能产生于物流作业中的任何一个环节，这将影响到最终的交货环节。准确交货既体现了物流作业的标准规范性，也为生产制造企业、分销零售企业抢占市场创造有利条件。

知识链接

物流交付时间计算方式小知识

常见的交付时间计算方式如下：

发货日起算：从发货日开始计算的交付期限，通常适用于距离较近或交通便利的地区，运输时间相对较短的情况。

预期交货日：双方共同商定的预期交货日期，常用于长途运输或国际贸易，需要充分考虑运输时间和通关手续的要求。

工作日计算：以工作日为单位计算的交付时间，常用于需要考虑政府或物流公司的工作日安排的情况。

3. 降低成本

物流成本一经提出就引起了所有企业的重视。如何降低成本也就成了研究重点。例如，在企业物流系统中，存货所占用的资金是企业物流最大的经济负担，因此在保证供应的前提下应尽量提高物品的周转率，以实现最低的物流成本。零库存是企业物流管理的理想目标。

4. 客户满意

现代物流管理追求服务水平的不断提升，用优质的物流服务带给客户满意的物流体验，满足客户不断提高的物流服务需求。

总的来说，现代物流管理的目标就是为客户提供迅速、准确、安全、便捷的物流服务。

三、现代物流业发展趋势

现代物流业是社会化大生产的必然产物，随着时代的不断进步和科学技术水平的不断提高，在不同的发展时期，物流呈现出不同的特点并被赋予不同的内涵。

微课：现代物流业发展

（一）物流过程一体化

现代物流秉持系统综合和总成本控制的理念，将经济活动中所有供应、生产、销售、运输、库存及相关的信息流动等活动视为一个动态的系统整体。

物流一体化的一个重要表现是供应链概念的出现。供应链把物流系统从采购开始，经过生产过程和货物配送到达客户的整个过程，看作一条环环相扣的“链”，物流管理以整个供应链为基本单位，而不再是单个的功能部门。在进行供应链管理时，竞争不再仅仅是单个公司之间的竞争，而上升为供应链与供应链之间的竞争。

（二）物流技术专业化

物流技术专业化表现为现代技术在物流活动中得到了广泛的应用，如条形码技术、电子数据交换（Electronic Data Interchange，EDI）技术、自动化技术、网络技术、智能化和柔性化技术等。运输、装卸、仓储等环节也普遍采用专业化、标准化、智能化的物流设施设备。这些现代技术和设施设备的应用极大地提高了物流活动的效率，拓展了物流活动的领域。

知识链接

数字化物流新技术发展应用

1. 以 RFID 为代表的第三代识别技术

射频识别（Radio Frequency Identification，RFID）技术相较于传统条码技术，具有存储信息量大、非接触识别、识别距离远、识别速率高、可重复使用等突出优势。目前，沃尔玛、麦德龙等快消零售巨头都在大力推进 RFID 技术的应用。借助 RFID 等创新技术打造的全新供应链管理方案，推动实现物流信息的全程数字化，让人、货、场等要素的信息透明度得到加强。

2. 无人驾驶技术

无人驾驶技术能实现装卸、运输、收货等物流作业的无人化、机械化，促使物流领域降本增效，推动物流产业的革新升级，公路干线运输、中短途配送、仓储作业、快递末端配送等业务场景都将是重要的应用场景。

3. 供应链数字化

在 5G、人工智能、大数据、区块链等新技术的支持下，产业互联网将数字化从消费端深入推进到供给端，进一步拓展了供应链数字化的应用场景。未来，供应链的数字化更侧重于通过产业互联实现供应链生态的网络协同和价值创造。

4. XR 技术增强现实

扩展现实（Extended Reality，XR）技术通过与物联网、大数据分析技术和人工智能相结合，营造出一个真实与虚拟结合、可人机交互的环境。依托 XR 系统，物流企业能实现作业场景的信息化、智能化，提高工作效率，降低物流成本。

5. 乡村网点自动化

随着“快递进村”战略的持续推进，物流自动化技术将下沉到县乡甚至村一级的快递网点，实现网点自动化，满足农村地区的物流和供应链需求。乡村供配中心及经过自动化改造的农产品产地仓，经过自动化设备分拣的农产品能够帮助农户获得更高的收入。

（三）物流管理信息化

现代物流高度依赖对大量数据信息的采集、分析、处理和即时更新。在信息技术、网络技术高度发达的现代社会，从客户资料获取和订单处理的数据库化、代码化，到物流信息处理的电子化和计算机化，再到信息传递的实时化和标准化，信息化已渗透至物流的每一个领域。从某种意义上讲，现代物流的竞争已演变为物流信息的竞争。

（四）物流服务社会化

随着社会分工的深化和市场需求的日益复杂，生产经营对物流技术和物流管理的要求也越来越高。众多工商企业逐渐认识到依靠企业自身的力量不可能在每一个领域都获得竞争优势，它们更倾向于采用资源外包的方式，将本企业不擅长的物流环节交给专业物流公司，或者在企业内部设立相对独立的物流专业部门，而将有限的资源集中于自己真正的优势领域。专业的物流部门由于具有人才优势、技术优势和信息优势，可以采用更为先进的物流技术和管理方式，取得规模经济效益，从而达到物流合理化。

（五）物流活动国际化

在产业全球化的浪潮中，跨国公司普遍采取全球战略，在全世界范围内选择原材料、零部件的来源，以及产品和服务的销售市场。相应地，其物流的选择和配置也超越国界，着眼于全球大市场。例如，耐克公司通过全球招标采购原材料，在中国台湾或东南亚地区生产（大陆也有生产企业），再将产品分别运送到欧洲、亚洲的几个中心仓库，然后就近销售。

模拟实训

一、实训内容

物流企业调研分享会。

二、实训步骤和要求

（1）全班同学自由分组，每组4—6人，根据本任务所学知识，各组选择所在城市的一家物流企业开展调研。

（2）了解该物流企业类型，分析其业务内容、运作方式、组织架构、岗位要求等。

（3）以小组为单位进行PPT汇报，小组互评，教师点评；全班同学开展交流分享。

实训评价

实训评价表

<table>
<tr><th colspan="2">内容</th><th colspan="3">评价</th></tr>
<tr><th>学习目标</th><th>评价项目</th><th>自我评价</th><th>组间评价</th><th>教师评价</th></tr>
<tr><td rowspan="3">专业知识
（30 分）</td><td>了解现代物流业发展趋势</td><td rowspan="3">得分及备注：</td><td rowspan="3">得分及备注：</td><td rowspan="3">得分及备注：</td></tr>
<tr><td>理解现代物流管理的目标</td></tr>
<tr><td>掌握现代物流的功能</td></tr>
<tr><td rowspan="3">专业能力
（45 分）</td><td>能描述现代物流管理的概念</td><td rowspan="3">得分及备注：</td><td rowspan="3">得分及备注：</td><td rowspan="3">得分及备注：</td></tr>
<tr><td>能识别物流业务类型，结合实例分析现代物流管理内容和目标</td></tr>
<tr><td>能利用所学知识初步分析社会物流活动</td></tr>
<tr><td rowspan="4">职业意识
（25 分）</td><td>踏实刻苦、周密细致的工作作风</td><td rowspan="4">得分及备注：</td><td rowspan="4">得分及备注：</td><td rowspan="4">得分及备注：</td></tr>
<tr><td>奋斗精神、团队合作意识</td></tr>
<tr><td>服务意识</td></tr>
<tr><td>实践创新意识</td></tr>
<tr><td colspan="2">教师建议：</td><td colspan="3" rowspan="2">评价汇总：
A. 优秀　　B. 良好
C. 基本掌握　　D. 没有掌握
（参考标准：得分低于 60 分的为没有掌握，60 ~ 70 分的为基本掌握，70 ~ 80 分的为良好，高于 80 分的为优秀）</td></tr>
<tr><td colspan="2">个人努力方向：</td></tr>
</table>

同步测试

一、单选题

1. 以下属于物流对象的是（　　）。

A. 建筑物　　B. 未砍伐的森林

C. 矿山　　D. 煤炭

2. 现代物流与传统物流最主要的区别是（　　）。

A. 运输　　B. 包装　　C. 储存　　D. 物流信息

3. 秋季收获的粮食通过仓储保管来满足消费者的全年需要，这是创造了物流的（　　）。

A. 时间效用　　B. 空间效用

C. 信息效用　　D. 品种效用

4. 如果一个企业的销售额为 1 000 万元，物流成本为 400 万元，若物流成本下降 20%，那么利润可以直接增加（　　）万元。

A. 80　　B. 200　　C. 600　　D. 100

5. 下列选项不是物流基本功能要素的是（　　）。

A. 运输　　B. 仓储　　C. 销售　　D. 流通加工

6. 工厂将整块牛肉分割成小包装，属于物流基本功能中的（　　）。

A. 运输　　B. 储存　　C. 流通加工　　D. 客户服务

7. 保护、管理、储藏物品的活动是（　　）。

A. 运输　　B. 储存　　C. 包装　　D. 配送

8. 从本质上讲，物流信息系统是利用信息技术，将各个物流活动与某个一体化过程连接在一起的通道，其传输媒介是（　　）。

A. 物流　　B. 商流　　C. 资金流　　D. 信息流

9. 下列属于狭义的流通的是（　　）。

A. 资金的流通　　B. 商品的流通

C. 信息流通　　D. 文化流通

10. 现代物流业以追求（　　）为主要目标，以低库存水平、及时输送和快速反应等手段来提高整体的效益。

A. 客户满意　　B. 最低的物流成本

C. 物流系统整体最优　　D. 效率最快

11. 物流的出发点和归宿点是（　　）。

A. 整体最优　　B. 物流信息技术

C. 成本最低　　D. 实现顾客满意

12.（　　）物流是指在企业范围内进行相关的物流活动的总称。

A. 社会　　B. 企业　　C. 销售　　D. 生产

二、多选题

1. 物流管理就是以最低的物流成本达到用户满意的服务水平，对物流活动进行的（　　）。

A. 计划　　B. 组织　　C. 协调　　D. 控制

2. 微观物流研究的特点是（　　）。

A. 综观性　　B. 全局性　　C. 具体性　　D. 局部性

3. 物流的作用体现在（　　）。

A. 物流是实现商品价值和使用价值的条件

B. 物流是国民经济的经脉，是连接国民经济各个部分的纽带

C. 物流技术的进步与发展是决定国民经济生产规模和产业结构变化的重要因素

D. 合理的物流对提高全社会的经济效益起着十分重要的作用

4. 所谓优质的物流服务就是对顾客购买商品的一种保证，它包括（　　）。

A. 拥有顾客所期望的商品　　B. 在顾客所期望的时间传递商品

C. 符合顾客所期望的质量　　D. 使顾客总价值大于顾客总成本

5. 现代物流业的性质是（　　）。

A. 有增值意义　　B. 从属销售环节

C. 独立的　　D. 附加的

6. 以下属于现代物流管理特征的是（　　）。

A. 以实现顾客满意为第一目标　　B. 以企业整体最优为目的

C. 注重整个流通渠道的商品运动　　D. 既重视效率也重视效果

三、判断题

1. 物流从业人员的职业守则包括爱岗敬业、遵纪守法、钻研业务和讲究效率。（　　）

2. 流通实际上就是物流。（　　）

3. 物流是现代社会覆盖最广泛的产业。（　　）

4. 物流活动自人类社会产生后就存在了。（　　）

5. 物流活动克服了供给方和需求方在空间和时间方面的距离。（　　）

6. 仓储管理的基本目标是加快仓库周转，为此增加的仓储成本可以忽略不计。（　　）

7. 生产企业习惯将最终产品之外的、在生产领域流转的一切材料（不论其来自生产资料还是生活资料）、燃料、零部件、半成品、外协件及生产过程中必然产生的边、角、余料、废料和各种废物统称为“物料”。（　　）

8. “西气东输”体现了物流在流通中的时间价值。（　　）

9. 物流坚持以现代市场营销理念为指导，以满足顾客需求为出发点和归宿点。（　　）

10. 绿色物流管理是从环保的角度对物流体系进行改进，形成了与环境共

生型的物流管理系统。（　　）

四、案例分析题

“大众包餐”是一家提供全方位包餐服务的公司，由上海某大饭店的下岗工人李杨夫妇创办，如今已经发展成为苏锡常和杭嘉湖地区小有名气的餐饮服务企业之一。“大众包餐”的服务分成两类：递送盒饭和套餐服务。盒饭主要由荤菜、素菜、卤菜、大众汤和普通水果组成。可供顾客选择的菜单含荤菜6种、素菜10种、卤菜4种、大众汤3种和普通水果3种，还可以定做饮料佐餐。尽管菜单的变化不大，但从年度报表来看，这项服务的总体需求水平相当稳定，老顾客通常每天会打电话来订购。但由于设施设备的限制，“大众包餐”会要求顾客在上午10点前打电话预订，以便确保当天递送到位。

在套餐服务方面，该公司的核心能力是为企事业单位提供冷餐会、大型聚会，以及一般的家宴和庆宴会。客户所需的各种菜肴和服务可以事先约定。但由于这项服务的季节性很强，又与国家法定假日相关，需求量忽高忽低，有旺季和淡季之分，因此要求顾客提前几周甚至1个月前来预定。

“大众包餐”公司内的设施布局类似于一个加工车间，主要有五个工作区域：热制食品工作区、冷菜工作区、卤菜准备区、汤类与水果准备区，以及一个配餐工作区，专为装盒饭和预订的套菜装盆共享。此外，还有三间小冷库供储存冷冻食品，一间大型干货间用于储存不易变质的物料。设施设备的限制及食品变质的风险制约着“大众包餐”公司的发展规模，虽然饮料和水果可以外购，有些店家也愿意送货上门，但总体上这些因素还是限制了“大众包餐”公司提供柔性化服务。

李杨夫妇聘用了10名员工：2名厨师和8名食品准备工，旺季时还会另外雇佣一些兼职服务员。

包餐行业的竞争是十分激烈的，高质量的食品、可靠的递送、灵活的服务及低成本的运营等都是这一行业求生存谋发展的根本。近来，大众包餐公司已明显感受到来自愈发挑剔的顾客和几位新来的专业包餐商的竞争压力。顾客们越来越需要菜单的多样化、服务的柔性化及响应的及时化。

李杨夫妇最近参加了现代物流知识培训班，对准时化运作和第三方物流服务的印象很深，思忖着这些理念正是“大众包餐”公司要保持其竞争能力所需要的东西。但是他们感到犹豫不决的是公司是否需要借助第三方的物流服务。

思考题：

1. “大众包餐”公司的经营活动可否引入第三方物流服务？请说明理由。

2. “大众包餐”公司实施准时化服务有无困难？请加以解释。

3. 在引入第三方物流服务中，你会向“大众包餐”公司提出什么建议？

参考答案

项目二　物传千里，智慧包装保安全——包装作业

项目简介

本项目主要介绍物流包装的概念、功能、类型，物流包装材料及其特点，物流包装的一般技法和技术类型等内容。

学习目标

知识目标	1. 了解物流包装的类型；了解物流包装的一般技法。 2. 了解物流包装材料、包装容器。 3. 理解物流包装的技术类型。 4. 明晰各类包装标识，掌握指示性标识内容。 5. 掌握物流包装的概念、主要功能；掌握物流包装材料的适用情形。
能力目标	1. 能描述物流包装、物流包装材料及包装技法和未来趋势。 2. 能根据产品特点正确选择包装容器、包装材料和包装技术。 3. 能利用所学知识初步分析物流包装活动。
素质目标	1. 培养学生具有强烈的社会责任感、良好的职业道德，具有良好的团队合作意识。 2. 培养学生环保意识，树立绿色低碳理念。 3. 激发学生对物流行业的兴趣，形成细心严谨、精益求精的工作态度。

思维导图

- 项目二 物传千里，智慧包装保安全——包装作业
  - 了解物流包装
    - 物流包装的概念
    - 物流包装的功能
    - 物流包装的类型
  - 选择包装材料
    - 包装材料的概念
    - 常见的包装材料及其特点
  - 辨析包装技法
    - 包装技法的概念
    - 物流包装的一般技法
    - 物流包装的技术类型
    - 包装标识

任务一　了解物流包装

课前任务单

在社会再生产过程中，要实现商品价值和使用价值，就必须对商品进行包装。在这个追求可持续性和个性化的时代，包装不仅仅是商品的外衣、运输需求的载体，更是品牌故事和企业文化的传播者。它连接着消费者的情感，影响着他们的购买决策。请大家思考一下，当你在网上购物时，商品的内包装是什么样的？外包装是什么样的？为什么采用这样的包装形式呢？

未来，随着科技的发展和消费者需求的改变，包装的创新设计将继续为品牌价值提升、绿色物流发展注入活力。你觉得未来的绿色包装和个性化包装方式会有什么发展变化呢？

初识知识·提纲挈领

1. 阅读将要学习的知识内容，绘制预习内容框架，思考你还想了解哪些其他的知识或信息。

2. 梳理物流包装的发展演变，填写下表。

序号	时代	包装材料	包装特点
1	原始社会		
2	古代社会		
3	近现代社会		

熟读精思·循序渐进

1. 你认为包装在运输过程中可能会存在哪些问题？

2. 以你网购商品为例，说一说有哪些包装类型，分别有什么作用。

明确任务·情境挑战

“一收到自己‘朝思暮想’的快递，心情别提有多美了！但有时候，一件小东西被一卷泡沫塑料裹得严严实实，拆起来真是麻烦！”

“可包装得不够结实，买家就不会给出好评呀。有时候，店铺一个月就要用掉上万米的打包胶带。”

——这是来自客户和店主的对话。如卖家所言，网购使得买卖双方无法面对面交流，包装似乎成了卖家向买家表达“诚意”的重要方式。同时，物流运输途中可能对商品造成磕碰，因此商家会尽量把包装弄“严实”，既避免消费者收到残损的商品，也能免去售后理赔的麻烦。

据统计，我国快递行业业务量已连续10年位居世界第一，2023年为1 320亿件，年人均快递使用量超过90件。庞大的数据背后，是木材、纸张、塑料等材料的大量消耗。被丢弃的快递包装，更是给环境造成了沉重负担。

2024年3月1日，《快递市场管理办法》正式施行。《快递市场管理办法》要求，经营快递业务的企业应当积极回收利用包装物，不断提高快递包装复用比例，推广应用可循环、易回收、可降解的快递包装。

2024年4月1日，新修订的《限制商品过度包装要求 生鲜食用农产品》强制性国家标准正式实施。新国标针对不同类别和不同销售包装重量的生鲜食用农产品，设置了10%至25%的包装空隙上限，规定蔬菜和蛋类不超过3层包装，水果、畜禽肉、水产品不超过4层包装。同时，生鲜食用农产品包装成本与销售价格的比率不超过20%，对销售价格在100元以上的草莓、樱桃、杨梅、枇杷、畜禽肉、水产品和蛋类，这一比率不超过15%。

任务思考：

请你在所居住区域范围内进行调研，你所在的小区有没有开展快递纸箱回收、循环利用纸箱等业务？构建一个完整高效的绿色包装体系，目前仍然面临诸多问题，比如消费者端回收难、企业成本压力大、资源不足、单独搭建的循环系统难以维系等。请结合调研情况，将思考结果与小组成员讨论，并在班级汇报展示。

一、物流包装的概念

在《物流术语》（GB/T 18354—2021）中，包装被定义为：为在流通过程中保护产品、方便储运、促进销售，按一定技术方法而采用的容器、材料及辅助物等的总体名称。这一定义涵盖了包装的主要功能，包括保护商品免受损坏、方便储存和运输，以及促进商品的销售。

例如，水果生产基地采摘后，通过收购企业进行标准包装，由物流企业运输到约定物流中心或者配送中心，最终送达卖场销售，具体流程如图2-1-1所示。

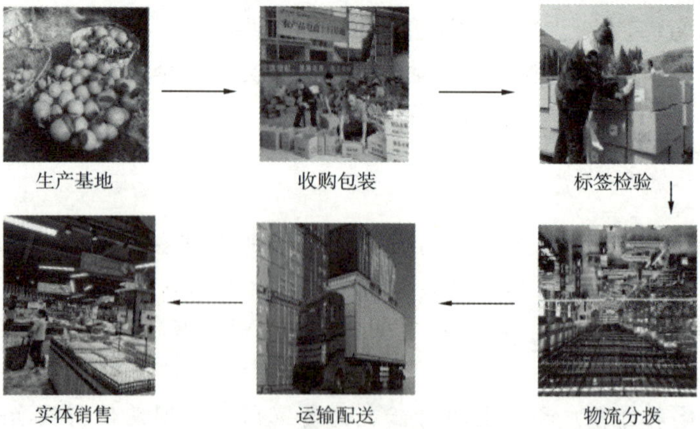

图2-1-1 水果从生产到送达卖场的物流系统

在社会再生产过程中，包装处于生产过程的末尾和物流过程的开头，既是生产的终点，又是物流的起点。作为生产的终点，产品生产工艺的最后一道工序是包装。因此，对生产而言，包装标志着生产的完成，从这个意义来讲，包装必须根据产品性质、形状和生产工艺来进行，必须满足生产的要求。作为物流的起始点，包装完成之后，产品便具有了物流的条件，在整个物流过程中，包装便可发挥对产品的保护作用，并执行物流的相关功能，最终实现产品的销售。从这个意义上讲，包装对物流有决定性的作用。

说一说：包装有几层含义？请举例说明。

二、物流包装的功能

包装需要使用恰当的材料、容器和技术，使商品安全到达目的地，即在商品运送过程中的每一阶段，不论遇到何种外在影响，都能保证商品完好，而且不影响商品价值。包装在整个物流活动中占据特殊的地位。在生产和流通过程中，包装兼具生产过程的终点和物流过程的起点的双重属性。商品包装主要有以下功能。

（一）保护功能

保护功能即保护商品免受损伤，是包装最基本的功能。商品在生产完成后，要经过装卸、运输、储存、上架陈列、销售等环节，撞击、光照、细菌、异物混入污染等因素，都会对商品安全构成威胁。因此，商品包装首先要考虑包装的结构与材料是否具备防潮、防水、防锈、防光的特性，以防止商品出现腐烂变质、霉变、虫害等问题，如图 2-1-2 所示。

图 2-1-2　保护性包装

（二）方便流通

良好的包装有利于物流各个环节的处理。例如，对于仓储、运输环节来说，包装能够解决各类商品大小形态不一的问题，统一商品的大小、规格，使包装的尺寸、重量等与仓储、运输、搬运设备的尺寸和承重相匹配，便于在储存及运输过程中进行搬运或清点数量。

（三）促进销售

20 世纪 50 年代中期，美国杜邦公司通过市场调查，提出“杜邦定理”：63% 的消费者首先是依据商品的包装做出购买决策的。商品包装具有一定的促销功能，被称为“无声的促销员”。精美的包装能直接吸引消费者的目光，让消费者产生强烈的购买欲望，从而达到促进商品销售的目的，如图 2-1-3 所示。

图 2-1-3　促销性包装

（四）传递信息

物流包装可以用来传递产品信息，如产品名称、生产日期、保质期、使用方法等，这些信息可以帮助消费者更好地了解和使用产品。

企业案例

包装创造新的价值

传统的产品包装往往只关注保护和容纳功能，但随着市场竞争的加剧和消费者审美的提升，包装的功能性和美观性已变得同样重要。一款具有创新设计的包装，不仅能够迅速吸引消费者的目光，提升品牌形象，还能为产品增添附加值，进而提高销售额。

案例一：洽洽食品推出新款——“恰恰小黄袋每日坚果礼盒”

洽洽食品推出的“碳中和”每日坚果包装，外盒经过褪色处理，减少了黄色油墨的使用。根据官方介绍，洽洽小黄袋每日坚果在每箱（30 包）中能够减少 2.286 kg 的碳排放（约为 1 m^2 的绿草地 150 天固碳量）。此外，该产品已完成碳中和的相关认证，获得了 SGS（全球安全标准认证机构）官方证书。洽洽小黄袋以实际行动践行可持续发展理念，让消费者在享用美味坚果的同时，也为环保事业贡献一份力量。

案例二：联合利华——“多芬（Dove）沐浴露”可重复使用瓶

联合利华旗下的多芬品牌在沐浴露包装设计上大胆创新，推出了可重复使用的泵瓶和浓缩液补充装的组合。这款包装设计包括一个由铝或高密度聚乙烯（HDPE）制成的可重复使用泵瓶，以及一个装有浓缩沐浴露的 4 盎司（1 盎司 =28.35 克）HDPE 补充瓶。消费者初次购买后，后续只需购买小剂量的补充瓶。当泵瓶里的产品用完时，只需将补充瓶的“快速连接盖”拧到泵瓶上，继续扭动会产生响亮的“咔嗒”声，表示补充瓶的内容物被挤入可重复使用的泵瓶中。然后，消费者只需在较大的泵瓶中加入水，重新锁定泵，摇晃混合水和浓缩物，通过简单的扭转锁定泵，便可再次使用。

使用这种可重复使用的泵瓶和补充装后，塑料使用量减少了 50%，“可重复使用瓶+浓缩液补充装”在运输时所含的水量减少了 80%，并且在一年的制造过程中产生的温室气体排放量减少了 21%。这些措施不仅减少了塑料和水的使用，也为减少温室气体排放做出了贡献，体现了联合利华在可持续发展方面的不懈努力。

案例三：五芳斋纸浆模塑——引领粽子礼盒可持续的新方向

五芳斋推出的传世臻粽系列，该系列包装采用了环保的纸浆模塑技术。这种技术使用竹浆和甘蔗渣作为原料，不仅使包装在六个月内能够自然降解，而且减少了对传统瓦楞盒或马口铁盒的依赖。五芳斋的这一创新举措，既体现了其对环境保护的承诺，也迎合了现代消费者对生活品质和环保意识的高度重视。由此可见，包装创新要注重环保和可持续性发展，体现企业的社会责任；同时注重个性化和美观性，满足消费者对美的追求和个性化的需求。

三、物流包装的类型

（一）按包装功能分类

1. 运输包装

运输包装又称工业包装，主要以保护商品、方便物流为目的。其旨在确保商品在运输、保管、装卸搬运过程中不散包、不破损、不受潮、不污染、不变质、不变味、不变形、不腐蚀、不生锈、不生虫，以保持商品的数量和质量稳定。

2. 销售包装

销售包装又称商业包装，是直接接触商品并随商品进入零售领域、与消费者直接见面的包装。在设计销售包装时，更注重包装的造型、结构、装潢，通过包装物来展示、宣传、美化商品，对商品起到促销作用。

（二）按包装层次分类

1. 单个包装

单个包装也称为小包装，是物品送到使用者手中的最小单位。它以袋或其他容器对物品的一部分或全部进行包裹，且印有商品的标记或说明等信息资料。这种包装一般属于商业包装，若兼具美观性，能起到促进销售的作用。

2. 内包装

内包装是将物品、单个包装，或一个至数个归整包装后，置入中间容器。为保护物品及单个包装，中间容器内有时会采用一定的包装措施。

3. 外包装

外包装是基于物品输送的目的，兼具保护功能，并考虑输送搬运作业的便利性，一般置入箱、袋之中，根据需要，外包装对容器有缓冲防震、固定、防温、防水等技术措施要求，通常具备密封、增强功能，并且有相应的标识说明。

（三）按包装容器分类

1. 按包装容器类型分类

按包装容器类型分类，可分为包装箱、包装袋、包装瓶、包装盒、包装罐、包装桶等。

2. 按包装容器硬度分类

按包装容器硬度分类，可分为软包装、硬包装、半硬包装。

3. 按包装容器使用次数分类

按包装容器使用次数分类，可分为一次性包装、周转用包装。

4. 按包装容器结构形式分类

按包装容器结构形式分类，可分为固定式包装、拆卸折叠式包装。

（四）按包装大小分类

1. 单件运输包装

在物流过程中作为一个计件单位的包装，如箱、袋、包、桶、瓶等。

2. 集合运输包装

将一定数量的包装件或商品装入具有一定规格、强度，且适宜长期周转使用的大包装容器内，形成一个合适的装卸搬运单元，以便使用机械设备进行机械作业和运输。常见的集合运输包装有集装箱、集装托盘、集装袋等。

除了上述分类方法之外，包装还可以按包装材料分为木质包装、纸质包装、塑料包装、金属包装、玻璃包装、陶瓷包装等；按包装技术方法分为防震包装、防腐包装、防锈包装、防虫包装、真空包装等。

知识链接

包装的发展历史

一、原始包装

人类使用包装的历史可以追溯到远古时期。早在原始社会后期，随着生产技术的提高，生产力得到发展，出现了剩余产品，进而产生了储存和交换的需求，于是原始包装应运而生。最初，人们用葛藤捆扎猎物，用植物的叶、贝壳、兽皮等包裹物品。后来，随着劳动技能的提升，人们用植物纤维等制作最原始的篮、筐，用火煅烧石头，用泥土制成泥壶、泥碗和泥罐等，用来盛装、保存食物、饮料及其他物品。包装的运输、储存与保管的功能在这一时期得到初步体现。

二、传统包装

在我国夏朝时期，人们已能冶炼铜器，商周时期青铜冶炼技术得到进一步发展。春秋战国时期，铁制容器、涂漆木制容器大量出现。东汉时期蔡伦改进了造纸术。隋唐时期，中国造纸术先后传入如今的朝鲜、日本等地。11 世纪中叶，中国的毕昇发明了活字印刷术。13 世纪，造纸术传入欧洲。15 世纪，欧洲开始出现活版印刷，包装印刷和包装装潢业开始发展。16 世纪，欧洲陶瓷工业开始发展。至此，以陶瓷、玻璃、木材、金属等为主要材料的包装工业相继兴起，近代传统包装开始向现代包装过渡。

三、现代包装

自 16 世纪以来，工业生产迅速发展，特别是 18、19 世纪的欧洲工业革命，极大地推动了包装工业的发展，从而为现代包装工业和包装科技的产生和发展奠定了基础。

18 世纪末，法国科学家发明了灭菌包装。19 世纪初，玻璃食品罐头和马口铁食品罐头出现，食品包装得到迅速发展。此后，包装工业开始全面发展，机制木箱、镀锡金属罐、瓦楞纸、制袋机、合成塑料袋等先后出现。

20 世纪，科技发展日新月异，新材料、新技术不断出现。聚乙烯、纸、玻璃铝箔、塑料、复合材料等包装材料被广泛应用，无菌包装、防震包装、防盗包装、保鲜包装、组合包装、复合包装等技术日益成熟，进一步强化了包装的功能。

目前，国际贸易飞速发展，大约90%的商品需要使用不同程度、不同类型的包装，包装已成为商品生产和流通过程中不可缺少的重要环节。目前，电子技术、激光技术、微波技术被广泛应用于包装工业，包装设计借助计算机辅助设计（CAD）得以实现，包装生产也实现了机械化与自动化生产。

任务二　选择包装材料

课前任务单

目前，包装材料中使用最为广泛的是纸及各种纸制品，其次是塑料、木材等。随着社会经济的发展和国内外对环境保护的日益重视，以纸代木、以纸代塑的绿色包装势在必行。随着人们环保意识的增强，可回收、可降解的包装材料越来越受到重视。这种趋势反映了社会对减少环境污染和资源浪费的关注，以及科技进步对包装材料创新的影响。你知道目前有哪些包装材料吗？它们各自的优势是什么呢？

初识知识・提纲挈领

1. 阅读将要学习的知识内容，绘制预习内容框架，思考你还想了解哪些其他的知识或信息。

2. 梳理包装材料类型、主要优点及存在问题，填写下表。

序号	包装材料类型	主要优点	存在问题
1			
2			
3			
4			
5			
6			
7			
8			

熟读精思・循序渐进

以你网购的商品为例，说一说有哪些包装类型，分别有什么作用。

明确任务·情境挑战

随着电子商务的飞速发展，快递业务量呈现出惊人的增长趋势。电商企业若包装不足，比如仅用简单的塑料或纸箱进行粗略包装，会导致运输和配送过程中商品的损坏；若包装过度，比如使用超过实际所需的包装材质、规格型号、装饰装潢等，则会直接导致包装材料的资源浪费和物流运力的浪费。

从物流包装材料的种类来看，塑料包装对环境的影响最大。塑料由于其难以降解的特征，会对环境造成长期且深远的影响。塑料在自然环境中可以存在数十年甚至数百年，导致大量的塑料垃圾在土壤、水体和空气中累积，对生态环境和人类健康构成威胁。相较于塑料包装，金属包装材料、木质包装材料、纸质包装材料带来的环境污染问题相对较小，但在资源回收利用方面存在较大问题，易造成巨大的资源浪费。

任务思考：

请你从绿色材料使用、包装设计与成本、包装材料管理等方面与小组成员展开讨论，并将讨论后形成的方案或设计在班级汇报展示。

一、包装材料的概念

包装材料是用于制造包装容器、进行包装装潢、实施包装印刷、保障包装运输等，以满足产品包装要求所使用的材料，是构成包装实体的基本要素。它涵盖纸、木材、金属、玻璃、塑料、陶瓷、天然纤维、化学纤维、复合材料等主要材料，以及捆扎带、装潢材料、印刷材料等辅助材料。

产品包装材料的选择十分重要，因为它直接关系到包装质量、包装费用，也会影响商品的运输、销售。因此，熟悉常见包装材料，对有效控制成本及物流环节有促进作用。

说一说：包装材料在生活中随处可见，请大家举例说一说你身边常见的包装材料有哪些？

二、常见的包装材料及其特点

包装材料的选择应该符合产品的特点，既能够充分保护产品的品质，又具有经济合理性。常见的包装材料主要有纸、木材、金属、玻璃、塑料等。

（一）纸质材料

随着社会经济发展和国内外对环境保护的日益重视，以纸代木、以纸代塑的绿色包装势在必行。由于纸包装材料耐摩擦、耐冲击、质地细腻、容易黏合、无味无毒，且价格相对较低，因此目前纸质包装材料应用最为普遍、用量最多。

定量在250克/平方米以下或厚度在0.1毫米以下的纸质材料称为纸，在此以上的称为纸板。包装纸主要有纸袋纸、牛皮纸、中性包装纸、防锈纸、铜版纸等。包装纸板主要有箱纸板、牛皮箱纸板、草纸板、瓦楞纸板等（图 2-2-1、图 2-2-2）。

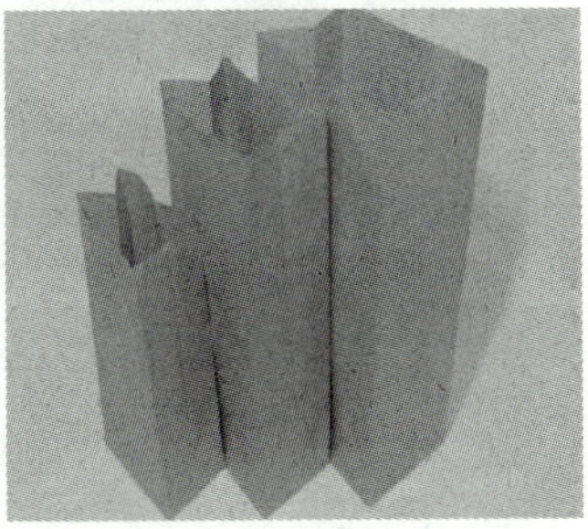

图 2-2-1 纸袋纸

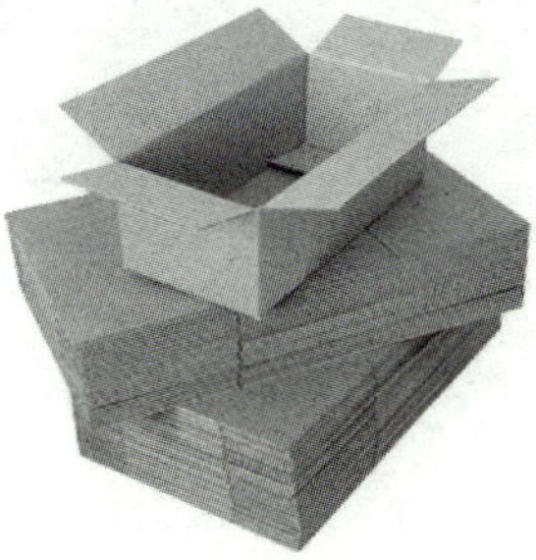

图 2-2-2 瓦楞纸

（二）木质材料

木质材料是传统的运输包装材料，一般用于外包装。木材具有抗压、抗震、抗挤、抗冲撞等特性，是大型和重型商品运输包装的重要材料。

木制容器包括木箱、胶合板箱及木桶等。为了节省木材，常使用框架箱、栅栏箱或木条胶合板箱，为了加强整体强度，也有使用铁箍的情况（图 2-2-3、图 2-2-4）。

图 2-2-3 木箱

图 2-2-4 栅栏箱

（三）金属材料

常见的金属包装材料主要是钢板、铝材及其合金材料。金属材料坚固结实、密封性和阻隔性良好，延展性强，易加工成型，便于进行表面装潢；但成本较高，生产耗能大，化学稳定性差，有些材料如钢材，容易生锈。

金属材料有刚性的薄板，包括镀锡薄钢片（马口铁）、铝板、合金铝板等，主要用于运输包装及销售包装的金属罐；也有软性的金属箔，如铝箔、合金铝箔（图 2-2-5）等，主要用于销售包装。饮料、煤气、天然气等液体和气体一般采用金属片和金属板作为包装材料。奶油、乳制品、糖果和肉类食品的包装，一般使用金属箔。金属容器大致分为罐、箱和桶等类型。金属罐用于储存食品、化学药品、牛奶、油脂类物品，而金属桶（图 2-2-6）主要用于储存以石油为主的非腐蚀性的半流体及粉体、固体。

图 2-2-5　合金铝箱

图 2-2-6　金属桶

（四）玻璃材料

玻璃有很好的耐腐蚀性，不易变形，价格便宜，耐热性能良好，可多次周转使用。但玻璃耐冲击性差，易碎且运输成本高，这在一定程度上限制了其在包装领域的应用。

常见的玻璃包装容器有玻璃瓶、玻璃罐、玻璃缸，主要用于酒类、饮料、罐头食品、调味品、药品等商品的包装。此外，玻璃材料也可用于制造大型运输包装容器，以储存强酸类产品（图 2-2-7）。

图 2-2-7　玻璃包装

（五）塑料材料

塑料材料应用非常广泛，具备防潮，气密性好，稳定性好，耐酸、耐碱、耐腐蚀，透明度高等特性。但其难以分解和处理，容易对环境造成污染，焚烧后还会产生有害气体。

高压聚乙烯制成的薄膜，因透气性良好、透明且结实，适用于蔬菜、水果的保鲜包装；聚苯乙烯可用于制作罐、盒、盘等包装容器和热缩性薄膜；聚氯乙烯可用于制作周转塑料箱和硬质泡沫塑料，但在高温下可能分解出具有腐蚀性的氯化氢气体；钙塑材料可用于制作钙塑瓦楞纸板、钙塑包装桶和包装盒等（图 2-2-8）。

图 2-2-8　塑料包装

（六）复合材料

复合材料是将两种或两种以上的包装材料结合在一起使用，可以充分发挥不同包装材料各自的优势，取得相得益彰的效果。塑料与纸、塑料与铝箔、塑料与玻璃、纸与金属箔都可制成复合材料。复合材料兼具不同材料的优良性能，使包装材料具有更加良好的机械性能、气密性及防水、防油、耐热或耐寒等特性，是现代包装材料的一个发展方向。复合材料适用于休闲食品、复杂调味品、冷冻食品等食品商品的包装（图 2-2-9）。

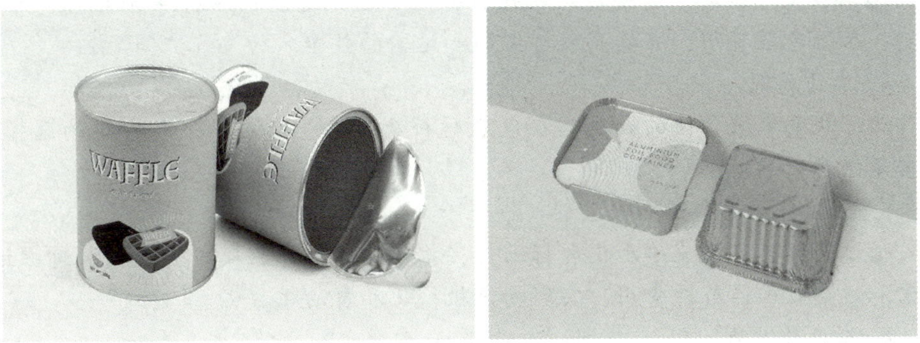

图 2-2-9　复合包装

写一写：请举例说明以下商品宜采用何种包装方式。

商品	适宜的包装方式
饮料、牛奶	
糖果	
肉类食品	
龙眼（水果）	
调味品	
化学制剂	

续表

商品	适宜的包装方式
奶油	
化妆品	
药品	

知识链接

包装合理化原则

1. 安全原则

对物品进行包装时，要根据其性质、尺寸、重量和运输特性选用包装材料，以防止货物在储运过程中出现破损、变质和污染的情况。

2. 匹配原则

包装材料要与内装物相匹配，内装物之间、内装物与外包装内壁之间不应存在摩擦和碰撞，内装物在封装内不能出现晃动。同时，要考虑包装与其他物流环节的配合。

3. 适度原则

选用轻便、结实、适度的包装材料，尽量避免过度包装，从而为客户节约材料、节省包装费用，并提高装卸搬运和运输的效率。

4. 单纯原则

为了提高包装作业的效率，在包装材料及规格、包装形状和种类的选择上遵循单纯原则。

5. 集装单元化和标准化原则

通过实施包装集装单元化和标准化，推动批量化作业模式，提高装卸搬运、保管和运输效率，节约费用，实现物流机械化和自动化。

6. 绿色化原则

研发可循环利用、易于降解、可持续发展的环保包装材料，确保包装产品的整个生命周期符合生态环境保护的要求。

任务三　辨析包装技法

课前任务单

包装对于产品销售至关重要。除了保护产品不受损坏外，它还可以作为广告媒介，吸引消费者的注意力。此外，越来越多的企业通过优化包装设计、合理选择包装材料、提升物流包装技术等方式不断降低成本，采用绿色包装，优化包装供应链管理。现在让我们一起探寻物流包装技法及其应用。

初识知识·提纲挈领

1. 阅读将要学习的知识内容，绘制预习内容框架，思考你还想了解哪些其他的知识或信息。

2. 完成以下训练题目。

（1）（单选题）不适合使用缓冲包装的商品有（　　）。

A. 鲜蛋　　B. 陶瓷器　　C. 玻璃仪器　　D. 工具

（2）（单选题）瓦楞纸盒内衬一层细瓦楞，起衬垫作用，适合用于包装（　　）。

A. 高档名酒　　B. 抛瓷烧锅　　C. 玻璃器皿　　D. 高档玩具

熟读精思·循序渐进

请查找包装标识相关含义，并在标识右侧方框内写下来。

		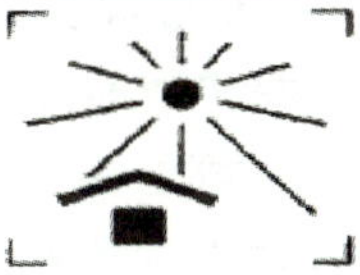	

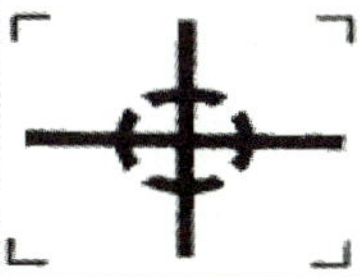			
		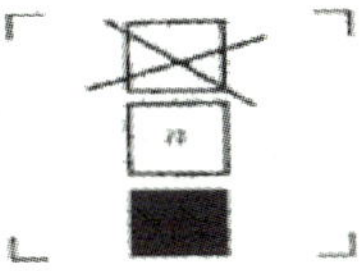	
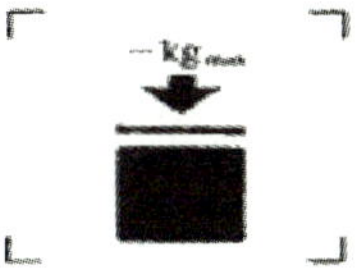		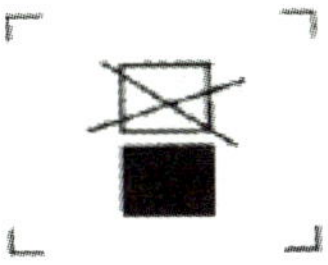	

明确任务·情境挑战

2023 年 7 月，绩溪县人民医院用贷款购入一套进口医疗设备，包括 CT（计算机断层扫描）机、500 mA X 光机、C 形臂 X 光机，均由德国某公司生产。7 月 11 日，这批货物由中国外运安徽有限公司分公司的两辆厢式货车从上海运出，车厢外用雨布防潮。途中突遇暴雨，到达目的地后，德国公司、运输公司、医院三方同时在场监视卸货，当场发现一辆货车的货物外包装被雨水淋湿。检验检疫人员赶到现场，勘查后发现，这个车厢装有 4 只包装箱：2 只木箱、2 只纸箱。纸箱被雨水淋湿变形，内部设备清晰可见。其中一只纸箱内无任何防潮保护设施，另一只只有塑料膜保护。

随后安徽出入境检验检疫局人员对这批货物进行开箱检验，确认木质包装中的 500 mA X 光机、C 形臂 X 光机外包装虽然受潮，但内部有塑料真空包装并添加了防潮剂，真空包装内还有两层密封包装，设备保护完好，可以开始进入安装检验程序。而纸箱包装箱内均为 CT 机的核心部件，价值占整套设备的三分之一，由于严重受潮，已经无法安装。

这是一起包装使用不当导致货物受损的案例。外方违反了双方签订合同中关于包装“能适应气候变化、防潮、抗震及防粗鲁搬运”的规定。鉴于政府贷款购买医疗设备的做法在全国尚有多家，为帮助德国公司改进包装，防止此类事件再次发生，安徽出入境检验检疫局立即将此事向国家市场监督管理总局报告，建议对该德国公司的 Emotion 型 CT 机的包装进行风险预警通告。同时，依法出具对外索赔证书，支持进口单位对外索赔。

谈判并不轻松：德国公司坚持认为导致货物残损的原因是天灾，而不是人祸，损失应当由保险公司赔偿。为此，检验检疫人员从维护贸易各方合法权益的立场出发，多次与德国公司相关人员交涉，解读我国的法律和相关条例，陈述检验检疫部门出具证书的依据，坚持应由德国公司承担全部责任。外方终于认赔。10 月 2 日，更换后的全新 CT 机全部到货。

任务思考：

根据上述材料思考：本案例中货物运输出现了什么包装问题？德国公司为什么认赔？应当如何更合理地进行上述物品的包装？请将讨论后形成的结果在班级汇报展示。

一、包装技法的概念

包装作业时采用的技术和方法简称包装技法。对产品包装做合理的技术处理，可以使产品包装形成一个高质量的有机整体，确保产品完美地送到用户手中，实现保护产品、节省材料、缩小体积、减轻重量等目的。

二、物流包装的一般技法

商品包装操作既包括技术处理，又包括包装充填、封口、捆扎、裹合、加标和检重等技术活动。研究产品包装技法的目的是以最低的材料和资金消耗取得最佳的包装效果。

物流包装的一般技法主要如下。

（一）对内装物的合理放置、固定和加固

在方形的容器中装入形状各异的产品时，必须注意产品的合理放置、固定和加固，以实现缩小体积、节省材料、减少损耗的目的。例如，对于外形规则的产品，要留意套装，对于薄弱的部件，要注意加固，包装内要注意重量均衡，产品与产品之间要注意隔离和固定等。

（二）对松泡产品进行体积压缩

对于羽绒服、枕芯、絮被、毛线等松泡产品，包装时占用容器的容积太大，会导致运输储存费用增加，所以对于松泡产品要压缩体积。通过真空包装技法，可以大大缩小松泡产品的体积。

（三）合理选择外包装形状尺寸

有的商品进行包装后，需要装入集装箱运输，这就存在商品运输包装与集装箱之间的尺寸配合问题。外包装形状尺寸的选择，要避免过高、过扁、过大、过重等。

（四）合理选择内包装（盒）形状尺寸

内包装（盒）一般属于销售包装。在选择其形状尺寸时，要与外包装（尺寸）相配合。内包装（盒）的底面尺寸必须与包装模数协调，而且高度也应与外包装高度相匹配。它作为销售包装，更重要的是考虑其是否有助于销售，包括是否有利于展示、装潢、购买和携带等。

三、物流包装的技术类型

（一）防震包装技术

防震包装技术又称缓冲包装技术，是为减轻内装物受到冲击和震动，使其免受损坏而采取一定防护措施的包装技术。（图 2-3-1）防震包装技术方法主要有以下三种。

微课：
物流包装技术

1. 全面防震包装方法

它是指内装物和外包装之间全部用防震材料填满进行防震的包装方法。

2. 部分防震包装方法

对于整体性好的产品和有内装容器的产品，仅在产品或内包装的拐角或局部位置使用防震材料进行封垫即可。所用包装材料主要有泡沫塑料防震垫、充气型塑料薄膜防震垫和橡胶弹簧等。

3. 悬浮式防震包装方法

对于某些贵重易损的物品，为了有效地保证其在流通过程中不被损坏，一般采用比较坚固的外包装容器，然后用绳、带、弹簧等将内装物悬吊在包装容器内使其不与包装容器发生碰撞，从而减少损坏。

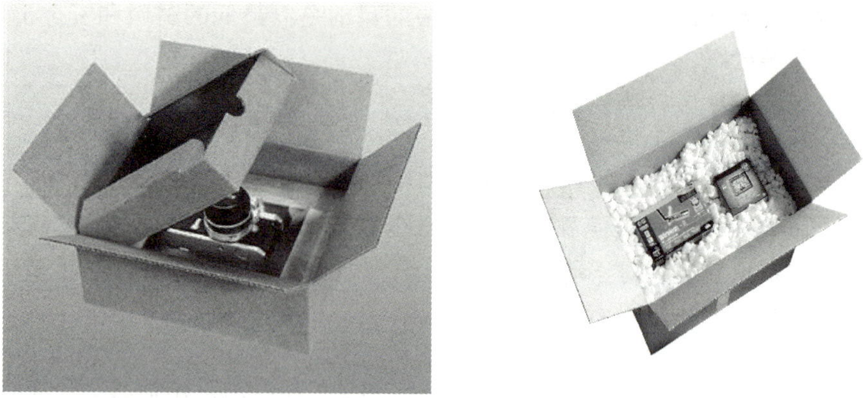

图 2-3-1　防震包装技术

（二）防破损包装技术

1. 捆扎及裹紧技术

捆扎及裹紧技术的作用，是使杂货、散货形成一个牢固整体，以增加整体性，便于处理及防止散堆来减少破损。

2. 集装技术

利用集装技术，减少与货物的接触，从而防止破损。

3. 采用高强度保护材料

采用高强度的外包装材料，可以防止内装物受外力作用而破损。

（三）防潮包装技术

防潮包装技术就是采用防潮材料对产品进行包装，以隔绝外部空气相对湿度变化对产品的影响，使包装内的相对湿度符合产品的要求，从而保护产品质量。防潮包装技术的目的是保持产品质量，采取的基本措施是以包装来避免外部空气湿度变化的影响。防潮包装技术主要有刚性容器密封、加干燥剂密封包装、多层密封包装、复合薄膜真空包装、复合薄膜充气包装和热收缩薄膜包装等。（图 2-3-2）

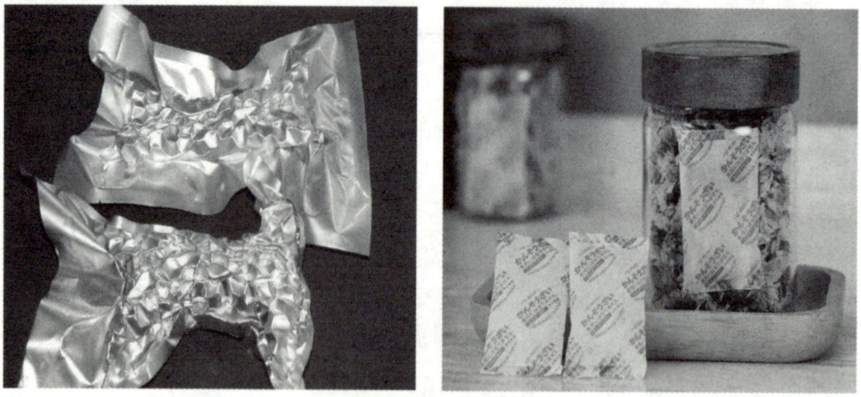

图 2-3-2　防潮包装技术

（四）防锈包装技术

防锈包装技术是运输金属制品与零部件时，为了防止其生锈所采用的包装技术。其目的是消除和减少致锈的各种因素并采取适当的防锈处理，在运输和储存中防止防锈材料的功能性损伤，也防止一般性的外部物理性破坏。

防锈包装技术是按清洗、干燥、防锈处理和包装等步骤逐步进行的。一般采用在金属表面涂防锈材料、气相蚀剂、塑料封存等方法。

（五）防霉包装技术

防霉包装是在流通与储存过程中，为防止内装物品受霉菌影响而采取一定防护措施的包装。防霉包装能使包装及其内装物处于霉菌被抑制的特定条件下，保证内装物质量完好，并延长保存期限。防霉包装技术可以根据产品和包装的不同性能和要求，采用不同的防霉途径和措施，如冷冻包装、高温杀菌、真空包装等。

（六）防虫包装技术

商品在流通过程中要在仓库储存，而储存中的主要危害物之一是仓虫。仓虫不仅蛀蚀商品和包装材料，而且其排泄物会污染商品。防虫包装技术就是为了保护内装物免受虫类侵害而采取一定措施的包装技术，例如，在包装材料中掺入杀虫剂，或在包装容器中使用驱虫剂、杀虫剂或脱氧剂，以增强防虫效果。

（七）危险品包装技术

危险品的种类繁多，交通运输及公安消防部门按其危险性质规定了十大类，即爆炸物品、氧化剂、压缩气体和液化气体、自燃物品、遇水燃烧物品、易燃液体、易燃固体、毒害品、腐蚀性物品、放射性物品，有些物品同时具有两种及以上危险性，危险品应根据其不同的危险性质采取相应的包装技术。例如，对于爆炸物品可以采用塑料桶包装，再将塑料桶装入铁桶或木箱中，铁桶或木箱应配备自动放气装置；对于具有腐蚀性的商品应采用涂有防腐材料的金属类容器包装；对于有毒商品主要采取严密不漏气并与外界隔绝的包装等。

知识拓展

新型包装技术

1. 创新材料的应用：例如，食品公司在产品包装中采用新型环保材料，取代传统的塑料包装袋。这种材料具有良好的防潮性能，能够有效保护食品的新鲜度，同时符合环保要求，受到消费者的欢迎。

2. 安全密封设计：例如，药品公司推出了一款新药，其包装设计采用了创新的安全密封技术，避免了药品日期被篡改或过期使用的风险。这种包装技术有效保障了药品的质量和安全性。

3. 多功能包装设计：例如，家居用品公司推出了一款多功能包装设计，可以将包装盒转化为产品的陈列架或收纳盒，提供了更多使用场景和价值。这种多功能包装设计提升了产品的实用性和便利性。

4. 环保包装设计：例如，纺织品公司在产品包装中采用可降解材料，减少对环境的污染。这种环保包装设计符合消费者对可持续发展的关注，提升了产品的形象和市场竞争力。

5. 智能包装技术：例如，电子产品公司在产品包装中嵌入智能芯片，可以实时监测产品的运输和储存条件，提醒消费者注意保护产品。这种智能包装技术增加了产品的附加值和用户体验。

6. 反盗版包装技术：例如，奢侈品牌在产品包装中运用反盗版技术，通过特殊的包装材料和印刷工艺，防止产品被冒充和盗版。这种反盗版包装技术保护了品牌形象和消费者权益。

四、包装标识

包装标识是为了便于货物交接、防止错发错运，便于识别，便于运输、仓储和海关等有关部门进行查验等工作，也便于收货人提取货物，在进出口货物的外包装上标明的记号。包装标识主要有运输标识、指示性标识、警告性标识。

（一）运输标识

运输标识又称唛头，是贸易合同、发货单据中有关标志事项的基本部分。它一般由一个简单的几何图形及字母、数字等组成。唛头的内容包括：目的地名称或代号，收货人或发货人的代用简字或代号、件号（每件标明该批货物的总件数），体积（长×宽×高），重量（毛重、净重、皮重），以及生产国家或地区等，如图 2-3-3 所示。

ABC ··收货人代号

1234 ··参考号

NEW YORK ··目的地

1/25 ··件号

图 2-3-3　运输标识

（二）指示性标识

指示性标识又称为注意标识，按商品的特点，对于易碎、需防潮、防颠倒等商品，在包装上用醒目的图形或文字标明“小心轻放”“防潮湿”“此端向上”等。

指示性标识用于指示运输、装卸、保管人员在作业时需要注意的事项，以保证物资的安全。这种标志主要表示物资的性质，物资堆放、开启、吊运等的方法，如图 2-3-4 所示。

图 2-3-4　指示性标识

（三）警告性标识

警告性标识又称为危险品标识，对于易燃、易爆、有毒、腐蚀性、放射性等危险品，在其运输包装上清楚而明确地印制相关标识，以引起人们的注意，防范危险发生，如图 2-3-5 所示。

图 2-3-5　警告性标识

模拟实训

一、实训内容

物流包装技法研讨交流。

二、实训步骤和要求

（1）全班同学自由分组，每组 4—6 人，展示自己收集的一种已包装的物品，说明其采用的包装技法。

（2）针对教师展示的未包装物品，确定合适的包装材料，选择恰当的包装技法，并简要阐述该方法。

实训评价

实训评价表

内容		评价		
学习目标	评价项目	自我评价	组间评价	教师评价
专业知识（30 分）	了解物流包装类型	得分及备注：	得分及备注：	得分及备注：
	了解物流包装材料、包装容器			
	了解物流包装的技术类型			
	明晰各类包装标识，掌握指示性标识内容			
	掌握物流包装的概念、主要功能；掌握物流包装材料的适用情形			
专业能力（45 分）	能描述物流包装、物流包装材料及包装技法	得分及备注：	得分及备注：	得分及备注：
	能根据产品特点正确选择包装容器、包装材料和包装技术			
	能利用所学的知识初步分析物流包装活动			
职业意识（25 分）	踏实、细心、严谨、精益求精的工作态度	得分及备注：	得分及备注：	得分及备注：
	团队合作意识			
	绿色环保意识			
	实践创新意识			
教师建议：		评价汇总： A. 优秀　　B. 良好 C. 基本掌握　　D. 没有掌握 （参考标准：得分低于 60 分的为没有掌握，60～70 分的为基本掌握，70～80 分的为良好，高于 80 分的为优秀）		
个人努力方向：				

同步测试

一、单选题

1. 物流包装设计需要考虑的因素中，（　　）是首要因素。

A. 标志性　　B. 装卸性　　C. 作业性　　D. 保护性

2. （　　）不是物流包装的作用。

A. 保护货物　　B. 美观大方　　C. 促进销售　　D. 便于处理

3. 下列四种包装材料中，属于非绿色包装材料的是（　　）。

A. 可食性包装材料　　B. 可降解材料

C. 重复再用材料　　D. 一次性塑料

4. 在社会再生产过程中，包装处于（　　）。

A. 生产过程的开头　　B. 物流过程的开头

C. 产品的始点　　D. 物流的终点

5. 缓冲包装不适合用于（　　）。

A. 鲜蛋包装　　B. 陶瓷器包装　　C. 玻璃仪器包装　　D. 工具包装

6. 瓦楞纸盒内衬一层细瓦楞，起衬垫作用，适合用于包装（　　）。

A. 鲜蛋包装　　B. 搪瓷烧锅　　C. 玻璃器皿　　D. 高档玩具

7. 一般包装技法不包括（　　）。

A. 松泡产品进行压缩包装

B. 包装物的捆扎

C. 对内装物的合理放置、固定和加固

D. 防潮包装技法

8. 塑料包装业最早涉及的领域是（　　）。

A. 医用品　　B. 化妆品　　C. 工业品　　D. 食品

9. 物流包装设计时，除了保护性外，还需重点考虑的另一个因素是（　　）。

A. 标志性　　B. 装卸性　　C. 作业性　　D. 经济性

10. 特殊包装技法中的缓冲包装技法又称（　　）。

A. 防震包装　　B. 捆扎包装　　C. 防潮包装　　D. 防锈包装

11. 广泛应用于社会领域的各个方面的包装材料是（　　）。

A. 金属　　B. 木材　　C. 纸张　　D. 玻璃

12. 下列不属于绿色包装材料的是（　　）。

A. 木板　　B. 纸材料

C. 可降解材料　　D. 可食性包装材料

二、多选题

1. 下列属于物流包装便利功能的是（　　）。

A. 方便生产　　B. 方便回收　　C. 方便储存　　D. 方便使用

2. 木质包装材料的缺点有（　　）。

A. 易受潮　B. 易腐朽　C. 易受虫蛀　D. 不方便加工

3. 下列不属于常用的包装材料的是（　　）。

A. 塑料周转箱　B. 复合材料　C. 可食性包装膜　D. 陶瓷

4. 物流包装有其固有特性，主要表现在（　　）方面。

A. 保护商品的特性　B. 单元化特性

C. 绿色包装特性　D. 标识特性

5. 常用的包装材料有（　　）。

A. 纸与纸板　B. 塑料　C. 金属　D. 玻璃材料

6. 运输包装技法中特殊包装技法分为（　　）。

A. 缓冲包装技法　B. 防潮包装技法

C. 集合包装技法　D. 防霉包装技法

三、判断题

1. 物流包装标识分为运输标识、知识性标识、警告标识。（　　）

2. 在现代包装阶段，包装生产实现了机械化作业。（　　）

3. 美观大方是物流包装的作用。（　　）

4. 包装腊肉等易氧化变质的商品应该用脱氧包装技法。（　　）

5. 纸与纸板是按定量或厚度来区分的。定量 200 g/m^2 以下的统称为纸。（　　）

6. 第二次世界大战之前，木箱是使用最多的物流包装容器，随着瓦楞纸箱和塑料包装的出现和发展，木箱在物流包装中的地位逐渐下滑。（　　）

7. 运输过程中，冲击、振动、气候条件等均会对包装件产生影响。（　　）

8. 纸质包装最重要、适用范围广，能作为食品、化妆品、化学用品、医药用品的包装材料。（　　）

9. 玻璃材料主要作为油、酒类、饮料、调味品等的包装材料。（　　）

10. 家电产品、仪器、仪表等适合采用全面防震包装技法。（　　）

四、案例分析题

某食品企业是一家生产酱醋调味食品的民营企业，在收购一家乡镇企业后，对企业经营性亏损的原因进行排查，发现包装管理位列营销管理之后，成为亏损的第二大原因，具体表现为：一是包装成本高；二是包装价值低；三是缺乏包装管理。在深入分析后，管理层认为包装管理已成为制约企业发展的“瓶颈”。因此，该公司下定决心狠抓企业包装管理，采取了以下五个主要措施：

（1）建立专门组织机构，统一管理企业产品包装；

（2）制定明确规范的包装管理制度；

（3）进行包装装潢的招标设计，提升产品包装价值；

（4）实行包装采购联审制度，不断降低包装采购成本；

（5）针对不同包装需求，进行包装分类管理。

企业在强化包装管理的过程中，创造了包装的新价值，有力地推动了企业的发展。该企业总结经验，不断完善企业包装管理，提高包装的技术含量；引进先进技术和设备，调整企业产品包装结构，从以玻璃瓶为唯一包装，转变为将玻璃瓶、塑料瓶、复合纸盒、陶瓷等多种材质用于产品包装；提出发展和应用绿色包装，并设计新的运输、销售模式，逐步减少甚至不用包装（包装集成化）进行销售；积极运用现代信息技术，完善企业包装管理运作体系，提高运作效率。

该企业以包装为“突破口”来解决产品的市场销售和企业内部管理的问题，体现了其独具特色的管理思维。实践证明，该企业也确实取得了较好的效果。

思考题：

1. 如何处理好包装环节与物流其他环节运作和管理的关系？

2. 你认为应如何通过包装实现企业产品的价值增值？运输包装与销售包装在实现产品价值增值中的作用有何不同？

参考答案

项目三 责任至上，智慧赋能新动力
——装卸搬运

项目简介

本项目主要介绍装卸搬运的起源和发展、装卸搬运的分类与作用、常见的装卸搬运设施与设备、装卸搬运作业与技术。

学习目标

知识目标	1. 了解装卸搬运的概念和特点；认识常见的装卸搬运设备。 2. 理解装卸搬运的分类与作用。 3. 理解装卸搬运的作业方法。 4. 理解装卸搬运对物流行业的促进作用。 5. 掌握装卸搬运合理的原则和措施。
能力目标	1. 能识别生活中的装卸搬运活动，并合理选择装卸搬运设备。 2. 能阐述装卸搬运的原则。 3. 能进行合理的装卸搬运。
素质目标	1. 培养学生具有强烈的工作使命感和责任感，养成良好的团队合作意识。 2. 弘扬劳动精神，培养学生踏实刻苦、诚实守信、追求卓越的工作态度和作风。 3. 引导学生乐于思索、勇于创新、敢于实践。 4. 培养学生积极向上的价值观，树立技能报国的信念。

思维导图

- 项目三　责任至上，智慧赋能新动力——装卸搬运
  - 了解装卸搬运
    - 装卸搬运的概念
    - 装卸搬运的特点、作用
    - 装卸搬运的分类
  - 认知装卸搬运设备
    - 装卸搬运设备的概念
    - 装卸搬运设备的分类
    - 常见的装卸搬运设备
    - 装卸搬运设备的选择原则
  - 探究装卸搬运作业与技术
    - 装卸搬运作业方法
    - 装卸搬运的原则
    - 装卸搬运合理化的基本措施

任务一　了解装卸搬运

课前任务单

在生活中，很多同学或多或少都参与过装卸搬运活动，请大家思考一下，你们在进行装卸搬运活动时，最大的感受是什么？有没有更简单、高效的装卸搬运方式？你们的装卸搬运活动有没有可能被机器取代？相信通过本任务的学习，大家对装卸搬运活动会有全新的认识，同时对如何提高装卸搬运的效率也会有所了解。就让我们一起走进装卸搬运活动，探寻装卸搬运的概念和特点，探寻装卸搬运合理化的奥秘吧！

初识知识·提纲挈领

1. 阅读将要学习的知识内容，绘制预习内容，思考你还想了解其他哪些知识或信息。

2. 完成以下训练题目。

（1）（单选题）在同一区域范围内，以改变商品的存放状态和空间位置为主要内容和目的的活动称为（　　）。

A. 运输　　B. 仓储

C. 物流　　D. 装卸搬运

（2）（单选题）以下对装卸搬运作业的特点描述不正确的是（　　）。

A. 对象复杂　　B. 作业量小

C. 作业不均衡　　D. 安全性要求高

（3）（单选题）以叉车完成的装卸搬运作业，根据叉车自身作业特点的不同，应属于（　　）。

A. 间歇式作业法　　B. 连续式作业法

C. 集装作业法　　D. 机械化作业法

熟读精思·循序渐进

1. 阅读将要学习的知识内容，联系当地的物流企业，了解目前物流企业采用哪些装卸搬运方式。

2. 结合要学习的知识内容及生活中的实践经验，为以下货物选择合适的装卸搬运工具。

序号	货物	主要装卸搬运工具	选择原因
1	矿石		
2	钢管		
3	抛锚的汽车		
4	矿泉水		
5	床		
6	电脑		

明确任务·情境挑战

新一轮的科技革命推动着互联网与物流业的深度融合，智慧物流将迎来发展的重要机遇和关键节点。基于此，京东物流做出了物流行业将进入“新一代物流”阶段的判断，该阶段将呈现出短链（Short-chain）、智慧（Smartness）、共生（Symbiosis）的“3S”特征。在新一代物流浪潮下，京东物流不断朝着这个方向发展，有望成为新一代物流的引领者和实践者。

新一代物流的“3S”特征中，“短链”之所以被首先提及，在于其能够真正优化物流体验，进而直接影响消费者的购物决策及购物体验。此前，商品从生产完成到抵达消费者手中，需要经过烦琐的流通环节，平均至少被搬运 5 次以上。较长的链条、冗杂的环节、固化的流程等，使其难以调整。一旦链条上的任何一个环节出现问题，都会对商品流通的效率造成影响，并导致成本大幅上升。

因此，新一代物流首先要从“短链”入手，进行实现高效、精准、敏捷的服务，主要体现在以下三个方面。

第一，减少搬运，快速交付。通过减少商品搬运次数，采用仓配一体服务模式，缩短中间链条，同时优化仓储网络布局，把商品放置到离消费者最近的区域，实现快速交付。据悉，京东物流设计的核心就是减少商品的搬运次数，通过庞大的覆盖网络与首创的仓配一体模式等，已将商品平均搬运次数从 5 次降至 2 次，实现了 90%以上的订单 24 小时内交付。

第二，洞察消费，精准触达。洞察消费者需求，设计个性化的物流服务，还可将消费分析反向输出给品牌商，促使精准供应、营销与服务，推动整个供应链优化。例如，2016 年 9 月，京东物流创新性地推出“京准达”服务，这是一项针对配送“最后一公里”推出的精准送达服务。基于这项服务，消费者可以预约未来一周内精确到小时甚至是分钟级别的送达时间。

第三，个性响应，随需应变。业务可以随意搭配，各参与方直接高效对接，满足客户不同需求。针对不同行业的供应链特性和差异，京东物流为商家提供库存共享、VMI（供应商管理库存）、系统动态质押等一系列个性化的行业解决方案，解决了商家的各种供应链管理与运营成本等难题。

任务思考：

请问：你了解到的先进的物流装卸搬运技术有哪些？智慧物流装卸搬运技术极大地提高了物流效率，降低了物流成本，方便了我们的生活。请选择一个采用智慧物流方式的企业，对其装卸搬运技术进行总结，在班级汇报展示。

一、装卸搬运的概念

装卸搬运活动贯穿于物流活动全过程，在物流活动中起着承上启下的作用。装卸搬运活动的作业量大、方式复杂、作业不均衡，对安全性要求高。它是物流活动中不可缺少的环节，对物流的发展和效益的提升意义重大。物流的各作业环节及同一环节不同作业之间，都必须进行装卸搬运活动，正是装卸搬运活动把物流各个阶段连接起来，才使其成为连续流动的过程。

微课：装卸搬运

装卸搬运成本在物流成本中占比较大。在物流活动中，装卸搬运活动是不断出现和反复进行的，它出现的频率高于其他物流活动。而且每次装卸搬运活动都要耗费很长时间，往往成为决定物流速度的关键。装卸搬运活动所使用的人力和设备较多，所以费用在物流成本中所占的比重也较高。

在《物流术语》（GB/T 18354—2021）中，装卸被定义为：在运输工具间或运输工具与存放场地（仓库）间，以人力或机械方式对物品进行载上载入或卸下卸出的作业过程；搬运被定义为：在同一场所内，以人力或机械方式对物品进行空间移动的作业过程。

装卸搬运是指在某一物流节点范围内进行的，以改变物料的存放状态和空间位置为主要内容和目的的活动。具体包括装上、卸下、移送、拣选、分类、堆垛、入库、出库等活动（图 3-1-1）。在物流活动的全过程中，装卸搬运效率对物流的整体效率影响很大。

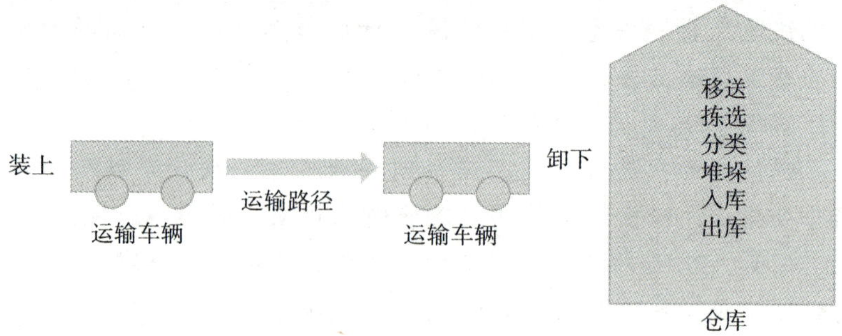

图 3-1-1　装卸搬运流程图

说一说：你知道哪些自动化的装卸搬运设备？

二、装卸搬运的特点、作用

（一）装卸搬运的特点

1. 装卸搬运是附属性、辅助性的活动

装卸搬运的附属性不能被理解成被动的。实际上，装卸搬运对其他物流活动有一定决定性。装卸搬运会影响其他物流活动的质量和速度，例如，装车不当，会引起运输过程中的损失；卸放不当，会引起货物转换成下一步运动时面临的困难。许多物流活动只有在有效的装卸搬运支持下，才能实现高水平运作。所以，装卸搬运具有附属性或辅助性。

2. 装卸搬运是支持性、保障性的活动

装卸搬运常起到“开关”和“阀门”的作用，既服务于生产和流通领域内的物流活动，又制约着物流活动的顺利进行，直接影响物流活动的综合能力和物流效率。

3. 装卸搬运是衔接性的活动

物流活动是多要素、多环节的综合性生产活动，各物流要素和各物流环节的衔接是通过装卸搬运实现的。例如，在产品生产过程中，各车间、各环节、各工序的衔接，以及流通过程中储运之间、各种运输方式之间的衔接，都要靠装卸搬运。正是由于装卸搬运的衔接性，才使整个物流活动连贯、畅通、高效。

4. 装卸搬运是增加物流成本的活动

在物流过程中，装卸活动是不断出现和反复进行的，它出现的频率高于其他各项物流活动，每次装卸活动都要花费很长时间，所以它往往成为决定物流速度的关键。装卸活动所消耗的人力也很多，所以装卸费用在物流成本中所占的比重也较高。以我国为例，铁路运输的始发和到达的装卸作业费大致占运费的20%左右，水路运输占40%左右。因此，为了降低物流费用，装卸搬运是一个重要环节。

此外，进行装卸搬运操作时往往需要接触货物，因此装卸搬运是在物流过程中造成货物破损、散失、损耗、混合等损失的主要环节。例如，袋装水泥纸袋破损和水泥散失主要发生在装卸过程中，玻璃、机械、器皿、煤炭等产品在装卸时最容易造成损失。

写一写：在日常装卸搬运作业中，常常会出现货物损坏的现象，导致客户拒收。为提高客户满意度，请你结合所学知识，运用鱼骨分析法（又称因果分析法），从人、机器、材料、方法、环境 5 个角度思考如何提高装卸搬运质量，进而降低货损。

（二）装卸搬运的作用

装卸搬运活动在整个物流过程中占据很重要的位置。一方面，装卸搬运可以使物流各环节有效衔接，形成一个有机的整体；另一方面，装卸搬运也可以衔接不同的运输方式，提高物流整体的效率。在生产领域，装卸搬运作业已成为生产过程中不可或缺的组成部分，是直接生产的保障系统，从而形成装卸搬运系统。因此，装卸搬运是物流活动得以进行的必要条件，在全部物流活动中发挥着重要作用。

从实际操作和效益提升的逻辑角度来看，装卸搬运的作用主要通过以下几点来体现。

① 衔接物流流程：通过装卸搬运实现运输、仓储、包装等环节的有效衔接，保障物流系统的连贯性。

② 提升作业效率：机械化装卸搬运缩短作业时间，加快货物周转速度，减少人力成本。

③ 保障货物安全：规范化的装卸操作可降低货物破损率，确保货物在搬运过程中的完整性。

④ 优化资源配置：合理设计装卸流程可降低设备空置率，减少单位货物的搬运成本。

⑤ 支持生产活动：在生产过程中，装卸搬运为原材料、半成品和成品的流转提供支持，是生产系统的重要组成部分。

三、装卸搬运的分类

（一）按装卸搬运的作业对象分类

1. 单件货物装卸搬运

单件货物装卸搬运是指对货物进行单件、逐件装卸搬运的方式。目前，对于笨重、长、大的货物（如床、精密机器等）或集装会产生危险的货物，一般采取单件装卸搬运的方式。

2. 散装货物装卸搬运

散装货物装卸搬运主要针对煤炭、粮食、化肥、水泥等货物开展，常采用倾翻卸货法、重力卸货法、机械装货法、气力输送法等装卸搬运方法。

3. 集装货物装卸搬运

集装货物装卸搬运是指先将散装货物集中，化零为整，再进行装卸搬运的作业方法。这种装卸作业常采用托盘作业法、集装箱作业法、笼车作业法、货捆作业法等。这种作业方法可以极大地提高物流效率，方便运输、储存和搬运，减少货损，提高装卸搬运的质量和效率，有助于实现物流作业的标准化和机械化。

（二）按装卸搬运的设施设备对象分类

1. 仓库装卸搬运

仓库装卸搬运是指在仓库进行的各种装卸搬运作业。通常需要结合入库、出库等操作进行，配以堆垛、分类、拣选等作业。

2. 汽车装卸搬运

汽车装卸一般一次装卸批量不大，由于汽车的灵活性，可以很少或根本减去搬运活动，而直接、简单地利用装卸作业达到车与物流设施之间货物过渡的目的。

3. 铁路装卸搬运

铁路装卸搬运是指在铁路车站进行的各种装卸搬运作业，主要针对火车车皮进行装进及卸出操作，特点是一次作业就实现一车皮的装进或卸出，很少出现像仓库装卸时的整装零卸或零装整卸的情况。

4. 飞机装卸搬运

飞机装卸搬运是指在机场进行的各种装卸搬运作业。通常情况下，根据货站的实际需要，配备必要的特种车辆，如不同规格的叉车、升降车及适用于不同机型装卸货物的传送车、牵引车等。

5. 港口装卸搬运

港口装卸搬运是指在港口进行的各种装卸搬运作业，包括码头前沿的装船，也包括后方的支持性装卸，有的港口装卸搬运还采用小船在码头与大船之间驳运的方式，因此其装卸搬运的流程较为复杂，往往需要经过几次的装卸及搬运作业，才能最终实现船与陆地之间货物过渡的目的。

（三）按装卸搬运的机械作业方式分类

1. 吊上吊下方式

吊上吊下方式是指采用各种起重机械从货物上部起吊，依靠起吊装置的垂直移动，实现装卸，并在吊车运行或回转的范围内搬运或依靠搬运车辆实现小搬运的方式。由于吊起及放下属于垂直运动，因此这种装卸方式属于垂直装卸方式。

2. 叉上叉下方式

叉上叉下方式是指采用叉车从货物底部托起货物，并依靠叉车的运动进行货物位移，搬运完全靠叉车本身，货物可不经中途落地而直接放置到目的地的搬运方式。这种方式主要是水平运动，属于水平装卸方式。

3. 滚上滚下方式

滚上滚下方式是港口装卸的一种水平装卸方式，它是利用叉车或半挂车等承载货物，连同车辆一起开上船，到达目的地后再从船上开下。

这种方式，可以有效地实现货物的快速装卸，适用于带轮货物、重型设备、短途海运及需要快速装卸的场合。

4. 移上移下方式

移上移下方式是指在两车之间（如火车及汽车）进行靠接，然后利用各种方式，使货物不产生垂直运动，而是依靠水平移动从一辆车上推移到另一辆车上的方式。移上移下方式需要使两种车辆水平靠接，因此必须对站台或车辆货台进行改造，并配合移动工具来实现这种装卸。

5. 散装散卸方式

散装散卸方式是指对散装物进行装卸，一般从装点直接到卸点，中间不再落地，这是集装卸与搬运于一体的作业方式。

（四）按装卸搬运的作业方向分类

1. 水平方向作业的装卸搬运

沿着地面平行方向实现物资的空间位移，这种装卸搬运方式仅改变货物的水平位置。如通过各种带式、平板式输送机，机动、手动搬运车等实现货物水平位置的移动。

2. 垂直方向作业的装卸搬运

沿着地面垂直方向实现物资的空间位移，这种装卸搬运方式仅改变货物的垂直位置。如通过各种升降机、堆垛机、起重机等装卸搬运货物。

3. 混合方向作业的装卸搬运

这类装卸搬运使货物既可实现水平方向的位移，又可实现垂直方向的位移，如桥式起重机、龙门式起重机、轮胎式起重机、叉车等。

（五）按装卸搬运的作业特点分类

1. 连续性装卸搬运

连续性装卸搬运是指以连续的方式，不间断地进行装卸搬运货物的作业方式。通常作业路线固定，货物间无间隔，负载均匀，便于实现自动控制。在装卸量较大、装卸对象固定、货物对象不易形成大包装的情况下适合采用这一方式。

2. 间歇性装卸搬运

间歇性装卸搬运有较强的机动性，装卸地点可在较大范围内变动，主要适用于货流不固定的各种货物，尤其适用于包装货物、大件货物，散粒货物也可采用此种方式。

写一写：现如今，网络消费日益发达，大家都有网购经历，请以自己网购的商品为例，从网上下单到收到快递，简单写一下经过了哪些装卸搬运过程。也可用流程图的形式绘制在下面的方框中。

任务二　认知装卸搬运设施设备

课前任务单

在物流各项活动中，装卸搬运环节出现频率非常高，不仅耗费时间较长、投入人力较多，而且容易出现货损。因此，人们一直在探索如何提高装卸搬运效率，降低装卸搬运成本。据上海航运交易所发布的数据显示，在2021年，世界集装箱吞吐量排名前20的港口中，中国广州港的平均在港时间为1.49天，而美国洛杉矶港和长滩港的平均在港时间分别为9.49天和10.36天。这些数据表明，在某些港口，各种因素（如港口拥堵、装卸效率低等）导致船舶在港停留时间较长，进而影响装卸时间。

装卸搬运设备是实现装卸搬运作业机械化的基础，其机械性能和作业效率对整个物流系统的作业效率影响很大。请大家结合生活中的例子，思考如何更好地运用装卸搬运设备来提高工作效率。

初识知识·提纲挈领

1. 阅读将要学习的知识内容，绘制预习内容框架，思考你还想了解哪些其他的知识或信息。

2. 完成以下训练题目。

（1）（单选题）电视机等易碎、贵重的成件包装商品，可使用（　　）进行装卸搬运。

A. 小型叉车　　B. 大型叉车

C. 轮胎式起重机　　D. 轨道式起重机

（2）（多选题）以下属于装卸搬运机械的是（　　）。

A. 叉车　　B. 铲车

C. 货架　　D. 托盘

（3）（多选题）单动作的起重机械有（　　）。

A. 千斤顶　　B. 绞车

C. 升降机　　D. 桥式起重机

熟读精思·循序渐进

1. 请选择一个装卸搬运设备，并详细介绍其功能和使用方法。

2. 收集常见的装卸搬运机械的信息，并根据其功能填入下表。

类型	具体名称
起重设备	
输送设备	
升降设备	
工业车辆设备	

明确任务·情境挑战

上海洋山港四期自动化码头是目前世界上最大的自动化码头，已投入生产的设备有10台桥吊、40台轨道吊、50台自动导引车，根据规划，最终将配置26台桥吊、120台轨道吊和130台自动导引车。洋山港四期码头集装箱的装卸转运全部由智能设备完成。码头装卸作业采用“远程操控双小车集装箱桥吊+轨道吊+自动导引车”的生产方案，主要由码头装卸、水平运输、堆场装卸的自动化装卸设备和全自动化码头智能生产管理控制系统构成。

一、码头装卸

岸边集装箱起重机（以下简称“岸桥”）从岸边的集装箱船上抓起集装箱进行自动化码头运作，集装箱被移动到码头后，在电脑的控制下，由岸桥将集装箱放置到中转平台；中转平台的门架小车就位，将集装箱稳稳抓起移动到已经在地面等候的自动导引车上方；当集装箱缓缓落下，箱子四角的锁扣与自动导引车连接，整个过程耗时不到2分钟。

二、水平运输

自动导引车在地面磁钉的引导下，载着集装箱驶向目标箱区域，根据磁钉位置准确找到所在位置，并根据预设规划路径高精度运作。

通过智能管理系统，自动导引车可以自行规划行车路线，有效地规避碰撞。洋山港四期码头由锂电池驱动的自动导引车采用了当今最前沿的技术，除了具备无人驾驶、自动导航、路径优化、主动避障等功能外，还支持自我故障诊断、自我电量监控等功能。

三、堆场装卸

自动导引车到达指定的堆场之后，堆场机械、轨道吊准备就绪，把集装箱吊运到指定的堆场位置。所有过程通过自动程序完成。

针对运量结构和装卸特点，洋山港四期码头的自动化堆场装卸设备采用无悬臂、单悬臂、双悬臂三种轨道吊，无悬臂箱区和带悬臂（包括单悬臂、双悬臂）箱区间隔混合布置。无悬臂轨道吊可在箱区两端与水平运输设备进行交互，而悬臂式轨道吊在具备无悬臂轨道吊所有功能的同时，还可以直接和位于自身悬臂下的水平运输设备进行交互，这大大增强了现场作业的机动性和灵活性，目前这一模式在全球的自动化码头中是独一无二的。

四、智能控制

上港集团自主研发的TOS（码头操作系统）全自动化码头智能生产管理控制系统是洋山港四期码头的“大脑”。TOS覆盖自动化码头的全部业务环节，并衔接上海港的各大数据信息平台，可以提供智能的生产计划模块、实时作业调度及自动监控调整，高效率地组织码头现场生产。同时，TOS还可以实现桥吊边装边卸作业，大大提高作业效率。

任务思考：

请结合上述案例，总结上海洋山港码头装卸搬运时用到的先进技术，并选择一项先进技术进行重点了解并汇报。

一、装卸搬运设备的概念

装卸搬运设备是指用来搬移、升降、装卸和短距离输送物料或货物的设备，是实现装卸搬运作业机械化的基础，也是物流设备中的重要机械设备。它不仅可用于完成船舶与车辆货物的装卸，而且可用于完成库场货物的堆码、拆垛、运输及舱内、车内、库内货物的起重输送、搬运，是装卸搬运作业现代化的重要标志。

微课：
装卸搬运设备介绍

装卸搬运设备的机械性能和作业效率对整个物流系统的作业效率影响很大，具有适应性强、工作能力强的优点，也存在机动能力相对较差的缺点。

说一说：你见过哪些装卸搬运设备？

二、装卸搬运设备的分类

装卸搬运设备的种类繁多、功能各异，因此分类方法也有很多，常见的分类方法有以下几种。

（一）按作业性质分类

按作业性质分类，装卸搬运设备可分为装卸设备、搬运设备和装卸搬运设备。

1. 装卸设备

装卸设备一般仅实现货物的垂直位置的移动，而不改变其水平位置，主要有手动葫芦、电动葫芦等。固定式吊车（如卡车吊、悬臂吊等吊车）虽然有一定的移动半径，也有一些搬运效果，但基本上仍被视为单一功能的装卸设备。

2. 搬运设备

搬运设备一般仅实现货物的水平位置的移动，而不改变其垂直位置和势能，主要有搬运车、手推车、托盘、输送机等。

3. 装卸搬运设备

装卸搬运设备既可以改变货物的水平位置，也可以实现其垂直位置的移动。在物流领域，兼具装卸、搬运两种功能的设备备受重视，这种设备可将两种作业操作合二为一，因而有较好的系统效果。属于这类设备的有叉车、港口中用的跨运车（图 3-2-1）、车站用的龙门吊及气力装卸输送设备（图 3-2-2）等。

图 3-2-1　跨运车

图 3-2-2　气力输送机

（二）按工作原理分类

按工作原理分类，装卸搬运设备可分为叉车类、吊车类、输送机类、作业车类和管道输送类等设备。

1. 叉车类设备

叉车类设备包括通用叉车、高架叉车、专用叉车、无人叉车等。

2. 吊车类设备

吊车类设备包括门式、桥式、履带式、轮胎式、岸壁式、巷道式吊车等。

3. 输送机类设备

输送机类设备包括皮带式、辊道式、链式、轮式、悬挂式输送机等。

4. 作业车类设备

作业车类设备包括无人搬运车、手推车、普通搬运车、笼车、台车等。

5. 管道输送类设备

管道输送类设备包括粉状、颗粒状、液体状货物的输送管道。

（三）按装卸搬运设备有无动力分类

按设备有无动力分类，装卸搬运设备可分为重力式设备、动力式设备及人力式设备。

1. 重力式装卸搬运设备

重力式装卸搬运设备是利用货物自身的重力来实现货物空间位置的移动，比较典型的有辊式、滚轮式输送机等。

2. 动力式装卸搬运设备

动力式装卸搬运设备是通过机器施加的力量来实现货物空间位置的移动，分内燃式和电动式两种，大多数装卸搬运设备均属于此类，如叉车、铲车、各种吊车等。

3. 人力式装卸搬运设备

人力式装卸搬运设备不借助外力，仅通过人力来实现货物的装卸搬运，主要有小型机具和手动叉车、手车、手推车、手动升降平台等。

写一写：动力式装卸搬运设备和人力式装卸搬运设备的优缺点和应用场合。

分类	优点	缺点	应用场合
动力式装卸搬运设备			
人力式装卸搬运设备			

三、常见的装卸搬运设备

（一）叉车

叉车（图 3-2-3）是一种工业搬运车辆，是指对成件托盘货物进行装卸、堆垛和短距离运输作业的各种轮式搬运车辆，它常用于仓储大型物件的搬运，通常使用燃油机或者电池驱动，具有机械化程度高、机动灵活性好、搬运效率高的特点。

在企业的物流系统中，叉车扮演着非常重要的角色，是物料搬运设备中的主力军，广泛应用于车站、港口、机场、工厂、仓库等国民经济中的各个部门。叉车通常可以分为内燃叉车、电动叉车和仓储叉车。

（二）吊车

吊车是起重机的俗称，属于起重机械，其工作模式为循环、间歇运动，如图 3-2-4 所示。一个完整的工作循环包括：取物装置从取物地把物品提起，然后水平移动到指定地点放下物品，接着进行反向运动，使取物装置返回原位，以便进行下一次循环。常见的吊车类型有固定式回转起重机、塔式起重机、流动式（汽车、轮胎、履带）起重机等。

图 3-2-3　叉车

图 3-2-4　吊车

（三）输送机

输送机是指以连续的方式沿着固定的路线从装货点到卸货点均匀输送货物和成件包装货物的机械，如图 3-2-5 所示。输送机的历史悠久，中国古代的高转筒车和提水的翻车，是现代斗式提升机和刮板输送机的雏形。由于输送机在一个区间内能连续搬运大量货物，搬运成本低廉，搬运时间精确，货流稳定，因此广泛应用于现代物流系统中，成为生产加工过程中机械化、连续化、自动化流水作业运输线路中不可或缺的组成部分。

常见的输送机有带式输送机、辊式输送机、悬挂输送机、斗式输送机、气力输送机、螺旋输送机及链式输送机等。

（四）自动导引车

自动导引车，又称无人搬运车（Automated Guided Vehicle，AGV）是指装备有电磁或光学等自动导引装置，能够沿规定的导引路径行驶，具有安全保护及各种移载功能的运输车。在工业应用中，它是不需要驾驶员的搬运车，以可充电蓄电池为其动力来源，如图 3-2-6 所示。一般可通过电脑来控制其行进路线及行为，或利用电磁轨道来设立其行进路线，电磁轨道粘贴于地板上，自动导引车则依据电磁轨道所带来的讯息进行移动与动作。因其具有自动化程度高、美观、便捷、高效等特点，因此越来越多地被应用到仓储物流行业。

图 3-2-5　输送机

图 3-2-6　自动导引车

知识链接

AGV 的搬运原理

短视频：无人搬运车导引方式

AGV 可以在无人的情况下，自动完成运输、搬运任务。AGV 实现高效智能搬运，需要地面控制系统与车载控制系统的联合支持。车载控制系统安装于 AGV 上，负责 AGV 单机的导航、导引、路径选择、车辆驱动、装卸操作及充电等工作。而地面控制系统，则主要对工厂或仓储等场所内的多台 AGV 进行集中控制与管理，包括任务分配、车辆管理等。地面控制系统接收任务后，在系统中寻找合适的 AGV（根据距离、功率等因素）执行相关任务，并逐个向目标车辆发送指令。AGV 在接到控制系统指令后，沿着规定的路线完成前进、后退等搬运物料的需求，在它的前部装有红外线探测器，用于检测周围环境，配合自身安全系统，保证行驶过程中的运输物料及周围物体的安全。

四、装卸搬运设备的选择原则

（一）根据作业性质和作业场合进行选择

装卸搬运作业的性质和作业场合不同，须配备不同的装卸搬运设备。根据作业是只装卸或只搬运，还是装卸、搬运兼顾，可以选择合适的装卸搬运设备；若作业的场合不同，也须配备不同的装卸搬运设备。

（二）根据作业运动形式进行选择

装卸搬运作业的运动形式不同，须配备不同的设备。水平运动时，可选用卡车、牵引车、小推车等设备；垂直运动时，可选用提升机、起重机等设备；倾斜运动时，可选用连续运输机、提升机等设备；垂直及水平运动时，可选用叉车、起重机、升降机等设备；多平面式运动时，可选用旋转起重机等设备。

（三）根据作业量进行选择

装卸搬运作业量的大小关系到设备应具有的作业能力，从而影响到所需配备的设备类型和数量。作业量大时，应配备作业能力较强的大型专用设备；作业量小时，可配备构造简单、造价低廉而又能保持相当生产能力的中小型通用设备。

（四）根据货物种类、性质进行选择

货物的物理性质、化学性质、外部形状和包装千差万别，有大小、轻重之分，也有固体、液体之分，还有散装、成件之分，所以对装卸搬运设备的要求也不尽相同。

（五）根据搬运距离进行选择

长距离搬运一般选用牵引车和挂车等设备，较短距离搬运可选用叉车、跨运车等设备，短距离搬运可选用手推车等设备。为了提高设备的利用率，应当结合设备的种类和特点，让行车、货运、装卸、搬运等工作密切配合。

（六）根据设备的配套进行选择

成套地配备装卸搬运设备，可以使前后作业相互衔接、相互协调，是保证装卸搬运工作持续进行的重要条件。因此，需要在生产作业区、数量吨位、作业时间、场地条件、周边辅助设备等方面对设备做适当协调。

任务三　探究装卸搬运作业与技术

课前任务单

通过前面的学习，大家应该已经了解了装卸搬运的重要性，并且理解了装卸搬运效率对物流系统的重大影响。为了提升装卸搬运效率，要正确、合理地使用装卸搬运设备。但有些企业虽然使用了装卸搬运设备，效率依然低下，费用依然很高，大家知道是什么原因吗？通过本任务的学习，大家会对装卸搬运

系统有更深入的认识，能够真正找到提高作业效率的方法。让我们一起来探寻装卸搬运的奥秘，掌握降低成本的方法吧！

初识知识·提纲挈领

1. 阅读将要学习的知识内容，绘制预习内容，思考你还想了解其他的哪些知识或信息。

2. 完成以下训练题目。

（1）（单选题）将商品置于集装单元器具内时，其装卸活性有所提高，被定为（　　）。

A. 1级活性　　B. 2级活性　　C. 3级活性　　D. 4级活性

（2）（单选题）（　　）是利用货物的位能来完成装卸作业的方法。其装车设备有筒仓、溜槽、隧道等；卸车主要使用带有底开门结构的车辆或漏斗车，在高架线旁或卸车坑道处自动开启车门，货物依靠重力自行流出。

A. 功能法　　B. 重力法　　C. 倾翻法　　D. 机械法

熟读精思·循序渐进

调研当地的物流企业，详细了解该公司是如何降低装卸搬运费用的。

明确任务·情境挑战

在我国东部，大大小小的港口如珠链般串在一起，勾勒出漫长的海岸线。在美国交通杂志（AJOT）公布的2023年全球集装箱港口百强名单中，中国有20个，其中7个港口跻身前十，它们分别是上海港、宁波舟山港、深圳港、青岛港、广州港、天津港、香港港。这里所说的集装箱港口，是指能够容纳完整的集装箱装卸操作过程的港口。海上集装箱运输起源于美国，这种运输方式极大地提升了水路运输量。通过标准化箱体，提高了装卸效率，缩短了船舶在港时间，节约了单位成本。

随着规模化效应的影响，水路运输单位成本越来越低，运输船舶体积也越来越大，对港口水深和陆地区域面积提出了更高要求。中国港口之所以吞吐量大。港口面积广阔，首先得益于中国对港口和海洋建设的重视，早在2005年国家就提出建设“东方大港”的设想，并不断投资建设港区。

如集装箱吞吐量排名第三的宁波舟山港，由19个港区组成，能够停靠数百艘超大型巨轮，总面积甚至超过新加坡国土面积，2023年，货物吞吐量达13.24亿吨，位居当时世界第一。集装箱港口数据，在一定程度上反映了该国水路运输的规模化程度。

总体而言，全球集装箱港口格局稳定，相较于2022年，前八名的排名均未发生变化，杰拜勒·阿里港上升两位，香港港下滑一位。在增速方面，前十名中绝大多数港口稳步增长，青岛港表现亮眼，增速达12%；深圳港和香港港出现负增长，增速分别为-0.53%和-14.05%。

此外，在全球集装箱港口百强名单中，中国港口还有厦门港、高雄港、太仓港、北部湾港、日照港、连云港港、营口港、大连港、福州港、洋浦港、台中港、台北港、基隆港。

据交通运输部数据显示，2023年全国完成港口货物吞吐量169.73亿吨，比上年增长8.2%。其中，沿海港口货物吞吐量达108.35亿吨，增长6.9%；集装箱吞吐量达3.10亿标准箱，增长4.9%，实现超预期增长。

任务思考：

我国国际贸易发展非常迅速，请简要列举你身边有哪些国际贸易商品，并选择一个感兴趣的港口，就其进出港流程进行详细介绍，并在班级汇报展示。

一、装卸搬运作业方法

（一）装卸搬运作业方法的影响因素

决定装卸搬运方法的条件可以分为两大类：一类是由运输（配送）、保管、装卸三者相互关系决定的外部条件；一类是由装卸本身所决定的内部条件。此外，在装卸作业组织工作中，还要考虑货车装卸的一般条件。

1. 影响装卸搬运方法的外部条件

① 货物特征：货物经由包装、集装等形成的形态、质量、尺寸（如件装、集装、散装货物）等，对装卸搬运作业方法的选择有至关重要的影响。例如，托盘系列集装货物，适宜选择叉车进行装卸。

② 作业内容：装卸搬运作业中的重点是堆码、装车、拆垛、分拣、配载、搬运等，以其中哪一种作业为主或采用哪几种作业组合，都会影响装卸搬运作业方法的选择。

③ 运输设备：不同的运输设备，如汽车、轮船、火车、飞机等的装载与运输能力、装运设备尺寸等，都会影响装卸搬运作业方法的选择。

④ 运输、仓储设施：运输、仓储设施的配置情况、规模、尺寸大小等，都会影响作业场地、作业设备及作业方法的选择。

2. 影响装卸搬运方法的内部条件

① 货物状态：主要指货物在装卸搬运前后的状态。

② 装卸搬运动作：指在货物装卸搬运各项具体作业中的单个动作及组合。

③ 装卸搬运机械：装卸搬运机械所能实现的动作方式、能力大小、状态尺寸、使用条件、配套工具等，以及与其他机械的组合，均为影响装卸搬运方法选择的因素。

④ 作业组织：参加装卸搬运作业的人员素质、工作负荷、时间要求、技能要求等，对装卸搬运作业方法的选择具有重要的影响。

3. 影响装卸搬运方法的一般条件

一般情况下，就公路货物运输车辆的货物装卸而言，货物装卸的固定设施主要有货物装卸场、货物仓库、货物通道、货物装卸线等。这些设施的选择取决于装卸的对象是零担货物、整车货物还是集装箱货物。而且，因货物存放的货棚、站台（货台）高度不同，所使用的装卸设备和装卸方法也存在很大差异。

① 零担货物装卸搬运，较多地使用人力和手推车、台车和输送机等作业工具，也可使用笼式托盘、箱式托盘，以提高货车装卸、分拣及配货等作业的效率。

② 整车货物装卸搬运，较多采用托盘系列及叉车进行装卸作业。

③ 集装箱货物装卸搬运，往往需要采用适合不同货物的固定设施和装卸设备，以满足装卸时的特殊技术要求。

以上所述的决定装卸作业方法的外部条件，同时也是决定其内部条件的因素，而内部条件受外部条件影响所采取的货物状态、作业动作、装卸机械、工作环境和方式方法，则成为直接影响装卸方法的决定性因素。

（二）常见的装卸搬运作业方法

1. 单件作业法

单件作业法是对非集装按件计的货物逐个进行装卸操作的作业方法。单件作业可采取人力、半机械化及机械装卸。由于是逐件处理，装卸速度慢，因此容易出现货损及货差。作业对象主要是包装杂货，多品类、少批量货物及单件大型笨重货物。

微课：装卸搬运作业方法

2. 单元作业法

单元作业法是用集装化工具将小件或散装物品集成一定质量或体积的组合件，以便利用机械进行作业的装卸方法。单元装卸的装卸速度快，装卸时并不逐个接触货物，因而货损小，货差也小。集装作业的对象范围较广，一般除特大、重、长和粉、粒、液、气状货物外，都可进行集装。粉、粒、液、气状货物经一定包装后，也可采用集装作业法，特大、重长的货物经适当分解处理后，也可采用集装作业法。

单元作业法具体又分以下几种作业方法。

（1）托盘作业法

托盘作业法是用托盘系列集装工具将货物形成成组货物单元，以便于采用叉车等设备实现装卸作业机械化的装卸作业方法（图 3-3-1）。一些不宜采用平托盘的散件货物可采用笼式托盘形成成组货物单元，一些批量很大的散装货物，如粮食、食糖等可采用专用箱式箍盘形成成组货物单元，再辅之以相应的装载机械、泵压设备等配套，实现托盘作业法。

（2）集装箱作业法

集装箱作业法是用集装箱将货物形成货物单元，以便于采用起重机、跨运车等设备实现装卸作业机械化的装卸作业方法（图 3-3-2）。集装箱作业法在港口较为常见，同时也是多式联运中一个非常重要的方法。常见的有垂直装卸法和水平装卸法。

图 3-3-1 托盘作业法

图 3-3-2 集装箱作业法

（3）框架作业法

框架作业法常用于管件及各种易碎建材，如玻璃制品等。通常会根据装卸原材料的不同而选择各种不同集装框架，以实现装卸机械化，确保装卸质量，降低装卸过程中的损耗，提高装卸效率。框架通常采用木制或金属材料制作，要求有一定的刚度、韧性，质量较轻，从而起到保护商品、方便装卸和运输作业的作用。

（4）货捆作业法

货捆作业法是用捆装工具将散件货物组成一个货物单元，使其在物流过程中保持稳定，进而能与其他机械设备配合，实现装卸作业机械化。木材、建材、金属之类的货物最适合采用货捆作业法。带有与各种货捆配套的专用吊具的门式起重机和悬臂式起重机是货捆作业法的主要装卸机械，叉车、侧叉车、跨车等则是配套的搬运机械。

（5）网袋作业法

将粉粒状货物装入由多种合成纤维和人造纤维纺织而成的集装袋，把各种袋装货物装入由多种合成纤维或人造纤维纺织成的网，将各种块状货物装入由钢丝绳编成的网，这种先集装再进行装卸作业的方法被称为网袋作业法。它适用于粉粒状货物、袋装货物、块状货物、粗杂物品的装卸作业。网袋集装工具体积小、自重轻、回送方便，可一次或多次使用。此外，快递公司多采用此种作业方法实现包裹的单元化运输，以提高中转和运输效率。（图 3-3-3、图 3-3-4）

图 3-3-3 分拣口集装袋

图 3-3-4 集装袋作业法

（6）挂车作业法

挂车作业法是先将货物装到挂车里，然后将空车拖上或吊到铁路平板车上的作业方法。通常将此作业完成后形成的运输组织方式称为背负式运输，是公铁联运的常用组织方式。

3. 散装货物作业法

散装货物作业法是指对大批量粉状、粒状货物进行无包装散装、散卸的装卸方法。散装作业可连续进行，也可间断进行，但是都需要机械化设施、设备。在特定情况下，且批量不大时，可采用人力装卸。通常有重力法、倾翻法和机械法三种。

4. 特种货物作业法

特种货物一般包括危险货物、大件货物、现货货物和贵重货物等。对于特种货物的装卸搬运一般须考虑特种货物的性质、载具的特殊性、装卸搬运过程的安全性、监控过程的完整性、人员的综合性等因素，据此选择合适的装卸搬运方法和设备。

说一说：不同类型的特种货物的装卸搬运方法有什么不同，你了解哪些特种货物的装卸搬运方法?

二、装卸搬运的原则

在物流运作过程中，装卸搬运仅作为衔接运输、仓储、包装、配送、流通加工等环节的活动，其本身并不产生价值。因此，应尽量减少装卸搬运的次数以提高物流运作效率，具体操作中可遵循以下原则。

（一）安全文明原则

安全文明原则是指在装卸搬运作业中，要坚持文明装卸，杜绝野蛮装卸；严格按照装卸搬运的工艺要求进行操作，保证货物完好无损，保障作业人员人身安全。同时，针对不同的装卸搬运作业，要科学组织管理，避免因装卸搬运作业而损坏设备和设施。

（二）省力节能原则

现代装卸搬运作业强调控制成本费用，其中省力节能是最关键因素。节约劳动力、降低能源消耗，是装卸搬运作业最基本的要求和原则。因此，在满足装卸搬运作业要求的前提下，应尽量实现装卸搬运作业的省力化和节能化。例如，对火车、卡车进行卸车时，将滑板、滑槽或无动力的小型传送带倾斜安装在货车、卡车或站台上，使货物依靠自身重量完成装卸搬运作业。这种方法不需要复杂的设备，不消耗能源，可大大减轻作业人员的劳动强度，以达到省力节能的目的，从而降低装卸搬运作业成本。这是最经济且最方便有效的手段之一。

（三）次数最小化原则

虽然装卸搬运是物流过程中不可避免的作业活动，但是装卸搬运活动本身并不增加货物的价值和使用价值，反而增加了货物损坏的可能性和成本。所以，应该将装卸搬运的次数控制在最小的范围内。通过合理安排作业流程、采用合理的作业方式、在仓库内合理布局及设计等，来实现货物装卸搬运次数的最小化；同时，通过优化装卸搬运作业的各项环节，合理取消或合并装卸搬运作业的各项步骤，消灭重复无效、可有可无的装卸搬运作业。

（四）连续性、程序化原则

装卸搬运作业应遵循一定的程序，执行时尽量做到流水化作业，不间断、不停顿。工序之间要相互协调、紧密衔接；作业路径采用最短甚至直线的方式；作业流程应尽量简化。

（五）机械化原则

机械化原则是指在装卸搬运作业中，用机械作业替代人工作业的原则。实现装卸搬运作业的机械化是实现省力化和效率化的重要途径。通过机械化，可改善装卸搬运作业环境，大大减轻劳动强度，增强作业的安全性，提高作业的效率和效益。机械化原则同时也包含了将人与机械合理地组合到一起，以充分发挥各自的优势。在许多场合，简单机械的配合同样也可以达到省力化和提高效率的目的，而片面强调全自动化则会造成装卸搬运作业费用的增加。

（六）系统化原则

系统化原则是指将各个装卸搬运活动作为一个有机的整体，实施系统化管理。装卸搬运作业涉及物流过程的很多其他环节和装卸搬运系统内部的很多要素，都必须相互兼顾，协调统一，才能发挥装卸搬运系统的整体功能，所以应该运用综合系统化的观点，来进行分析研究，以提高装卸搬运的协调性和柔性，从而适应多样化、高度化的需求，提高装卸搬运的效率。

三、装卸搬运合理化的基本措施

装卸搬运合理化是指以尽可能少的人力和物力消耗，高质量、高效率地完成装卸搬运任务。

（一）防止和消除无效作业

所谓无效作业是指在装卸搬运活动中超出必要搬运量的作业。显然，防止和消除无效作业对装卸作业的经济效益有重要意义。

（二）提高装卸搬运的灵活性

所谓装卸搬运的灵活性是指在装卸搬运作业中对物料进行装卸搬运的难易程度。所以，在堆放货物时，事先要考虑物料装卸的方便性。根据物料所处的状态，即物料装卸搬运的难易程度，可将装卸搬运的灵活性分为不同的级别。（表 3-3-1）

表 3-3-1 装卸搬运的灵活性

等级	状态
0 级	物品杂乱地堆在地面上
1 级	物品经装箱或捆扎

续表

等级	状态
2 级	物品装在箱子里或经捆扎，下面放有托盘或其他衬垫
3 级	物品被放于台车上或被起重机吊钩钩住，可即刻移动
4 级	物品已被置于输送设备上，可被启动或直接作业

（三）实现装卸搬运作业的省力化

装卸搬运使物料发生垂直和水平位移，是通过做功实现的，因此为实现作业的省力化应尽可能地消除重力的不利影响，在有条件的情况下利用重力来进行货物装卸，以减轻劳动强度和能量的消耗。

（四）提高装卸搬运作业的机械化水平

随着生产力的发展，装卸搬运的机械化程度将不断提高。由于装卸搬运的机械化能把工人从繁重的体力劳动中解放出来，尤其对于危险品的装卸作业，机械化水平的提高能保证人和货物的安全，这也是装卸搬运机械化程度不断提高的动力。

（五）推广组合化装卸搬运

在装卸搬运作业过程中，可根据不同物料的种类、性质、形状、重量来确定不同的装卸作业方式。处理物料装卸搬运的方法有三种形式：将普通包装的物料逐个进行装卸，叫作“分块处理”；将颗粒状物资不加小包装而原样装卸，叫作“散装处理”；将物料以托盘、集装箱、集装袋为单位进行组合后进行装卸，叫作“集装处理”。对于包装的物料尽可能进行“集装处理”，实现单元化装卸搬运，可以充分利用机械化设备进行操作。通过组合化装卸，可大量节约装卸作业时间，提高装卸搬运的灵活性，易于实现标准化，同时达到保护物料的效果。

（六）合理规划装卸搬运作业过程

装卸搬运作业过程是指对整个装卸作业的连续性进行合理的安排，以缩短运距和减少装卸次数。装卸搬运作业现场的平面布置是直接关系到装卸搬运距离的关键因素，装卸搬运机械要与货场长度、货位面积等相互协调。要有足够的场地集结货场，并满足装卸搬运机械工作面的要求，场内的道路布置要为装卸搬运创造良好的条件，有利于加速货位的周转。装卸搬运距离达到最小的平面布置是缩短装卸搬运距离最理想的方法。

写一写：请大家分组进行头脑风暴，总结如何提高装卸搬运的效率，确保装卸搬运合理化，并将方法写在下面的方框中。

模拟实训

一、实训内容

对物流企业的装卸搬运情况展开调研。

二、实训步骤和要求

（1）全班同学自由分组，每组4—6人，根据本任务所学知识，各组选择所在城市内的一家物流企业开展调研。

（2）了解该物流企业类型，分析其装卸搬运方法，了解其装卸搬运设备、工作效率和成本等。

（3）以小组为单位进行PPT汇报，小组互评，教师点评；全班同学开展交流分享。

实训评价

实训评价表

<table>
<tr><th colspan="2">内容</th><th colspan="3">评价</th></tr>
<tr><th>学习目标</th><th>评价项目</th><th>自我评价</th><th>组间评价</th><th>教师评价</th></tr>
<tr><td rowspan="3">专业知识
（30分）</td><td>装卸搬运的概念和特点</td><td rowspan="3">得分及备注：</td><td rowspan="3">得分及备注：</td><td rowspan="3">得分及备注：</td></tr>
<tr><td>装卸搬运的作业方法</td></tr>
<tr><td>装卸搬运合理化措施</td></tr>
<tr><td rowspan="3">专业能力
（30分）</td><td>能描述装卸搬运的特点和分类</td><td rowspan="3">得分及备注：</td><td rowspan="3">得分及备注：</td><td rowspan="3">得分及备注：</td></tr>
<tr><td>能识别不同类型的装卸搬运作业</td></tr>
<tr><td>能利用所学知识分析装卸搬运活动</td></tr>
<tr><td rowspan="4">职业意识
（40分）</td><td>团队合作精神</td><td rowspan="4">得分及备注：</td><td rowspan="4">得分及备注：</td><td rowspan="4">得分及备注：</td></tr>
<tr><td>沟通协调能力</td></tr>
<tr><td>细致、认真、负责</td></tr>
<tr><td>安全规范意识</td></tr>
<tr><td colspan="2">教师建议：</td><td colspan="3" rowspan="2">评价汇总：
A. 优秀　　B. 良好
C. 基本掌握　　D. 没有掌握
（参考标准：得分低于60分的为没有掌握，60~70分的为基本掌握，70分~80分的为良好，高于80分的为优秀）</td></tr>
<tr><td colspan="2">个人努力方向：</td></tr>
</table>

同步测试

一、单选题

1. 运输与搬运的主要区别是（　　）。

A. 是否有装卸　　B. 是否有装卸搬运过程

C. 对运输距离长短的判断　　D. 对装运量多少的判断

2. 下列“活性指数”最高的是（　　）。

A. 就地堆放　　B. 置于集装容器中

C. 处于移动状态　　D. 置于托盘上

3. 码头装卸作业费的英文缩写是（　　）。

A. ORC　　B. DDC　　C. THC　　D. CAF

4. 以下不属于集装作业法的有（　　）。

A. 托盘作业法　　B. 集装箱作业法

C. 框架作业法　　D. 重力法

5. （　　）是车站、码头、仓库和货场广泛用来承担装卸、搬运、堆码作业的一种搬运车辆。

A. 叉车　　B. 起重机　　C. 输送机　　D. 卷扬机

6. 装卸搬运设备的运用组织是以（　　）为中心的管理。

A. 保证货物完好率　　B. 完善作业路线

C. 充分利用作业空间　　D. 提高设备效率

7. 按照装卸搬运的作业特点进行分类，可分为连续装卸和（　　）。

A. 垂直装卸　　B. 水平装卸

C. 间歇装卸　　D. 散装货物装卸

8. 对于散装物、流体货物、钢材等特殊货物进行大量的、连续装卸时，分别采用（　　）进行作业。

A. 通用桥式起重机　　B. 专用装卸搬运机械

C. 连续输送机　　D. 通用起重机械

9. 下列属于装卸搬运合理化的是（　　）。

A. 装卸搬运次数最多　　B. 装卸搬运衔接流畅

C. 人力作业　　D. 装卸搬运移动距离最长

10. 下列不属于装卸搬运原则的是（　　）。

A. 装卸的连续性　　B. 减轻人力装卸

C. 把商品整理为一定单位　　D. 尽量进行装卸

11. 根据运输和储存的具体条件和作业需要，在正确估计和评价（　　）的基础上，合理选择装卸搬运机械。

A. 物料的特点　　B. 装卸搬运的使用效益

C. 装卸搬运机械类型　　D. 装卸搬运机械生产厂家

12. 下列不是装卸搬运特点的是（　　）。

A. 是附属性、伴生性的活动

B. 是衔接的活动

C. 是提高物流效率、增加商品成本的活动

D. 是支持、保障性的活动

二、多选题

1. 网袋作业法适用于（　　）的装卸作业。

A. 粉状货物　　B. 各种袋装货物

C. 块状货物　　D. 粗杂物品

2. 在选用叉车时，应根据（　　）和使用场地的条件进行合理选择，同时应考虑选用适当的托盘配合使用。

A. 物料的质量　　B. 物料的名称

C. 物料的外形尺寸　　D. 物料的状态

3. 装卸搬运是以改变物料的（　　）为主要内容和目的的活动。

A. 空间位置　　B. 物质形态　　C. 包装质量　　D. 存放状态

4. 在装卸搬运的配置、选择原则中，为了提高设备的利用率，应当结合设备种类和特点，使（　　）等工作密切配合。

A. 行车　　B. 货运　　C. 装卸　　D. 搬运

5. 按装卸搬运对象分类，装卸搬运可分为（　　）。

A. 散装货物装卸　　B. 单件货物装卸

C. 集装货物装卸　　D. 连续装卸

6. 提高设备完好率的主要途径有（　　）。

A. 适当的超负荷运转，提高装卸作业量

B. 精心维护保养，保证设备经常处于良好的工作状态

C. 建立健全预防维护制度，严禁带病运转

D. 安全操作，严肃操作纪律

三、判断题

1. 搬运是指在同一地域（地点）范围内（如工厂、车站、机场、码头、货场、仓库内部等），以改变物资的存放地点为目的的活动，其主要以垂直位移为主的实物运动形式。（　　）

2. 过多的不必要的装卸无疑会大大增加装卸成本，延长物流时间。（　　）

3. 货物放置于箱内，下面放着枕木或衬垫，或放置于托盘内，其搬运活性指数为2。（　　）

4. 装卸搬运活性指数共分为1级、2级、3级、4级、5级五个等级。（　　）

5. 采用链带式运输机械对货物实行连续装卸搬运称为流水连续作业法。（　　）

6. 对物资先进行集中装入，如采用集装箱、托盘等，再进行装卸搬运称为集成作业法。（ ）

7. 提炼煤炭中的矸石属于无效装卸。（ ）

8. 装卸本身可以提升产品价值。（ ）

9. 为了有效利用空间，装车时要尽量将货物堆叠。（ ）

10. 装卸搬运是物流每一项活动开始及结束时必然发生的活动，因而有时常被人们忽视，因此它应该被理解为是被动的。（ ）

四、案例分析题

东方药业有限公司（以下简称“东方药业”）是以市场为核心、现代医药科技为先导、金融支持为框架的新型公司，是西南地区经营药品品种较多、较全的医药专业公司。自公司成立以来，效益一直稳居云南同行业前列，其下属有1个制药厂、9个医药经营分公司、30个医药零售连锁药店，拥有庞大的销售网络，该网络以昆明为中心，辐射整个云南省乃至全国，包括医疗单位网络、商业调拨网络和零售连锁网络。2006年年末，公司计划在2007年完成“销售4个亿，利润400万元”的任务目标。但面对当时市场竞争越演越烈的情形，该公司要顺利完成预定目标又谈何容易呢？

东方药业虽已形成规模化的产品生产和网络化的市场销售，但在其流通过程中，物流管理严重滞后，造成物流成本居高不下，无法形成价格优势。这严重阻碍了物流服务的开拓与发展，成为公司业务发展的“瓶颈”，主要表现在以下几方面。

（一）装卸搬运费用过高

由于搬运设备的现代化程度较低，只有几个小型货架和手推车，大多数作业仍处于以人工作业为主的原始状态，工作效率低，且物品易损坏。此外，不合理的仓库设计造成搬运距离过长，并且库内作业流程混乱，形成重复搬运（大约有70%的无效搬运），过多的搬运次数，既损坏了商品，也浪费了时间。

（二）储存费用过高

东方药业的仓库平面布置区域安排不合理，只强调充分利用空间，却未考虑前后工序的衔接和商品的存放，混合堆码现象严重，导致出入库操作复杂性，商品长期存放，甚至一些已过有效期、发生质变和退回的商品未能及时处理，占据库存空间，增加了库存成本。

（三）运输费用没有得到有效控制

运输费用在物流费用中占比较大。据日本通商产业省对六大类货物物流成本的调查结果显示，运输成本占物流总成本的40%左右，是影响物流费用的重要因素。东方药业拥有庞大的运输队伍，但由于物流管理力度不足，缺乏独立的运输成本核算方法，该企业仅单纯追求及时送货，因此无法做到批量配送，导致不必要的迂回运输，造成人力、物力的浪费。而且部分员工的工作作风不佳，借送货之机办私事，影响了工作效率，也增加了运输费用。

（四）物流管理系统不完备

在企业中，物流信息的传递仍然采用“批条式”或“跑腿式”方式，电脑、网络等先进设备与软件基本处于初级应用阶段或根本未使用，使得各环节之间严重脱离甚至停滞，造成不必要的损失。

综上所述，我们可以看出，物流成本控制着重在运输和储存费用的控制。在运输方面，可以加强运输的经济核算，合理选择运输路线，有效调配运输车辆和人员，严格监控运输中的差错事故，从而大幅降低运输费用。而在储存方面，有些费用好比海中的一座冰山，人们只能看到露出水面的那一部分，虽有很大的潜力可挖，却又不容易找到切入点。那么，企业现有仓储系统如何进行合理化改造？

思考题：

1. 该公司有哪些常见的显性物流成本？

2. 该公司如何降低装卸搬运成本？

参考答案

项目四 担当重任，智慧守库铸新篇
——仓储作业

项目简介

本项目主要介绍仓储的发展、现代仓储设施与设备、现代仓储管理等内容。

学习目标

知识目标	1. 了解仓储业的历史演变及其在现代物流体系中的地位与作用。 2. 认识各种现代仓储设备的特点与适用场景。 3. 掌握仓储及仓储管理的基本概念，熟悉各作业环节的具体操作流程、标准与注意事项。 4. 深入理解仓储作业的各个环节，包括入库作业、在库管理、出库作业及盘点作业。
能力目标	1. 能分析不同企业的仓储管理现状，识别存在的问题，并提出改进建议。 2. 能识别现代简单仓储设备的名称、特点，并判断其运用环境。 3. 能判断仓储管理系统的日常作业管理活动，提出提升仓储管理效率的合理建议。 4. 能在仓储管理学习中有效沟通与合作，共同解决复杂问题。
素质目标	1. 培养学生认真遵守仓储管理的各项规章制度，形成良好的职业素养与工作习惯。 2. 引导学生形成高度的安全意识，确保仓储作业过程中的人员与物资安全。 3. 培养学生持续学习的意识与能力，使其能紧跟仓储管理领域的发展趋势，不断提升自身专业水平。 4. 引导学生树立绿色仓储理念，关注仓储作业对环境的影响，积极参与环保活动。

思维导图

- 项目四 担当重任，智慧守库铸新篇——仓储作业
  - 了解仓储知识
    - 仓储的含义
    - 仓储的功能
    - 认识仓库
  - 认知仓储设备
    - 储存保管设备
    - 装卸搬运设备
    - 计量设备
    - 养护检验设备
    - 通风照明设备
    - 消防安全设备
    - 劳动防护设备
    - 其他用途设备和工具
  - 探究仓储管理
    - 仓储管理的定义
    - 仓储管理的目标
    - 仓储管理的发展趋势
    - 入库作业
    - 在库作业
    - 出库作业

任务一　了解仓储知识

课前任务单

仓储，作为物流体系中的“蓄水池”与“调节器”，不仅承载着物资的安全存储与高效流转，更是国家经济活力与供应链管理水平的直接体现。从古代的粮仓、盐仓，到现代化的智能仓库、无人仓储中心，中国仓储业的发展正经历着从传统向智慧化的深刻变革，展现出鲜明的中国特色与时代风采，体现了技术与理念的不断进步。在追求高效、精准、绿色的今天，中国仓储文化中“未雨绸缪”的库存策略，“精益求精”的作业态度，“以人为本”的安全理念，教会我们如何在有限的资源下实现最大的社会效益，如何在快速变化的市场环境中保持定力与创新，如何在追求经济效益的同时不忘社会责任与环境保护。

初识知识·提纲挈领

1. 什么是仓储？请简述仓储在物流体系中的作用。
2. 现代仓储管理与传统仓库管理的区别在哪里？
3. 列举并解释仓储管理的几个关键要素（如库存、空间、时间、质量等）。

熟读精思·循序渐进

1. 解释物联网、无线射频识别等技术在仓储管理中的应用，并讨论它们是如何提升效率的。
2. 描述一个典型的仓储作业流程，包括入库、存储、拣选、出库等环节。
3. 分析一个采用自动化仓储系统的企业案例，探讨其投资回报率和效率提升情况。

明确任务·情境挑战

任务设定：

设计一个针对特定类型商品（如易腐食品、电子产品）的仓储布局方案，并阐述其设计依据和优势。

情境挑战：

假设你是一家跨国物流公司的仓储经理，面对即将到来的“双十一”大促，你需要制订一个详细的仓储和库存准备计划，以确保订单的快速准确处理。请列出你的关键行动步骤和预期成果。

一、仓储的含义

微课：均输法、常平仓释义

自古以来，仓储作为物资储备的重要方式，在人类社会发展中扮演着至关重要的角色。中国古代对仓储的重视，在《周易》的“积谷防饥”思想中便可窥见一斑，这一思想强调了储备粮食以备不时之需的智慧。而历史上著名的“均输法”和“常平仓”制度，更是彰显了古代中国在仓储管理方面的先进理念。

进入唐宋时期，随着经济的发展和商业的繁荣，仓储设施开始朝着规模化、制度化迈进。宋代的“市舶司”负责管理对外贸易中的货物存储，这显示了仓储与贸易之间紧密相连的关系。明清时代，随着人口的增长和城市的扩张，仓储系统更加完善，出现了专门储存粮食的“京仓”和各地的“府仓”“县仓”。

到了近现代，随着科技的进步和管理思想的更新，仓储业迎来了新的发展机遇。特别是改革开放以来，中国的仓储物流业快速发展，现代化仓库的建设如雨后春笋般涌现。自动化、信息化的仓储管理系统极大地提高了效率和准确性，降低了成本。

如今，随着电子商务的兴起和供应链管理理念的普及，仓储已不仅仅是存储货物的场所，更成为连接生产与消费、实现货物高效流转的重要环节。智能仓储、绿色仓储等新概念的应用，标志着中国仓储业正迈向更加智能化、环保化的未来。

在《物流仓储设备术语》（GB/T 43910—2024）中，仓储被定义为：利用仓库及相关设施设备对物品进行从入库到出库的管理活动。“仓”即仓库，是存放、保管、储存物品的建筑物和场地的总称。它既可以是房屋建筑、洞穴、大型容器，也可以是特定的场地等，具有存放和保护物品的功能。仓库作为仓储活动的核心设施，其设计和布局应满足物品储存、保管、分拣、出库等需求，确保货物在储存过程中的安全性和完整性。“储”即储存、储备，表示收存以备使用。在仓储活动中，“储”涵盖了收存、保管、交付使用的意思。具体而言，储存是将物品存放在仓库中，以便在需要时能够方便地取出和使用。储备则更多地强调为了应对未来可能的需求或风险而进行的物资储备。

仓储作为物流系统中的一个重要环节，与包装、运输、装卸、搬运、配送等环节紧密相连，共同构成了物流的整体流程。它不仅是商品与物品的储存与保管行为，更是连接供应、生产、销售的中转站，在提高生产效率、加快资金周转、节约流通费用、降低物流成本和提高经济效益等方面都具有重要作用。

二、仓储的功能

（一）基本功能

1. 储存功能

仓储的基本功能是为货物提供安全的储存空间。仓库需要确保货物在储存过程中不受损坏、变形、震动等不利因素的影响，并防范火灾、盗窃等安全风险，以保证货物的完整性和安全性。适当的储存对于调节生产和消费之间的时间差至关重要，有助于避免生产过程堵塞，保证生产过程顺利进行。

2. 保管功能

仓储还肩负着在储存期间对货物进行保护和管理的职责，防止货物因自然因素（如潮湿、腐蚀）或人为因素（如盗窃、破坏）而丧失价值。

3. 分拣与分类功能

仓储需要进行货物的分类、分拣和整理工作。根据货物的特性、规格、重量等因素，将货物进行分类，并按照订单的要求进行分拣，以确保货物能够准确、及时地被送出仓库。

4. 集货与配送功能

仓储是物流过程中的一个中转环节，承担着货物配送的功能。在收到订单后，仓库会根据客户需求和运输方式，将货物进行分类、组装和打包，然后安排合适的运输工具、选择合适的路线进行配送。

（二）增值功能

1. 流通加工功能

仓储还可以提供流通加工服务，如包装、贴标、组装等，以满足客户的特定需求，提高货物的附加值。

2. 物流金融功能

仓储与物流金融相结合，可以提供库存融资、仓单质押等金融服务，助力企业解决资金问题，优化资金流。

企业案例

物流金融应用

某电子产品制造商面临季节性销售波动和原材料采购资金压力大的问题。为了缓解资金压力并优化资金流，该制造商与一家物流公司合作，借助其仓储设施开展物流金融服务。

库存融资：制造商将其库存中的电子产品作为抵押物，向银行申请库存融资。银行根据库存价值、市场需求等因素进行评估后，向制造商提供一定比例的贷款。物流公司作为第三方监管方，负责监控库存情况，确保货物安全并防止重复质押。

仓单质押：制造商在物流公司仓库中存储的货物会生成相应的仓单。制造商可以将这些仓单质押给银行，以获取更多的资金支持。银行通过物流公司的信息系统验证仓单的真实性后，发放贷款。当制造商需要提取货物时，须先偿还贷款并解除仓单质押。

多赢效应：通过物流金融服务，制造商成功缓解了资金压力，库存周转率和资金使用效率得以提高，能够在销售旺季前提前采购原材料，确保生产顺利进行，增强了市场竞争力。物流公司在提供仓储服务的同时，拓展了业务范围，增加了收入来源。银行在发放贷款的同时赚取了利息。

3. 信息服务功能

仓储管理不仅涉及对实物的管理，还涵盖对信息的管理。仓库需要及时、准确地记录货物的进出、存储位置、数量和状态等信息，以便在需要时能够进行查询和追溯。同时，仓库还需要协调和处理与供应商、客户、运输公司等相关的信息，确保物流运作的顺利进行。

（三）社会功能

1. 流通调控功能

仓储通过合理调配物资，平衡了生产和消费在时间、空间和数量上的矛盾，实现了物资的有效流通。这不仅满足了社会生产和生活的需要，还促进了地区间、行业间的经济联系和发展。

2. 风险防范功能

仓储通过分散存储、合理布局等方式，可以在一定程度上缓解供需矛盾，对市场价格产生调节作用，降低了市场波动、自然灾害等因素带来的风险，保障了社会经济的稳定运行。

3. 保障社会再生产功能

通过仓储活动，及时、齐备、按质、按量供应生产建设所需物资是确保社会再生产顺利进行的基础。仓储通过储存和管理生产所需的原材料、半成品和成品等物资，为生产活动提供必要的支持，保障生产过程的连续性和稳定性。

三、认识仓库

（一）仓库的定义

在《物流术语》（GB/T 18354—2021）中，仓库被定义为：用于储存、保管物品的建筑物和场所的总称。仓库在现代仓储中扮演着至关重要的角色，它是连接生产与消费的关键枢纽，确保供应链的高效运作。仓库不仅负责物品的储存与保管，保障物资的安全与完整，还承担着物品的分类、包装、分拣、配送等多样化功能，实现物品的快速流转与精准配送。随着技术的进步，现代仓库趋向自动化与智能化，运用先进的仓储管理系统和自动化设备，大幅提升空间利用率、作业效率和响应速度，降低运营成本。同时，仓库作为信息的集散地，实时追踪物品状态，为决策提供数据支持，增强供应链的透明度和灵活性。因此，仓库在现代仓储中不仅是物理空间的提供者，更是价值创造的“引擎”，对提升整体物流效率和服务质量具有重要意义。

（二）仓库的分类

仓库作为供应链的基石，其形态与功能随着时代变迁而不断演化，从简单的储藏室到高度自动化的物流中心，它们在物流网络中扮演着至关重要的角色。根据不同的标准，仓库可细分为多种类型，每一种都针对特定的业务需求和行业特性进行了优化设计，共同支撑起全球商品与物资的高效流转。以下是几种常见的仓库分类方式，展现了这一领域的多样性和专业性。

1. 按运营形态分类

按照运营形态分类，仓库可分为自营仓库、营业仓库、公用仓库等。

（1）自营仓库

在《物流术语》（GB/T 18354—2021）中，自营仓库被定义为：由企业或各类组织自主经营和自行管理，为自身的物品提供储存和保管的仓库。这类仓库通常由生产企业或各类组织自营自管，主要服务于企业的内部物流需求，包括原材料、半成品、成品的储存及相关物流作业的开展，一般不对外提供仓储服务。自营仓库的设计和运营往往更贴合企业自身的业务流程和供应链特点，能够更灵活地满足企业的个性化需求，同时也有助于企业实现对物流环节的直接控制，提升供应链的响应速度和效率。

（2）营业仓库

营业仓库也称公共仓库，在《物流术语》（GB/T 18354—2021）中，公共仓库被定义为：面向社会提供物品储存服务，并收取费用的仓库。相关经营主体需根据法律法规取得营业资质，由独立的仓储服务提供商拥有和运营，面向各类企业、零售商、批发商及个人提供货物的存储、保管、装卸、分拣、包装、配送等一系列物流增值有偿仓储服务。运营者需要具备丰富的物流管理经验和先进的仓储管理系统，以确保提供高效、安全、可靠的仓储服务。

（3）公用仓库

公用仓库是由国家或公共团体建设，用于满足社会公共利益的仓库。这类仓库的主要特点是非营利性质，其主要目的在于提供公共服务，而非追求经济利益。例如，国家物资储备库，救灾物资储备库，公用图书馆的藏书库，科研机构的样本库，博物馆的藏品库，机场、港口、铁路的货场、物流园区等，这些仓库在确保国家安全、促进社会福祉等方面发挥着重要作用。公共仓库侧重于服务的广泛性和商业性质；而公用仓库则更强调设施的共享性和在特定物流生态系统中的协作作用。

（4）保税仓库

保税仓库是在海关监管下，允许货物在未完成清关手续之前进入的仓库。这类仓库主要用于存放进口货物，货物可以在此进行储存、加工、组装、分级、包装等增值活动，而无须立即缴纳进口关税和增值税。保税仓库的优势在于提供了一个缓冲区，让企业可以更灵活地管理库存，避免资金占用，直到货物被销售或消费时才须支付相应的税款。

（5）出口监管仓库

出口监管仓库是专门为出口货物设立的，这些仓库同样受到海关的监管。与保税仓库不同的是，出口监管仓库主要用于存放即将出口的货物，这些货物在进入仓库时已经完成了出口申报手续，但尚未实际离开国境。出口监管仓库的主要作用是为出口商提供一个安全的、受监管的环境来储存货物，直到货物被装运。这有助于简化出口流程，保证出口货物的安全，同时为出口商提供灵活的物流安排。

2. 按保管条件分类

按保管条件分类，仓库可分为普通仓库，保温、冷藏、恒温恒湿仓库，危险品仓库等。

（1）普通仓库

普通仓库是指用于储存不需要特殊保管条件的一般日用工业品或农副产品的仓库。这类仓库的设计和功能相对简单，没有复杂的温湿度控制、防爆或防辐射等特殊要求，适用于大多数不易腐、非危险或对环境条件要求不高的商品存储。普通仓库通常具有较大的存储空间，可以存放各种类型和尺寸的货物，如家电、家具、服装、电子产品、建筑材料等。

（2）保温、冷藏、恒温恒湿仓库

保温仓库其建筑结构具有隔热、防寒、密封等功能，并配备专门的设备（如空调、制热机等）以维持仓库内的温度稳定，常用于储存粮食、水果、蔬菜等农产品。冷藏仓库是通过机械制冷方式，使库内保持一定的低温和湿度，以储存食品、工业原料、生物制品和药品等对温湿度有特殊要求的货物的仓库。恒温恒湿仓库是指对环境温度和湿度有严格控制要求的储存场所，一般用于储存电子元件、光学仪器、茶叶、烟草、皮革、字画古玩、中西药品等对温湿度敏感的商品。

（3）危险品仓库

危险品仓库是指专门用于存放易燃、易爆、有毒等危险品的仓库，须符合特定的安全标准和规定，如化工原料仓库、农药仓库、油漆和溶剂仓库、放射性物质仓库、烟花爆竹仓库等。

（4）气调仓库

气调仓库是指通过减少氧气含量和增加二氧化碳含量来延长某些类型货物的保质期的仓库。通过控制仓库内的氧气、二氧化碳及其他气体的比例来抑制微生物生长、延缓果实成熟过程、减少呼吸作用和水分损失，从而保持货物的新鲜度和营养价值。气调仓库广泛应用于蔬菜、水果、肉类、海鲜、豆类、坚果、调味品等多种食品的储存。

3. 按建筑结构分类

按建筑结构分类，仓库可分为平房仓库、楼房仓库、立体仓库等。

（1）平房仓库

平房仓库是指仓库建筑物为平房结构，即仓库的屋顶和地面均为平面，且建筑高度相对较低（一般不超过 5—6 m）的仓库。这类仓库结构简单，建筑费用便宜，且空间布局相对开阔，人工操作也比较方便，如重型机械仓库、建筑材料仓库、大型零售仓库等。

（2）楼房仓库

楼房仓库是指二层楼以上的仓库设施。通常建造在城市中心或土地资源紧张的地区，获得最大化土地使用效率。仓库配备电梯、输送带等物流设备，采用机械化或半机械化的方式进行货物的进出库作业，有效利用垂直空间，以提高仓储效率。楼房仓库广泛应用于城市配送中心、电子商务物流中心等。

(3) 立体仓库

立体仓库是指采用高层货架，可借助机械化或自动化等手段立体储存物品的仓库。自动化立体仓库是物流技术的革命性成果，它采用多层、十几层乃至几十层高的货架来储存单元货物，并利用相应的自动化物料搬运设备进行货物入库和出库作业的仓库。它集成了高层货架、巷道堆垛机、输送机、控制系统和计算机管理系统等先进设备和技术，实现了仓库的自动化、智能化管理。

(4) 罐式仓库

罐式仓库是指以各种罐体为储存单元的大型容器型仓库，其构造特殊，通常呈球形或柱形，主要用于储存液体、气体或散装物料，如石油、天然气、液体化工产品等。

(5) 露天堆场

露天堆场是指用于室外存储货物的场地，通常没有顶棚或围墙，完全暴露在自然环境中，如港口码头、建筑工地、矿山采石场、废旧物资回收中心、铁路货运站等存储不受自然环境影响的建筑材料、大宗散货、重型机械设备、集装箱、木材、煤炭、矿石、大型预制构件等货物。

4. 按功能分类

按功能分类，仓库可分为集货中心、分货中心、转运中心等。

(1) 集货中心

集货中心将来自多个供应商的小批量货物集中起来，整合成大批量货物，然后进行统一的运输和配送。集货中心通常位于供应链的上游，作为货物从供应商到下游分销中心或直接到客户的中转点。例如，国际贸易中的集货中心，将来自不同国家的小批量货物集中，然后统一进行出口或进口，通过批量运输降低国际物流成本。

(2) 分货中心

分货中心接收大批量的货物，根据目的地或客户需求，将这些货物拆分成小批次进行配送。它连接了上游的供应商和下游的零售商、分销商或最终客户，实现货物的高效分类、包装、存储和配送，提高物流效率和响应速度。例如，食品行业的分货中心，食品分销商可能在多个地点设有分货中心，接收来自农场或食品加工厂的大批食材，然后根据餐厅或超市的订单，将食材拆分成适当数量进行配送。

(3) 转运中心

转运中心在供应链的不同阶段起桥梁作用，用于接收、存储和重新分配货物，常位于物流网络关键节点，是货物从一个运输模式转移到另一个运输模式的中转站，或者是从一个地理区域转移到另一个地理区域的交汇点。它设计和运作的重点在于货物的快速处理和高效转运，以减少物流链条的停滞时间和成本。例如，多式联运的转运中心位于海港或内陆港，像中国宁波舟山港支持从海运到内陆运输的转换，是全球供应链货物进出的重要枢纽。

（4）加工中心

在物流过程中，加工中心对原材料、半成品或成品进行某种形式的加工或转换，通过改变产品的物理形态、包装、组合或其他属性，提高物流效率，减少终端用户或零售商的处理工作，以满足市场或客户的具体需求。如食品加工中心将新鲜蔬菜进行清洗、切割和包装，或对冷冻食品进行重新包装和贴标，以满足超市的销售要求。例如，服装加工中心对成衣进行熨烫、挂签、包装，或根据零售商店的需求进行定制化处理，如刺绣、印花等。

（5）配送中心

配送中心负责接收、储存、分拣、打包并向零售商、分销商或消费者配送商品，通常位于供应链的下游，是货物从生产地或仓储中心到最终用户的过渡点。以京东等电商平台的配送中心为例，其处理海量在线订单，借助自动化系统和智能设备，从仓库挑选商品、打包并配送给消费者。

（6）物流中心

物流中心涵盖仓储、配送、包装、加工、信息处理及运输等多个物流环节，旨在优化供应链中的物流操作，提高效率和响应速度。物流中心通常位于战略地理位置，如交通枢纽或工业区，便于货物的快速流通。例如，特斯拉位于美国加利福尼亚州弗里蒙特的物流中心，为其电动汽车和电池的生产提供支持。该中心不仅负责接收和管理全球供应链的零部件，还参与电池组的预装配和测试，以及成品车辆的存储和配送。

找一找：找一下以上每种仓库的实例，以影音图文的形式分小组在线上课程平台进行展示介绍，探讨其各自特点和区分之处。

任务二　认知仓储设备

课前任务单

仓储设备，作为物流体系中的“动力心脏”与“技术先锋”，不仅驱动着物资的精准定位与快速周转，更是国家科技进步与物流现代化水平的重要标志。从古时的手工搬运工具、简易货架，到如今的自动化立体仓库、智能分拣机器人，仓储设备的发展见证了从机械化到高度智能化的华丽蜕变，彰显鲜明的科技进步脉络与时代创新精神，谱写了一部技术与效率协同跃升的壮丽篇章。你知道企业常见的仓储设备有哪些吗？随着科技水平提高，又出现了哪些先进的设备呢？

初识知识·提纲挈领

仓储设备与设施是支撑仓储管理高效运作的基石，从古老的货架到现代的自动化立体仓库，仓储设备与设施的进步不仅大幅提升了仓储效率，还极大地改变了仓储作业的面貌。你能列举出三种常见的仓储设备吗？它们分别应用于哪些作业环节？

熟读精思·循序渐进

1. 自动化立体仓库案例：剖析某电商企业采用自动化立体仓库后，仓储效率实现大幅提升的具体情况。

2. 智能机器人拣选案例：探讨智能机器人在仓储拣选作业中的应用，分析其在提高拣选准确率与速度方面的优势。

3. 小组讨论：分组讨论不同类型仓储设备的优缺点，并尝试为一家特定类型的企业（如生鲜电商、医药企业等）推荐合适的仓储设备与设施方案。

明确任务·情境挑战

任务设定：

假设你是一家大型物流公司的仓储经理，公司计划对现有仓库进行升级改造，以提高仓储效率并降低运营成本。你需要甄别并选择契合公司需求的仓储设备与设施。

实操情境：

(1) 市场调研：通过网络搜索、行业报告等途径，收集各类仓储设备与设施的信息，包括价格、性能、用户评价等。

(2) 需求分析：根据公司业务特点、仓库规模、货物特性等因素，深入分析公司对仓储设备与设施的具体需求。

(3) 方案制订：结合市场调研结果与需求分析，制订一份详细的仓储设备与设施升级方案，包括设备选型、布局规划、投资预算等。

(4) 汇报展示：以小组为单位，向全班同学汇报展示你们的升级方案，并接受其他小组的提问与点评。

情境挑战：

(1) 在制订方案过程中，如何平衡成本效益与长期发展目标？

(2) 面对多种相似的设备与设施选项，如何做出最优选择？

(3) 如何确保新设备与设施能够顺利融入现有仓储作业流程，避免出现“水土不服”的情况？

在《物流仓储设备术语》（GB/T 43910—2024）中，物流仓储设备被定义为：用于储存、搬运、输送、拣选、分拣、堆码、复核、包装、装卸等物流仓储环节的设备、器材及其控制管理软件组成的设备集群。这一定义全面概括了物流仓储设备在现代物流体系中的核心功能和作用，它们通过一系列协同工作的设备、器材和控制管理软件，实现了从物品入库到出库的全链条管理。这些设备各自承担着不同的功能，共同构成了一个高效、智能的物流仓储系统。

一、储存保管设备

储存保管设备是用于保护仓储商品质量的设备，主要目的是防止商品在存储过程中受到损害，同时能有效利用仓库空间，减少存取时间，通常包括以下两种：

（一）苫垫用品

在仓储作业中，苫垫用品可以起遮挡雨水和防潮、通风等作用，其主要包括苫布（油布、塑料布等）（图 4-2-1）、苫席、枕木、条石等。苫布、苫席通常用于露天堆场。

图 4-2-1　苫布

（二）存货用具

1. 货架

货架是存放货物的敞开式格架，是仓库中用于存储货物的一种重要设备。货架在批发、零售量大的仓库，特别是立体仓库中能发挥很大的作用，它既便于货物的进出，又能提高仓库容积利用率。按照不同的分类方式可将货架分为不同的类别，具体如表 4-2-1 所示。

表 4-2-1　货架的分类

分类方式		特征
按货架结构分类	开放式货架	也称为敞开式货架或无栅栏式货架，没有专门的通道或空间限制，人员可以从多个方向自由进出存取货物。这种货架结构简单，成本较低，适用于品种较少、数量较多的货物存储，但人员操作管理不太方便
	封闭式货架	也称为通道式货架或栅栏式货架，设有专门的通道或空间限制，人员只能从指定的通道进出存取货物。这种货架结构比较复杂，成本较高，适用于品种较多、数量较少的货物存储，但人员操作管理比较方便
	混合式货架	介于开放式货架和封闭式货架之间，既有开放式的通道，也有封闭式的空间限制。这种货架结构形式比较灵活，可以根据实际需要组合成不同的形式，适用于多种不同的存储需求

续表

分类方式		特征
按货物特性分类	轻型货架	通常采用较薄的钢材或铝合金材料制成，承载能力较小，适用于存储较轻的货物。结构简单，安装方便，价格相对较低
	中型货架	采用适中的钢材或铝合金材料制成，承载能力适中，适用于存储中等重量的货物。结构牢固，承载能力稳定，价格相对较高
	重型货架	采用较厚的钢材或特殊材料制成，承载能力较大，适用于存储较重的货物。结构稳定、承载能力强、使用年限长，但价格较高
	阁楼式货架	多层组合式的货架形式，通常采用钢结构制成，适用于存储不规则形状的货物。可以充分利用空间，提高仓库的存储效率
按存取方式分类	人工存取式货架	需要人工完成货物存取的货架形式。结构简单、成本低、操作方便、灵活性好，但存取效率较低
	机械存取式货架	通过机械装置完成货物存取的货架形式，如移动式货架、旋转式货架等
	自动化存取式货架	通过自动化技术完成货物存取的货架形式，如自动化立体仓库中的货架系统，可以大大提高存取效率、减少人工操作、降低劳动强度、降低仓储成本等
其他分类方式	按制作工艺分类	焊接式货架、组合式货架
	按运动状态分类	固定式货架、移动式货架、旋转式货架
	按与建筑物的结构关系分类	整体结构式货架、分离结构式货架
	按储存货物单元的型式分类	托盘货架、容器货架
	按结构特点分类	层架、层格架、抽屉架、悬臂架等

2. 货橱

货橱是用于存放货物的封闭式格架，与货架相比，货橱具有更好的封闭性。货橱主要用于存放比较贵重的或需要特别养护的商品，如精密仪器、高价值艺术品等。通过封闭式设计，货橱能够有效保护这些商品免受外界环境的影响，确保其质量和安全。

表 4-2-2　货架和货橱的区别

类型	货架	货橱
结构	敞开式的格架结构，通常有多层，每层均可存放货物	封闭式的格架结构，货物存放在格架内不易被看到
用途	适用于存放各种货物，便于存取和管理	通常用于存放比较贵重或需要特别养护的商品
存取方式	根据货架类型不同，可手动存取，也可配合叉车等设备存取	通常需要人工取出货物

续表

类型	货架	货橱
应用场景	适用于大多数仓储环境，提高空间利用率和存取效率	适用于对存储环境有特殊要求的场合，如珠宝、精密仪器仓库

3. 其他存货用具

除此之外，托盘、货箱等存货用具在仓储作业中也发挥着重要作用，用于承载和堆放货物，便于货物的存储、搬运和管理。

找一找：查找上述货架与货橱设备的实例图片，以影音图文的形式分小组在线上课程平台进行展示介绍，并探讨它们的各自特点、区别和应用范围。

二、装卸搬运设备

装卸搬运设备主要用于商品的出入库、库内堆码及翻垛作业。这类设备对于改进仓储管理、减轻劳动强度、提高收发货效率具有重要作用。当前，我国仓储活动中常用的装卸搬运设备主要有以下三类。

① 装卸堆垛设备：包括起重机械（桥式起重机、轮胎式起重机、门式起重机、门座式起重机、浮式起重机、抓斗起重机、集装箱起重机等）、叉车（电动叉车、内燃叉车等）、作业车（手推车、搬运车、台车、拖车等）、自动导引车（AGV）、机器人装卸系统、堆垛机（轨道式堆垛机、自动化堆垛机等）、滑车、跳板及滑板等。

② 搬运传送设备：包括电动或内燃搬运车、拖车、手推车、传送带、输送机、升降机、电梯、管道输送设备等。

③ 成组搬运设备：包括托盘、集装箱等。

找一找：利用网络资源，分小组完成装卸搬运设备图片的查找和正确匹配任务。

三、计量设备

计量设备用于商品进出仓库时的验收、计量、点数、检查，以及货存期间的盘点、交接，通常使用度量衡设备、量具及检验商品的各种仪器，通常包括以下几种。

（一）电子秤

电子秤是运用电子感应原理进行称重的设备。其工作原理是称重物品经由装在机构上的称重传感器，将重力转换为电压或电流的模拟信号，经放大及滤波处理后，由模拟数字（A/D）转换器转换为数字信号，再由中央处理器（CPU）运算处理，最终以数字方式显示在屏幕上。电子秤广泛应用于各种仓储环境，能够准确测量货物的重量，为库存管理提供关键数据。

（二）地磅

地磅是一种大型称重设备，通常安装在地面或地坑之中。其特点是承载能力强，能够测量重型货物的重量。在需要处理大量重型货物的仓储场所，如物流园区、工厂等，地磅（图 4-2-2）是必不可少的计量设备。

（三）轨道秤

轨道秤（图 4-2-3）是安装在铁路轨道上的称重设备。其工作原理是通过测量列车通过时轨道的变形或压力变化来计算列车的重量。在铁路货运站等需要对列车进行称重的场所，轨道秤发挥着重要作用。

文本：轨道秤

图 4-2-2 地磅

图 4-2-3 轨道秤

（四）皮带秤

皮带秤是安装在传送带上的称重设备。其工作原理是在物料通过传送带运输的过程中，通过测量传送带的速度和物料的重量来计算物料的总重量。在需要连续计量的场合，如矿山、港口等，皮带秤能够实时提供物料的重量信息。

（五）流量仪

流量仪是用于测量流体流量的设备。其工作原理是通过测量流体通过管道或容器的体积或质量，来计算流量。在需要计量液体或气体流量的仓储场所，如化工厂、油气储运站等，流量仪是常用的计量设备。

（六）其他设备

除了上述设备外，仓储中还可能使用到天平称、电子计数器、卷尺等计量设备。这些设备各有特点和适用场景，共同构成了仓储计量设备的完整体系。

随着仓储管理现代化水平的提高，现代化的自动计量设备将得到更广泛的应用。

四、养护检验设备

养护检验设备是指货物进入仓库验收和在存储过程中，用以保持质量、防止变质或失效的重要机器或仪器，如温度控制设备、湿度调节设备、质量检测仪器等，在规模较大的仓库中这类设备应用较多。

（一）温度控制设备

1. 温度仪

温度仪用于实时监测仓库内的温度，确保商品在适宜的温度条件下存储。

对于温度敏感型商品（如药品、食品），温度仪的精度和稳定性至关重要。

2. 空气调节器

空气调节器可在必要时调节仓库内的温度，营造更加适宜的存储环境。特别是在极端气候条件下，空气调节器能够确保仓库内的温度保持在稳定范围内。

（二）湿度调节设备

1. 测潮仪

测潮仪用于测量仓库内的湿度水平，防止因湿度过高或过低导致商品损坏。

2. 吸潮器

在湿度较高的环境中，吸潮器能够吸收空气中的多余湿气，保持仓库内的干燥环境。

3. 烘干箱

对于已经受潮的商品，烘干箱可以进行快速烘干处理，恢复商品的干燥状态。

（三）质量检测仪器

1. 商品质量化验仪器

商品质量化验仪器，如光谱仪、色谱仪等精密仪器，用于对商品进行化学成分、物理性质等方面的分析检测。这些仪器在检测商品质量、判断商品是否合格方面具有重要作用。

2. 称重设备

称重设备，如电子秤等，用于对商品进行准确称重，确保商品在存储过程中的重量符合规定要求。

（四）其他养护设备

其他养护设备，如风幕，设置在库门处，以隔绝内外温差，防止温度波动对商品造成影响。风幕在防止冷气外泄、保持仓库内温度稳定方面发挥着重要作用。

五、通风照明设备

通风照明设备是根据商品保管和仓储作业的需要而设置的，以确保仓库内部环境的适宜性。

（一）通风设备

通风设备在改善仓库空气质量方面发挥着关键作用，能有效促进空气流通，去除异味与湿气，并降低室内温度，保持空气新鲜。通过设备包括工业大风扇、轴流风机、离心风机、屋顶通风器、通风窗或气楼、空气幕、机械排风系统等，其主要特点为：

① 节能环保：相较于空调等设备，风机设备更加节能，对环境的污染也更少。

② 降温效果好：通过高速旋转的叶片产生大面积的气流循环，快速降低仓库温度。

③ 通风性强：有效去除仓库内的异味和湿气，保持空气清新。

④ 耐用性强：采用高强度材料制造，具有良好的耐磨性和抗腐蚀性，能在恶劣环境下长时间稳定运行，主要应用于高温仓库、高湿度仓库、人员密集仓库等。

（二）照明设备

1. LED 工矿灯

LED 工矿灯用于提供明亮、均匀的照明环境，确保仓库内货物的清晰可视和操作安全。LED 光源具有高光效、低能耗的特点，与传统照明设备相比，可显著节省能源。此外，LED 灯具寿命长，降低了更换灯具的频率和维护成本，且不含有害物质，对环境友好，适用于各种仓库环境，包括高挑空间、低温环境等。

2. 投光灯

投光灯用于仓库内特定区域的照明，如货架区域、装卸区域等，以提高照明效果和安全性。其亮度高，照明范围大，多采用防水防尘设计，适应仓库内的潮湿和多粉尘的环境；还可根据需要进行角度和亮度调节，以满足不同场景的照明要求。

3. 其他照明设备

其他照明设备如 LED 长条灯管、筒灯等，也常用于仓库照明，能提供均匀、柔和的光线，减少眩光和阴影。

六、消防安全设备

消防安全设备是仓库必不可少的重要设施，用于预防和应对火灾等紧急情况，确保仓库的安全。其包括报警器、手动抽水器、水枪、消防水源、砂土箱、消防云梯等。

七、劳动防护设备

劳动防护设备的主要作用是保障仓库职工在作业过程中的人身安全，预防职业病和工伤事故的发生。其包括安全帽、防护服、防护鞋、防尘口罩、防毒面具等个人防护装备，以及安全网、安全带等防护设施。

八、其他用途设备和工具

除了上述几类主要设备外，仓储设备还包括包装设备、分拣设备、提升机等多种用途的设备和工具，这些设备和工具在仓储作业中发挥着各自独特的作用。

综上所述，仓储设备种类繁多，每一种类都包含多种具体的设备，这些设备共同构成了仓储设备的完整系统，对保障仓储作业高效、安全、有序地开展具有重要意义。

任务三　探究仓储管理

课前任务单

良好的仓储管理能够确保按时交货、提高客户满意度、优化仓库空间利用、减少库存积压、降低运营成本。仓储管理作为物流体系中的“智慧大脑”与“效率引擎”，它不仅承担着物资有序组织与快速响应的重任，更是物流效率与供应链韧性的直观体现。从古代的简单计数、人工盘点，到现代的信息化管理系统、智能化预测分析，我国仓储管理的发展正经历着从传统到现代的深刻变革，彰显出独特的管理智慧与时代风貌。

大家刚接触物流专业课程，请大家思考一下：仓储管理工作包含哪些内容？每个工作环节应如何进行有效管理，从而实现既定目标？随着科技水平的不断提升，将来的仓储管理发展又将发生什么变化呢？

初识知识·提纲挈领

仓储管理作为物流供应链的核心环节，涵盖了从货物入库到出库的全过程，它主要致力于确保物资安全、准确与高效地流动。

1. 仓储管理在物流供应链中的作用是什么？
2. 简述仓储管理的主要目标。
3. 小组讨论：分组讨论并列举出仓储管理中可能面临的主要挑战及应对策略。

熟读精思·循序渐进

深入剖析入库、在库、出库及盘点作业的流程，理解各个环节的关键要素、操作流程及技术要求，并加以分析，完成以下作业。

1. 入库作业：了解一家电商企业的入库流程，谈一谈它是如何减少等待时间、提高入库准确率的。
2. 在库作业：寻找一个运用射频识别技术进行货物追踪与定位的仓库案例，想一想它是如何提升在库作业效率的。
3. 出库作业：分享一个通过智能拣选系统实现快速出库的案例，说一说它是如何提升客户满意度的。
4. 盘点作业：观看一个成功的自动化盘点视频案例，评一评它是如何减少人为错误、提高盘点精度的。

明确任务·情境挑战

1. 任务设定：学生在企业情境中进行角色扮演，如担任仓库经理、入库员、拣选员、盘点员等，增强实战经验。针对真实的仓储管理挑战，制订并实施解决方案。

2. 情境挑战：

入库作业挑战：企业迎来季节性商品大量入库，仓库空间紧张，如何高效组织入库作业？

在库作业挑战：仓库内某类货物频繁出现错放或丢失情况，如何优化在库管理流程？

出库作业挑战：客户对出库时效提出更高要求，如何加快出库速度同时保证准确率？

盘点作业挑战：企业计划进行一次全面盘点，但面临时间紧、任务重的挑战，如何高效完成？

3. 实操情境：分组进行模拟操作，每组负责一个作业环节的挑战任务，制订方案、执行操作并展示成果。

一、仓储管理的定义

在《物流术语》（GB/T 18354—2021）中，仓储管理被定义为：对仓储及相关作业进行的计划、组织、协调与控制。仓储管理需要制订详细计划，包括仓储资源的获取、仓库的布局设计、物品的存储规划等，组织人力、物力和信息等资源，协调入库、存储、出库、盘点等环节的协作，严格控制运营中的库存、质量、安全，以保障仓储运营的有效性和高效性。

二、仓储管理的目标

仓储管理旨在提高仓库运营效率、降低成本、保障货物安全、提升客户满意度，并推动企业的整体发展。具体包括以下几个方面。

① 有效利用空间，提高仓库利用率。通过优化仓库布局和货物存放方式，最大限度地提升仓库空间利用率，降低存储成本，如合理规划货架、通道和存储区域，确保空间的高效利用。

② 提高仓库操作效率。通过引入自动化设备、优化作业流程和提升员工技能，实现快速、准确的货物存储、分拣和出库，减少等待时间和操作失误，从而提高整体作业效率。

③ 降低存储和物流成本。仓储管理需要综合考量人力、设备、场地等各方面成本，通过优化管理方式和流程，减少浪费、提高资源利用效率，从而降低存储和物流成本。

④ 确保货物安全和品质。建立健全的安全管理制度，强化仓库安防设施的建设和维护，严格执行货物入库、出库的管理规定，以及加强货物运输的监控

和保护，确保货物在存储和运输过程中的安全和品质不受损。

⑤ 优化库存管理。通过实时监控库存状况、预测需求趋势和合理设置库存水平，确保货物能够及时供应并满足客户需求，同时避免过度库存导致的资金占用和成本增加。

⑥ 提升客户满意度。仓储环节直接影响客户的交货周期和货物的质量。因此，提高仓储服务的质量、及时准确地满足客户的需求，能够极大地提升客户满意度，增强客户对企业的信任，有利于建立长期稳定的合作关系。

⑦ 推动企业发展。有效的仓储管理能够为企业节约成本、提高效率，增强企业在市场竞争中的优势。同时，通过仓储数据的分析与挖掘，可以为企业提供更准确的经营决策依据，推动企业发展，实现长期稳定的经济效益。

三、仓储管理的发展趋势

当代仓储管理的发展趋势呈现出智能化、绿色化及高效协同等特点。

（一）智能化趋势

随着现代仓储设备和技术日益先进，自动化技术应用水平不断提高，碰撞回收机器人、自动取货机器人等自动化设备的应用，可以加速物品提取和分拣，提高仓库作业效率。仓储管理系统与自动导引车、传输带、升降机、堆垛机等设备和技术的集成，实现了物流作业和数据采集的自动化管理。通过条码、无线射频、手持终端、电子标签等数据采集技术，仓储作业的自动化和智能化水平显著提升。基于大数据和人工智能技术的智能决策支持系统，正在帮助仓储管理者更准确地预测库存需求、优化库存结构、提高订单处理效率等。

（二）绿色化趋势

面对日益严峻的环境问题，仓储管理面临着绿色化转型压力。政府支持绿色仓库和绿色仓配运营，推动物流行业的技术进步和产业升级。获得“绿色仓库”称号的仓库面积逐年增加，仓储管理中广泛应用节能灯具、节能设备等节能减排技术，降低能耗和排放。同时，通过优化仓库布局和作业流程，减少不必要的能源浪费。

（三）高效协同趋势

仓储管理不再孤立于供应链之外，而是与采购、生产、销售等环节紧密协同。通过信息共享和协同作业，实现供应链的高效运作和整体优化。随着线上线下全渠道和即时配送需求的增长，仓储管理需要适应多渠道融合的趋势。通过灵活的仓储布局和作业模式，满足不同渠道和客户的订单需求。利用大数据分析和预测技术，实现仓库内货物的智能分配和调度。通过优化货物的存储位置和运输路径，提高仓库的存储效率和货物的流通速度。

短视频：高效协同的仓储管理

四、入库作业

入库作业是指仓库接收货物并将其正式纳入库存控制系统的全过程，是仓储物流的第一步，其核心在于将外部货物安全、准确地转移到仓库内部，并进行必要的验收、登记和存储操作，对于确保货物质量、数量及后续仓储管理和在库、出库、盘点作业的顺利进行至关重要。入库作业流程如图 4-3-1 所示。

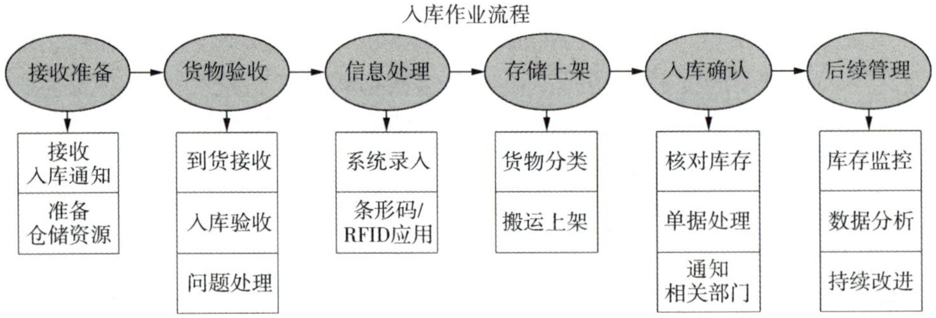

图 4-3-1　入库作业流程

五、在库作业

在库作业是在仓库中对存储期间的货物进行的所有管理活动，以确保货物的安全存储、高效管理和准确出库。在库作业是仓储管理中的关键环节，涉及货物的保管与养护、货物整理与布局优化、盘点作业与库存控制、移库与出库准备等多个方面。

（一）货物的保管与养护

货物的保管是仓储管理中的基石，对提升仓库运营效率、保障货物安全与质量至关重要。首先，需要根据货物的物理属性、化学性质、用途及保质期等因素进行细致划分，这有助于明确货物的特性，为后续存储、拣选及出库作业提供清晰指引。其次，制定存储策略时，需要综合考虑仓库布局、货物出入库频率、存储周期及安全要求等因素。高频出入库的货物应置于靠近出入库口的区域，便于快速存取；相互关联的货物应相邻存放，便于批量处理。同时，要注意货物的堆叠方式，确保稳固安全，避免损坏。此外，特殊货物如危险品、精密仪器等须采取特殊存储措施，确保其安全存储。

货物的养护是确保货物质量的重要措施。不同类型的货物对存储环境的要求各不相同，因此需要根据货物的特性制订相应的养护方案。例如，对于易受潮的货物，须采取防潮措施，如铺设防潮垫、使用干燥剂等；对于有特定温湿度要求的货物，则须安装温湿度控制设备；对于易燃物品，则须存放在通风良好、远离火源的安全区域，确保仓库环境满足其存储要求。此外，还须定期对货物进行检查和建立完善的养护记录制度，包括外观检查、性能测试等，及时发现并处理货物存在的问题。对于发现的有问题货物，须及时隔离并通知相关部门处理，防止问题扩大化。对货物的养护过程进行详细记录，为后续的养护工作提供参考和依据。同时，对于有特殊存储要求的货物，如精密仪器、化学品等，还须采取专门的养护措施，确保其品质与安全。

（二）货物整理与布局优化

1. 货位规划与分配

货位规划与分配是货物保管的基础。首先，仓库管理者需要根据仓库的实际情况，如面积、高度、承重能力等，合理规划货位布局。这包括确定货物的存放区域、通道宽度、货架类型及间距等，以确保仓库空间的最大化利用和货物的便捷存取。在货位分配时，应遵循“先进先出”“分类存储”等原则，根据货物的种类、性质、重量、体积及出入库频率等因素进行科学分配。这样不仅能提高仓库的存储效率，还能有效避免货物积压和过期现象的发生。

2. 货物堆码原则与方法

货物堆码是货物整理中的重要环节，直接影响仓库的存储效率和货物安全。堆码时应遵循“安全、稳固、整齐、合理”的原则，确保货物堆码稳固不倒塌，便于管理和查找。具体方法包括：根据货物的性质选择合适的堆码方式，如层叠式、交错式、压缝式等；合理利用仓库空间，尽量提高货物堆码高度，但需要注意不超过货架或堆垛的承载能力；对易碎、易变形或需要特殊保护的货物须采取必要的防护措施，如使用托盘、包装袋等。

3. 自动化存储系统的应用

随着科技的发展，自动化存储系统在仓储领域的应用越来越广泛。自动化存储系统通过引入自动化设备和技术，如自动化立体仓库、自动导引车、有轨穿梭车等，实现了货物的自动存取、搬运和分拣，大大提高了仓储作业的效率和准确性。这些系统能够根据预设的程序和指令，自动完成货物的入库、存储、出库等作业流程，减少人工干预，降低劳动强度，同时提高仓库的空间利用率和作业效率。

短视频：AGV的应用

4. 通道设计与拣选路径优化

通道设计与拣选路径优化是提高仓库作业效率的关键因素。合理的通道设计能够确保仓库内交通顺畅，减少拥堵和碰撞；而优化的拣选路径能减少拣选人员的行走距离和时间，提高拣选效率。在通道设计时，需要考虑仓库的整体布局、货物流量、搬运设备等因素，确保通道宽度适中、转弯半径合理、标识清晰。同时，利用仓储管理系统等信息化工具对拣选路径进行规划和优化，根据订单信息和货物位置自动计算最优拣选路径，指导拣选人员快速准确地完成拣选作业。

（三）盘点作业与库存控制

1. 盘点作业流程与方法

盘点作业是定期或不定期对仓库内货物数量、状态进行全面核查的过程。其流程通常包括准备阶段（制订盘点计划、培训盘点人员、准备盘点工具）、实施阶段（按照计划对货物进行逐一清点、记录数据）和总结阶段（对比账面数据与实盘数据、分析差异原因、调整库存记录）。常用的盘点方法包括周期性盘点、连续盘点和随机抽查，企业要根据库存规模和特性选择最合适的方式。

2. 库存数据分析与管理

库存数据分析是通过对收集到的库存数据进行整理、加工和分析，以揭示库存变化的规律，为管理决策提供依据。管理者须关注库存周转率、缺货率、库存成本等关键指标，通过数据对比、趋势分析等方法，识别库存管理中存在的问题，如过度库存、缺货风险等。在此基础上，实施有效的库存策略，如先进先出、安全库存管理等，以优化库存结构，降低库存成本。

3. 库存预警与补货机制

库存预警系统通过设定合理的库存阈值来进行管理，当库存水平接近或低于该阈值时，自动触发预警信号，提醒管理者及时采取措施。补货机制则是基于库存预警和销售预测，制订科学合理的补货计划，确保货物供应的连续性和稳定性。通过建立高效的库存预警与补货机制，企业可以有效避免缺货导致的销售损失和因过度库存而占用资金成本。

4. 无效库存与呆滞库存处理

无效库存和呆滞库存是指长时间未使用或预计未来使用可能性极小的库存商品。这类库存不仅占用资金，还增加了仓储成本和管理难度。因此，企业须定期清理和处置这些库存。处理方法通常有降价促销、退货给供应商、捐赠或报废等。同时，企业还须从源头上控制无效库存和呆滞库存的产生，通过加强市场需求预测、优化生产计划、提高供应链协同能力等措施，减少库存积压风险。

（四）移库与出库准备

1. 移库规划与执行

移库作业始于周密的规划。根据库存状况、订单需求及仓库布局，制订详细的移库计划，明确货物来源、目标位置及移动路径，确保移库过程有序进行。执行时，利用先进的库内运输设备，如电动叉车、自动化输送线等，高效完成货物的搬运与重新安置，同时注重安全操作，避免货物损坏。在移库作业中，合理设置优先级与紧急程度至关重要。根据客户需求、订单截止时间、库存周转率等因素，对移库任务进行排序。对于紧急订单或即将断货的货物，应优先安排移库，确保供应链的稳定运行。

2. 出库指令解析与准备

接收到出库指令后，首要任务是快速解析指令内容，明确出库货物的详细信息。仓库管理人员须仔细核对订单信息，包括客户名称、订单号、货物种类、数量、规格、发货地址等关键要素，确保信息无误。随后，根据拣选策略，准备相应的拣选工具与包装材料，为出库作业做好充分准备。

3. 货物拣选与打包

进入拣选环节，拣选人员按照出库指令要求，精准定位货物位置，快速准确地完成拣选工作。在拣选过程中，要注意货物的品质检查与数量核对，确保出库货物与订单要求一致。拣选完成后，根据货物特性选择合适的包装方式与材料，进行打包作业，确保货物在运输过程中的安全与稳定。

4. 出库复核与记录

出库前要进行严格的复核工作，包括货物数量、规格、品质及包装等方面的检查，确保出库货物准确无误。复核无误后，更新库存记录，将出库信息及时反馈给相关部门与人员。同时，保留好出库单据与记录，以便后续查询与追踪。通过这一系列操作，确保出库作业的顺利进行与货物的安全交付。

（五）在库安全管理

1. 物理安全

物理安全措施包括仓库的围栏、门禁系统、闭路电视监控和报警系统，用于防止未经授权的人员进入，减少货物被盗窃和破坏的风险。仓库内的照明和标识系统也非常重要，确保人员能够清晰地看到路径和危险区域，降低事故发生的可能性。

2. 消防安全

消防安全是仓库安全管理的重中之重。仓库应配备足够的消防设备，如灭火器、自动喷水灭火系统和消防栓，以及烟雾探测器和火灾报警系统。开展定期的消防演练和培训，以确保所有员工在紧急情况下进行迅速有效的自救。

3. 货物安全

货物安全包括防止货物在存储和搬运过程中受损。这涉及使用合适的货架和存储系统，确保货物堆码稳固，避免倒塌。此外，对于易燃、易爆或有毒的危险品，必须遵循专门的存储和处理规定，以防止安全事故的发生。

4. 人员安全

人员安全包括提供个人防护装备，如安全帽、防护鞋和手套，以及确保所有操作重型设备的员工都接受了充分的培训和认证。定期开展安全教育和健康检查是保障人员安全的重要措施。

5. 设施维护

定期的设施维护和检查可以预防潜在的安全隐患，如确保仓库结构的稳固、地面平整无坑洼，以及电气线路和照明系统的安全。此外，保持仓库的清洁和有序，清除障碍物，可以减少跌倒和其他意外伤害的发生。

六、出库作业

出库作业是仓库根据客户订单或存货单位的货物出库凭证，将货物从仓库存储区域取出，经过分拣、打包、装载等一系列流程，发送至收货人的全过程。出库作业的启动标志着货物从静态存储转向动态配送的开始。其目标是确保货物能够高效、及时地从仓库发出，准时、准确、完整地送达目的地，满足客户或下游供应链节点的需求，同时也为企业带来良好的口碑和客户满意度。出库作业流程如图 4-32 所示。

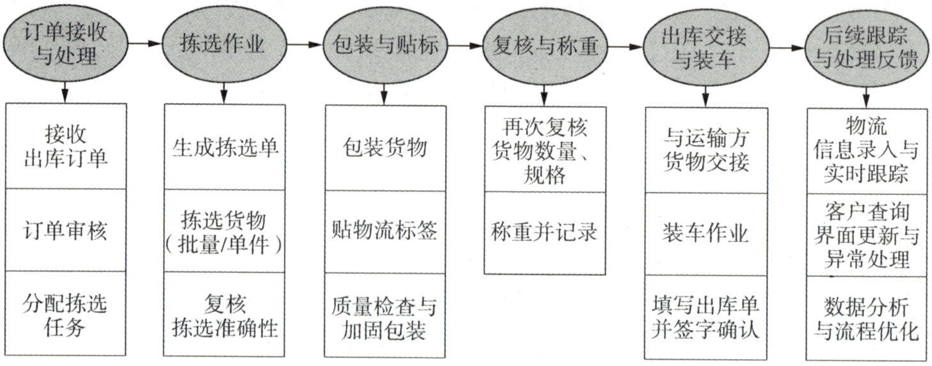

图 4-3-2　出库作业流程

模拟实训

一、实训内容

在物流实训室进行一次模拟入库/出库作业。

二、实训步骤和要求

（1）全班同学分成若干小组，每组模拟一个仓储团队，并分配好仓库管理员、理货员、叉车司机、客服人员等角色。

（2）入库/出库作业可以根据出入库作业流程图展开模拟实训。

（3）实训过程应严格遵守安全规范，认真细致，注重团队协作和效率。

（4）每个小组汇报实训过程和遇到的问题，以及解决方案，小组互评，教师点评；全班同学开展交流分享。

实训评价

实训评价表

内容		评价		
学习目标	评价项目	自我评价	组间评价	教师评价
专业知识（30 分）	了解仓储行业	得分及备注：	得分及备注：	得分及备注：
	理解仓储管理及趋势			
	掌握仓储作业的各环节			
专业能力（45 分）	能描述仓储及仓储管理含义	得分及备注：	得分及备注：	得分及备注：
	能识别仓储设备，结合图例分析其作用和应用范围			
	能利用所学知识初步分析仓储作业各环节的流程及要求			

续表

<table>
<tr><th colspan="2">内容</th><th colspan="3">评价</th></tr>
<tr><th>学习目标</th><th>评价项目</th><th>自我评价</th><th>组间评价</th><th>教师评价</th></tr>
<tr><td rowspan="4">职业意识（25 分）</td><td>踏实刻苦、周密细致的工作作风</td><td rowspan="4">得分及备注：</td><td rowspan="4">得分及备注：</td><td rowspan="4">得分及备注：</td></tr>
<tr><td>奋斗精神、团队合作意识</td></tr>
<tr><td>服务意识</td></tr>
<tr><td>实践创新意识</td></tr>
<tr><td colspan="2">教师建议：</td><td colspan="3" rowspan="2">评价汇总：
A. 优秀　　B. 良好
C. 基本掌握　　D. 没有掌握
（参考标准：得分低于 60 分的为没有掌握，60~70 分的为基本掌握，70~80 分的为良好，高于 80 分的为优秀）</td></tr>
<tr><td colspan="2">个人努力方向：</td></tr>
</table>

同步测试

一、单选题

1. 仓储在物流系统中的主要作用是（　　）。

A. 生产制造　B. 储存与保管　C. 市场营销　D. 客户服务

2. 宋代负责对外贸易中货物存储的机构是（　　）。

A. 市舶司　B. 常平仓　C. 粮仓　D. 驿站

3. （　　）不属于仓储的基本功能。

A. 储存功能　B. 保管功能

C. 运输功能　D. 分拣与分类功能

4. 仓储通过（　　）方式平衡生产和消费之间的时间差。

A. 加快生产速度　B. 储存货物

C. 降低价格　D. 提高配送效率

5. （　　）是由企业或组织自主经营和管理的，主要服务于自身的内部物流需求。

A. 自营仓库　B. 营业仓库　C. 公用仓库　D. 保税仓库

6. （　　）是通过控制仓库内气体成分来延长货物保质期的。

A. 恒温恒湿仓库　B. 冷藏仓库　C. 气调仓库　D. 危险品仓库

7. （　　）在供应链中主要起到将货物从一种运输模式转移到另一种运输模式的作用。

A. 集货中心　B. 分货中心　C. 转运中心　D. 加工中心

8. （　　）更适用于存储较轻的货物。

A. 重型货架　B. 轻型货架　C. 阁楼式货架　D. 封闭式货架

9. 苫垫用品的主要作用是（　　）。

A. 搬运货物　B. 隔潮通风　C. 加工包装　D. 分拣拣选

10. （　　）属于装卸堆垛设备类别。

A. 电动叉车　B. 传送带

C. 托盘　D. 管道输送设备

11. （　　）的应用最能体现仓储管理的智能化趋势。

A. 传统手推车　B. 碰撞回收机器人

C. 普通灯泡照明　D. 纸质记录单

12. 在仓库管理中，（　　）原则有助于避免货物积压和过期现象的发生。

A. 先进先出　B. 后进先出　C. 随意存取　D. 批量存储

13. 自动化存储系统通过（　　）方式实现了货物的高效存取和分拣。

A. 人工操作　B. 自动化设备和技术

C. 简化流程　D. 减少存储空间

14. 在盘点作业中，（　　）是对比账面数据与实盘数据，分析差异原因，并调整库存记录的。

A. 准备阶段　　B. 实施阶段　　C. 总结阶段　　D. 审核阶段

15. （　　）不属于无效库存与呆滞库存处理的方法。

A. 降价促销　　B. 退货给供应商　　C. 捐赠或报废　　D. 增加库存量

二、多选题

1. 仓储的基本功能包括（　　）。

A. 储存功能　　B. 保管功能

C. 运输功能　　D. 分拣与分类功能

2. 仓储的增值服务功能有（　　）。

A. 流通加工功能　　B. 物流金融功能

C. 质量控制功能　　D. 信息服务功能

3. 仓储的社会功能主要体现在（　　）方面。

A. 流通调控功能　　B. 风险防范功能

C. 环境保护功能　　D. 保障社会再生产

4. （　　）因素会影响仓储的设计和布局。

A. 物品储存需求　　B. 仓库面积

C. 仓库地理位置　　D. 仓库的娱乐设施

5. 仓库在现代物流中扮演多重角色，（　　）是仓库可能承担的功能。

A. 储存与保管物品

B. 物品的分类、包装、分拣

C. 提供公共服务

D. 实时追踪物品状态，为决策提供支持

6. 储存保管设备的主要目的是（　　）。

A. 保护仓储商品质量　　B. 提高物流效率

C. 减少存取时间　　D. 增加仓库成本

7. （　　）属于货架按存取方式分类的类别。

A. 开放式货架　　B. 人工存取式货架

C. 阁楼式货架　　D. 自动化存取式货架

8. 货橱通常用于存放（　　）。

A. 精密仪器　　B. 建筑材料　　C. 高价值艺术品　　D. 新鲜水果

9. 存货用具包括（　　）。

A. 货架　　B. 货橱　　C. 托盘　　D. 叉车

10. 装卸搬运设备在仓储活动中起到（　　）的作用。

A. 改进仓储管理　　B. 减轻劳动强度

C. 提高收发货效率　　D. 监控库存状态

三、判断题

1. 仓储仅仅是存储货物的场所，没有其他功能。（　　）

2. 仓储的保管功能主要是防止货物在储存期间受到自然或人为因素的损害。（ ）

3. 仓储的分拣与分类功能是指将货物按照订单要求进行打包，然后配送给客户。（ ）

4. 仓储的流通加工功能包括包装、贴标、组装等，旨在提高货物的附加值。（ ）

5. 仓储的社会功能之一是通过合理调配物资，平衡生产和消费之间的矛盾。（ ）

6. 营业仓库（公共仓库）与公用仓库的主要区别在于其运营目的和性质，前者以盈利为目的，而后者则更多关注社会公共利益，不追求经济利益。（ ）

7. 立体仓库主要利用多层货架和相应的自动化物料搬运设备来实现货物的存储和搬运，提高了仓库的空间利用率和作业效率。（ ）

8. 配送中心在供应链中主要负责将商品从生产或仓储中心直接配送到消费者手中，提高物流效率和客户响应速度。（ ）

9. 物流仓储设备涵盖了从物品入库到出库的全链条管理。（ ）

10. 货橱相比货架，其封闭性更好，因此更适用于存放贵重或需要特别养护的商品。（ ）

四、案例分析题

某知名电商企业为应对“双十一”购物节，决定对其仓储管理体系进行深度改造。该企业投入资金引入了一系列智能化仓储解决方案，优化了仓库布局与作业流程，同时积极落实绿色仓储策略。此外，为提升供应链整体效率，该企业加强了与供应商、物流公司的协同合作。

思考题：

1. 请简述该企业在仓储管理中是如何实施智能化改造的？
2. 该企业在绿色仓储方面采取了哪些措施？
3. 如何描述该企业加强供应链协同的具体做法及其效果？

参考答案

项目五　精准高效，智慧制造提效益——流通加工

项目简介

本项目主要介绍流通加工的概念、作用、功能，以及实现流通加工合理化的途径等内容。

学习目标

知识目标	1. 了解流通加工的概念和作用。 2. 熟悉流通加工的内容。 2. 掌握流通加工的功能。 3. 掌握实现流通加工合理化的途径。
能力目标	1. 能够描述流通加工的内容。 2. 能够简述流通加工的功能。 3. 能够阐述实现流通加工合理化的途径。
素质目标	1. 培养学生的社会责任意识，树立绿色、环保、安全、节约的职业理念。 2. 培养学生的团队协作能力、沟通表达能力和服务意识。 3. 帮助学生树立敢于创新、勤奋好学、报效社会的愿景。

思维导图

- 项目五 精准高效，智慧制造提效益——流通加工
  - 了解流通加工
    - 流通加工的概念
    - 流通加工的作用
    - 流通加工与一般生产加工的区别
    - 流通加工在物流中的地位
    - 流通加工的内容
  - 认知流通加工的功能
    - 适应多样化需要
    - 满足生产的需要
    - 保护货物的使用价值
    - 弥补生产加工的不足
    - 促进销售
    - 提高加工效率
    - 提高物流效率
    - 有利于衔接不同运输方式
    - 有利于“生产—流通”一体化运作
    - 有利于配送工作的实施
  - 探究流通加工的合理化路径
    - 不合理的流通加工形式
    - 实现流通加工合理化

任务一　了解流通加工

课前任务单

在日常生活中，为了方便供应链作业中商品的日常管理及销售，保护运输中的商品、提供商品的关键信息，我们在物流活动中进行商品包装、贴标签等操作，这些看似简单的操作，却是至关重要的作业环节，它可以不断提升作业质量和效率，满足消费者日益增长的需求和期望。大家觉得这些作业有没有改变产品的使用价值呢？它是属于企业的生产加工形式吗？让我们一起揭开流通加工的神秘面纱，了解它是如何影响、改变我们的日常生活的。

初识知识·提纲挈领

1. 阅读将要学习的知识内容，绘制预习内容，思考你还想了解其他哪些知识或信息。

2. 完成以下训练题目：

（1）（单选题）流通加工是物流企业的重要利润源，在物流中的地位非常重要，它属于（　　）。

A. 降本增效范围　　B. 增值服务范围

C. 加工范围　　D. 快速响应范围

（2）（多选题）流通加工是一项（　　）的物流活动，它对离开生产领域的商品进行再加工，以完善商品质量，提高产品的附加值，降低物流成本，满足消费者的个性化需求。

A. 高投入　　B. 低投入　　C. 高产出　　D. 低产出

熟读精思·循序渐进

小李利用课余时间在某大型超市做兼职，在此过程中，他发现超市的水果销售区域有两种水果售卖方法，一种是直接按斤卖，另一种则是将水果拼盘按份卖，后一种的价格比前一种高很多。于是，小李想：超市把搭配好的水果削皮后，切成大小差不多的块，不仅方便顾客直接食用，而且价格可以高这么多，那么其他的产品应该也可以采用这种方法来增加收入。其实，小李发现的这种现象就是物流中的流通加工活动。

查找相关资料，了解生活中有哪些产品在售卖前需要进行流通加工？

明确任务·情境挑战

20世纪60年代之后，效益问题逐渐引起人们的重视，过去人们盲目追求高技术，引起了燃料、材料投入的大幅度上升，虽然采用了新技术、新设备，但结果仍然得不偿失。20世纪70年代初，第一次石油危机的爆发证实了效益的重要性，使人们牢牢树立了效益观念。流通加工可以以少量的投入获得很大的效果，是一种高效益的加工方式，自然得到了很大的发展。到了21世纪，产业结构不断调整，消费者也进一步认识到，现代生产引起的产需分离就是生产与需求在产品功能上的分离。尽管“用户第一”等口号成了许多生产者的主导思想，但生产毕竟有生产的规律，尤其在强调大生产的工业化社会，大生产的特点之一就是“少品种、大批量、专业化”，产品的功能（规格、品种、性能）往往不能和消费的需求密切衔接。在这种情况下，流通加工应运而生。所以，流通加工的诞生实际是现代生产发展的必然结果。

任务思考：

流通加工给现代企业带来了哪些优势？

一、流通加工的概念

在《物流术语》（GB/T 18354—2021）中，流通加工被定义为：根据顾客的需要，在流通过程中对产品实施的简单加工作业活动（如包装、分割、计量、分拣、刷标志、拴标签、组装、组配等）的总称。流通加工是流通过程中的加工活动，是为了方便流通、方便运输、方便储存、方便销售、方便用户及充分综合利用物资而进行的加工活动，流通加工创造物流的形质效应。

短视频：粮食增值记

流通加工的历史可以追溯到古代的食品储存、保鲜和运输技术。随着社会经济的发展和消费者需求的提高，流通加工技术也在不断进步和发展。流通加工活动在物流过程中完成，成为物流的组成部分。在现代物流中，虽然流通加工无法与运输、仓储等主要功能要素相比，但它能起到运输、仓储等要素无法起到的作用。流通加工是一种低投入、高产出的加工方式，往往可以通过这种简单的加工解决大问题。因此，流通加工是物流企业的重要利润源，在物流中占据重要地位，属于增值服务范围。

二、流通加工的作用

在流通领域，流通加工以满足客户的需求为重点，提高服务功能，它不仅适用于某一个企业，还具有一定的社会性。流通加工的主要作用体现在以下几个方面。

（一）弥补生产加工的不足

流通加工是生产的延续，是生产加工的深化。有些产品在生产加工的过程中可能会产生货损，又或者是某件物品还没完成整个生产流程，这时流通加工就起到了很重要的作用。在流通加工过程中，可以对这些有瑕疵的货物进行再加工，或者改进其不足的地方。

（二）节约材料，降低物流成本

节约材料是流通加工的一个显著特点。由于流通加工属于深加工，其直接面对终端用户，综合了多方需求，集中下料、合理套裁，充分利用边角材料，实现物尽其用，节约大量的原材料。另外，流通加工一般在干线运输和支线运输的节点上进行，能使大量运输合理分散，有效地化解长距离、大批量、少品种物流与短距离、少批量、多品种物流之间的矛盾，实现物流的合理流向和物流网络的优化配置，避免不合理的重复、交叉、迂回运输，从而大幅度节省运输、装卸搬运和保管等费用，降低物流总成本。

（三）提高原材料的利用率

流通加工中的集中下料，能做到优材优用、小材大用、合理套裁，提高原材料的利用率，降低原材料的消耗。服装业是最好的例子，如果将企业生产的布匹直接送到消费者手中，其布料的平均利用率大约为80%；而服装企业进行批量生产，特别是套裁、拼裁的运用，可使布料的平均利用率提升至90%以上。

（四）满足客户多样化的需求

客户需求具有多样化和变化性的特点，为满足这些要求，用户经常自行设置加工环节，例如，生产消费型客户的再生产往往从原材料初级处理开始。对客户而言，现代生产的要求是生产型客户能尽量减少流程，尽量集中力量从事较复杂的技术性较强的劳动，而不愿意将大量初级加工包揽下来，因为这种初级加工带有服务性质，如由流通加工来完成，生产型客户便可以缩短自己的生产流程，使生产技术密集程度提高。对于一般消费者而言，则可省去烦琐的预处置工作，集中精力从事较高级、能直接满足需求的劳动。

（五）提高加工效率及设备利用率

在分散加工的情况下，加工设备由于生产周期和生产节奏的限制，设备利用时松时紧，使得加工过程不均衡，设备加工能力得不到充分发挥。而流通加工面向全社会，具有加工数量大、加工范围广、加工任务多的特点。通过建立集中加工点，采用一些效率高、技术先进、加工量大的专门机具和设备，一方面提高了加工效率和加工质量，另一方面也提高了设备利用率。

三、流通加工与一般生产加工的区别

流通加工与一般生产加工既有区别，又有联系。流通加工在流通中仍然和流通总体一样起“桥梁和纽带”作用，但它并非通过“保护”流通对象的原有形态来实现“桥梁和纽带”作用。流通加工是在流通领域从事的简单生产活动，具有生产制造活动的性质，不过它与一般生产活动在加工对象、加工程度等方面存在明显的差异，主要体现在以下五个方面。

第一，流通加工的对象是进入流通领域、具有商品属性的产品；而生产加工的对象则是原材料、零配件和半成品。

第二，大多数流通加工是简单加工，而非复杂加工。一般来说，如果需要复杂的加工过程才能形成人们所需的商品，那么就应专门设置生产过程来完成这种加工。所以，流通加工对生产加工而言是一种辅助和补充，而非对生产加工的替代。

第三，从价值观点来看，生产加工创造了商品的价值和使用价值；而流通加工则旨在完善商品的使用价值，并在不改变产品的物理化学性能的情况下提高其价值。

第四，生产加工的组织者是从事生产活动的人，从加工单位来看则是生产企业；而流通加工的组织者是从事流通工作的人，从加工单位来看则是流通企业。

第五，商品生产是为了交换和消费，流通加工的目的之一也是消费，在这一点上与生产加工相似。但是，在有些情况下，流通加工仅仅以方便流通为目的，纯粹是为流通创造条件。因此，这种为流通而进行的加工在目的上与直接为消费而进行的加工有着明显差异（表 5-1-1）。

表 5-1-1　生产加工与流通加工的区别

表现方面	生产加工	流通加工
加工对象	原材料、零配件和半成品	具有商品属性的产品
加工程度	复杂加工	简单加工
价值观点	创造价值	完善使用价值
加工组织者	生产企业	流通企业
加工目的	交换和消费	消费

四、流通加工在物流中的地位

（一）流通加工有效地完善了流通

流通加工不是所有物流中必然出现的环节。它不像运输和仓储那样，决定着物流的服务质量。但这绝不是说流通加工不重要，实际上它也是不可忽视的环节，是起着补充、完善、提高、增强作用的功能要素，能起到运输、储存等其他功能要素无法起到的作用。所以，流通加工的地位可以描述为：流通加工是提高物流水平、加快物流效率，促进流通向现代化发展的必不可少的形态。

（二）流通加工是物流中的重要利润源

流通加工是一种低投入、高产出的加工方式，往往通过简单加工来解决大问题。实践表明，有的流通加工通过改变装潢、改善包装等形式使商品档次跃升而充分实现其价值，有的流通加工则将产品利用率快速提高 20%～50%，这是采取一般方法提高生产率所难以企及的。实践证明，流通加工向流通企业提供的利润，其成效并不亚于从运输和储存中挖掘的利润，是物流中的重要利润源。

（三）流通加工也是国民经济中重要的加工形式

在整个国民经济的组织和运行过程中，流通加工是其中一种重要的加工形式，对推动国民经济的发展、完善国民经济的产业结构及优化生产分工有一定的意义。

想一想：如果没有流通加工，我们的生活会怎样呢？

五、流通加工的内容

（一）生产资料的流通加工

生产资料的流通加工是进行社会再生产的必要环节，它能够实现社会再生产的连续性和高效性。在生产资料的流通加工中，最具代表性的是钢材、水泥、木材的流通加工。例如，钢材的流通加工是对薄板的剪裁和切断、型钢的熔断、厚钢板的切割、线材的切断等集中下料、线材冷拉加工等；水泥的流通加工是利用水泥加工机械和水泥搅拌运输车进行，水泥搅拌车作业可避开繁华的市区，节省现场作业空间，具有灵活机动的特点；木材的流通加工（图 5-1-1）是在流通加工点将原木锯裁成各种规格的木材，同时将碎木、碎屑等集中加工成各种规格板，甚至还可以进行打眼、凿孔等初级加工。除此之外，平板玻璃、铝材等也可以在流通阶段进行剪裁、切断、弯曲、打眼等各种流通加工。这种流通加工以适应顾客需求、服务顾客为目的，不仅能够提高物流系统的效率，而且可以促进生产的标准化和计划性，提高商品的价值和销售效率。

图 5-1-1 木材的流通加工

（二）食品的流通加工

流通加工在食品行业应用最为广泛。这是由于食品行业的产品大多具有易变质、易腐坏、时效性强的特点，且食品的加工程度还会影响国家的公共卫生安全。因此，为了便于保存，提高流通的效率，食品的流通加工是不可缺少的。食品流通加工的具体项目主要有以下几种。

图 5-1-2 生鲜冷藏

① 冷冻冷藏加工。为解决鲜肉、鲜鱼及一些易变质的水果、蔬菜等在流通加工

中的保鲜及装卸搬运问题而采取的低温、冷冻加工的方式（图 5-1-2）。

② 分选加工。农副产品的规格、质量差异较大，为获得一定规格的产品，常采取人工或机械分选的方式加工。这种方式有助于对产品进行等级划分，从而制定合理的价格，广泛应用于果类、瓜类、谷物等加工。

③ 精制加工。农、牧、副、渔等产品的精加工是在产地或销售地设置加工点，去除无用部分，并进行切分、洗净、分装等操作。例如，猪肉可根据部位进行分割、分选、分等级划分、分价格售卖（图 5-1-3）。例如，鱼贩会将鱼内脏去除，洗净后切成块状，这种加工不但大大方便了购买者，而且可对加工的残留物进行综合利用。例如，鱼类的精制加工所剔除的内脏可以用来制造某些药物或饲料，鱼鳞可以制造高级黏合剂，头尾可以制鱼粉等（图 5-1-4）；蔬菜的加工剩余物可以用于制造饲料、肥料等。

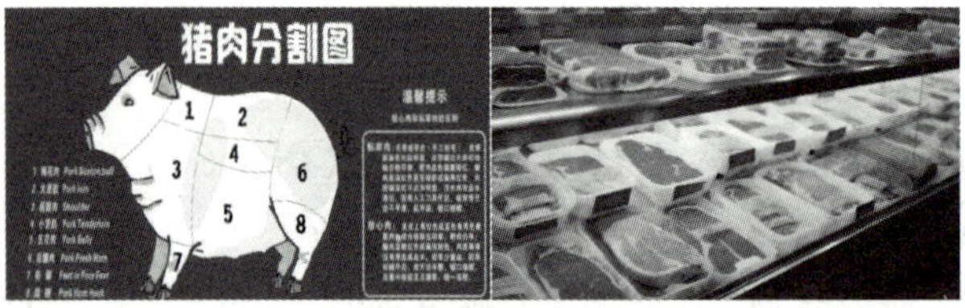

图 5-1-3　鲜肉精制加工

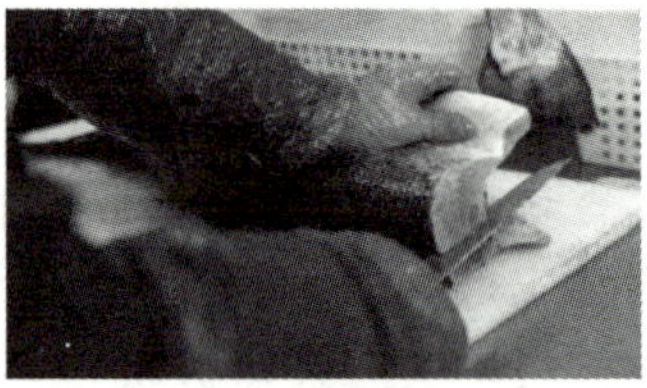

图 5-1-4　鱼类精制加工

④ 分装加工。许多生鲜食品零售起点量较小，但为保证其高效输送，出厂包装都较大，有些则采用散装运输方式运达销售地区。为了便于销售，在销售地区按客户所要求的零售起点量进行新的包装，即大包装改小包装，散装改小包装，运输包装改销售包装，这种方式被称为分装加工。例如，在超市中工作人员把散装大米装成小袋，便于消费者购买。

（三）消费资料的流通加工

消费资料的流通加工以服务顾客、促进销售为目的，如在衣料品上增加标识和印制商标、粘贴标价、安装用于广告的幕墙，以及对家具进行组装、地毯进行剪接等。它主要是增加顾客对消费资料商标、标签的认知，以及发挥广告促销作用。所以，对消费资料流通加工的标准是既要吸引顾客、促成交易，又要注重美观与艺术感。

写一写： 食品流通加工的作用体现在哪些方面？

知识链接

几种常见的流通加工

1. 钢板的流通加工

汽车、冰箱、冰柜、洗衣机等生产制造企业每天都需要大量的钢板，除了大型汽车制造企业外，一般规模的生产企业如果自己单独剪切，难以解决因用料高峰和低谷的差异引起的设备忙闲不均和人员浪费问题。如果委托专业钢板剪切加工企业，则可以化解这个矛盾。专业钢板剪切加工企业能够利用专业剪切设备，按照用户设计的规格尺寸和形状进行剪裁加工，具有精度高、速度快、废料少、成本低的优势。在国外，专业钢板剪切加工企业数量很多，大部分由流通企业经营，这种流通加工企业不仅提供剪切加工服务和配送服务，还出售加工原材料和加工后的成品。

2. 水泥的流通加工

在水泥流通服务中心，将水泥、沙石、水及添加剂按比例进行初步搅拌，然后装进水泥搅拌车。事先计算好时间，水泥搅拌车一边行走，一边搅拌，到达工地后，可直接将搅拌均匀的混凝土进行浇筑。

3. 木材的流通加工

树木被砍伐后，一种情况是，先在原地去掉树杈和树枝，将原木运走，剩下的树杈、树枝、碎木、碎屑掺入其他材料，可以在当地木材加工厂进行流通加工，做成复合板；也可以将树木在产地磨成木屑，对其进行压缩处理后运往外地造纸厂。另一种情况是，在消费地建木材加工厂，将原木加工成板材或按用户需求加工成各种形状的材料，供应给家具厂、木器厂。通过对木材进行集中流通加工与综合利用，出材率可提高到72%，原木利用率可达95%，经济效益可观。

4. 玻璃的流通加工

平板玻璃的运输货损率较高，玻璃运输的难度比较大。在消费比较集中的地区建玻璃流通加工中心，按照用户的需求对平板玻璃进行套裁和开片，可使玻璃的利用率从62%~65%提高到90%以上，大幅降低了玻璃破损率，增加了玻璃的附加值。

任务二　认知流通加工的功能

课前任务单

提高物流效率是现代物流体系中一直探讨的话题。在产品从生产商到达消费者的整个链条中，如何方便地运输配送？如何满足消费者的需求？面对日益复杂的市场环境，又如何高效、灵活地开展物流加工业务，已然成为很多企业面临的挑战。流通加工不仅仅是一个环节，它是一种艺术、一门科学，更是提升物流效率的关键。

初识知识·提纲挈领

1. 阅读将要学习的知识内容，绘制预习内容，思考你还想了解哪些其他的知识或信息。

2. 完成以下训练题目：

（1）（单选题）（　　）的流通加工是进行社会再生产的必要环节，它能够实现社会再生产的连续性和高效性。

A. 消费者　　B. 生产者　　C. 食品　　D. 生产资料

（2）（单选题）将蔬菜、肉类洗净切块以满足消费者要求，具有（　　）。

A. 促进销售　　B. 满足生产需要

C. 适应多样化需要　　D. 弥补生产加工的不足

（3）（填空题）工业化大生产时代，大生产的特点之一就是____________。

（4）（填空题）在物流过程中，为了保护货物的使用价值，延长货物在生产和使用期间的寿命，防止货物在运输、储存、装卸搬运、包装等过程中遭受损失，可以采取____________________等方式。

熟读精思·循序渐进

消费品公司通过改善包装来提升销量，结合自身观察，说说你熟悉的产品中有哪些是采用类似的方式来促进销售的？

明确任务·情境挑战

温州某皮鞋厂的生产流水线每天流通加工 2 500 双鞋，全厂有 8 条流水线，通过计算，原来流通加工每一双皮鞋整体用时 13 秒。若整体节奏加快 1 秒钟，一天就可以多生产 320 双皮鞋。因此，在流水线上精确计算每一个流通加工的动作和要领，可切实提高企业的效益。

任务思考：

1. 结合案例谈谈流通加工有哪些功能的。
2. 为什么说搞好流通加工可以给企业创造额外利润？

近年来，人们进一步认识到，现代生产引起的产需分离并不局限于运输、储存及交换，这种分离是深刻而广泛的。于是在生产和消费过程中，产生了第四种重大的分离，即生产及需求在产品功能上分离。而流通加工在弥补生产和需求的分离的过程中，发挥着衔接纽带的重要作用。因此，流通加工活动是一项具有广阔发展前景的物流活动，它为流通领域带来了巨大的经济效益和社会效益。流通加工的功能主要体现在以下几个方面。

一、适应多样化需要

生产部门为了实现高效率、大批量的生产，其产品往往不能完全满足客户的个性化要求。因此，为了满足客户对产品多样化的需要，同时又要保证高效率的生产，可将生产出来的单一化、标准化的产品进行多样化改制加工。例如，对钢材卷板进行舒展、剪切加工；按需求规格对平板玻璃进行开片加工；将木材改制成枕木、板材、方材等。

短视频：加工企业当后盾，小型水果不浪费

二、满足生产的需要

根据下游生产的需要将货物加工成可直接投入生产使用的状态。例如，根据需要将钢材定尺定型，按要求下料；将木材制成可直接投入使用的各种型材；将水泥制成混凝土拌合料，使用时只需要稍加搅拌即可。

三、保护货物的使用价值

在物流过程中，为了保护货物的使用价值，延长货物在生产和使用期间的寿命，避免货物在运输、储存、装卸搬运、包装等过程中遭受损失，可以采取稳固、改装、保鲜、冷冻涂油等方式。例如，对水产品、肉类、蛋类进行冷冻加工和防腐加工等；对丝、麻、棉织品进行防虫和防霉加工等；为防止金属材料锈蚀而采用喷漆、涂防锈油等措施，或运用手工、机械或化学方法除锈；对木材进行防腐朽、防干裂加工；对煤炭进行防高温自燃加工；对水泥进行防潮防湿加工等。

四、弥补生产加工的不足

受多种因素的限制，许多产品在生产领域的加工只能进行到有限的程度，而不能完全实现终极加工。例如，如果木材在产地就完成成材加工或制成木制品，会给运输带来极大的困难。所以，在生产领域通常仅加工到圆木、板、方材这个程度，进一步的下料切裁、处理等加工由流通加工完成。再比如，钢铁厂大规模生产时只能按既定规格生产，以保证产品有较强的通用性，从而提高生产效率、取得较好的效益。因此，进一步的加工工作就需要流通加工来完成。

五、促进销售

流通加工也可以起到促进销售的作用。比如，将大包装或散装物分装成适合分次销售的小包装的分装加工；将以保护货物为主的运输包装更换为以促进销售为主的销售包装，起到吸引消费者、促进销售的作用；将蔬菜、肉类洗净切块，以满足消费者要求等。

企业案例

阿迪达斯的流通加工

阿迪达斯公司在美国的一家超市中设立了组合式鞋店，店内摆放的样品并非成品鞋，而是做鞋用的半成品，款式花色多样，有6种鞋跟、8种鞋底，均为塑料制造，鞋面的颜色以黑、白为主，搭配的颜色有80多种，款式有百余种，顾客进店后可任意挑选自己所喜欢的各个部分，交给职员当场进行组合。只要10分钟时间，一双崭新的鞋便唾手可得。这家鞋店昼夜营业，职员技术娴熟，鞋子的售价与成批制造的价格差不多，有的还稍便宜些，所以顾客络绎不绝，销售额比邻近的鞋店高出10倍。

六、提高加工效率

许多生产企业的初级加工数量有限，加工效率不高，而流通加工以集中加工的形式，解决了单个企业加工效率不高的弊病。一家流通加工企业的集中加工可以代替若干家生产企业的初级加工，从而促使生产水平大幅提高。

七、提高物流效率

有些货物本身的形态不利于物流作业，而且货物在运输、装卸搬运过程中极易受损，因此需要通过适当的流通加工加以弥补，使物流各环节更易于操作，提高物流效率、降低物流损失。例如，造纸用的木材磨成木屑的流通加工，可以极大提高运输工具的装载效率；自行车在消费地区的装配加工可以提高运输效率、降低损失；石油气的液化加工，使很难输送的气态物转变为容易输送的液态物，也提高了物流效率。

八、有利于衔接不同运输方式

在干线运输和支线运输的结点上设置流通加工环节，可以有效解决大批量、低成本、长距离的干线运输与多品种、少批量、多批次的末端运输和集货运输之间的衔接难的问题。在流通加工点与大型生产企业之间形成大批量、定点运输的渠道，以流通加工中心为核心，组织对多个用户的配送；也可以在流通加工点将运输包装转换为销售包装，有效衔接不同目的的运输作业。比如，散装水泥中转仓库把散装水泥装袋、将大规模散装水泥转化为小规模散装水泥的流通加工，就衔接了水泥厂大批量运输和工地小批量装运的需要。

九、有利于“生产—流通”一体化运作

依靠生产企业和流通企业的联合，或是生产企业涉足流通领域，抑或是流通企业涉足生产领域，有利于对生产与流通加工进行合理分工、规划、组织，统筹进行生产与流通加工的安排，这就是“生产—流通”一体化的流通加工形式。这种形式可以促进产品结构及产业结构的调整，充分发挥企业集团的经济技术优势，是当前流通加工领域的新形态。

十、有利于配送工作的实施

配送中心为开展配送活动，满足客户的需求，会对货物进行加工。例如，混凝土搅拌车可以根据客户的要求，把沙子、水泥、石子、水等各种不同材料按比例要求装入可旋转的罐中；在配送途中，汽车边行驶边搅拌，到达施工现场后，混凝土已经搅拌均匀，可直接投入使用。

任务三　探究流通加工的合理化路径

课前任务单

流通加工是一项增值活动，也是物流活动中的重要环节，选择合适的运作模式对于提升企业效率、降低成本至关重要。请大家思考：是不是所有的产品都需要流通加工？所有的流通加工都能实现降本增效的目的吗？我们如何开展合理的流通加工呢？

初识知识・提纲挈领

1. 阅读将要学习的知识内容，绘制预习内容，思考你还想了解哪些其他的知识或信息。

2. 完成以下训练题目：

（1）（多选题）不合理的流通加工形式表现为（　　）。

A. 流通加工地点设置不合理　　B. 流通加工方式选择不当

C. 流通加工作用不大，形成多余环节　D. 流通加工成本过高，效益不好

（2）（多选题）（　　）是实现流通加工合理化重要的参考因素。

A. 节约能源　　B. 节约设备　　C. 节约人力　　D. 节约耗费

（3）（填空题）流通加工方式包括＿＿＿＿＿＿＿＿＿＿＿＿＿＿＿＿。

熟读精思・循序渐进

查找资料，了解当地生鲜超市里水果、蔬菜、生鲜等的流通加工方式。

种类	流通加工方式
水果	
蔬菜	
生鲜	

明确任务·情境挑战

农产品“冷处理”带动增收“热效应”

“常温下新鲜蔬菜一般可存放10天左右，经过急速冷冻技术处理，蔬菜‘寿命’可以延长至一年左右，实现了从‘限时鲜销’到‘四季可销’的时空跨越。”胡弯弯告诉记者。某蔬菜公司于2020年7月正式投产运营，主要生产毛豆、胡萝卜、西兰花、红薯等有机速冻蔬菜及保鲜蔬菜。公司引进单体速冻技术（IQF）全自动生产流水线，只要开启机器，设定好数据，不需要人工直接参与，新鲜蔬菜就会变成速冻蔬菜产品。

随后，胡弯弯带领记者参观生产车间，并介绍速冻蔬菜制作过程。新鲜蔬菜经挑选、清洗、漂烫等多道工序处理后，会被送至零下25 ℃～零下18 ℃的速冻隧道进行急速冷冻锁鲜处理。整个生产过程中没有任何添加剂及防腐剂，与其他食品加工工艺相比，更能保留食物原有的色、香、味和营养，口感也更加清脆滑爽，不仅迎合了大众绿色健康的消费需求，也为农产品深加工带来新的可能性。

科技“锁”鲜，在实现农产品价值跃升、满足市场多元化消费需求的同时，还拓宽了农产品销售渠道，促进了农民就业增收。

任务思考：

科技“锁”鲜实现农产品价值跃升，蔬菜公司是如何通过合理化加工满足消费者需求的？

一、不合理的流通加工形式

流通加工是在流通领域中对生产的辅助性加工，它能提高材料的利用率、增加产品的价值，从某种意义来讲，它不仅是生产过程的延续，更是生产本身或生产工艺在流通领域的延续。但是从辩证学的角度分析，这个延续可能有正、反两方面的作用，即一方面有效地起到了补充完善的作用，另一方面也可能对整个过程产生负效应。各种不合理的流通加工都会产生抵消效益的负效应。

微课：不合理的流通加工

以下是几种不合理的流通加工形式：

（一）流通加工地点设置不合理

流通加工地点设置，即布局状况是关系到整个流通加工是否有效的重要因素。一般而言，为衔接单品种、大批量生产与多样化需求的流通加工，加工地设置在需求地区，才能实现大批量的干线运输与多品种末端配送的物流优势。如果将流通加工地设置在生产地区，那么无疑会增加生产地的运输、装卸、储存等一系列物流活动，从而增加物流成本。

一般而言，为方便物流，流通加工环节应设在产出地，设置在进入社会物流之前，如果将其设置在物流之后，即设置在消费地，则不但无法解决物流问题，还在流通中增加了一个中转环节，因而也是不合理的。

（二）流通加工方式选择不当

流通加工方式，包括流通加工对象、流通加工工艺、流通加工技术、流通加工程度等。确定流通加工方式，实际上是对生产加工与流通加工进行合理分工。若分工不合理，则本来应由生产加工完成的，却错误地由流通加工完成；本来应由流通加工完成的，却错误地由生产过程去完成，这些都会造成不合理性。这样不但不能实现流通加工的作用，反而适得其反，增加成本，降低利润。

想一想：如何对流通加工与生产加工进行合理分工？

（三）流通加工作用不大，形成多余环节

有些流通加工环节设计过于简单，或者是可有可无的环节，甚至因流通加工设置的盲目性，未能解决品种、规格、质量、包装等问题，反而增加了作业环节，浪费人力、物力、财力。这也是流通加工不合理的一种形式。

（四）流通加工成本过高，效益不好

流通加工之所以能够存续，重要优势之一是有较高的产出投入比，起到补充完善的有效作用。如果流通加工成本过高，则不能实现以较低投入获得较高使用价值的目的。除了一些因政策要求即便亏损也应进行的必要加工外，其他都应看成是不合理的。

二、实现流通加工合理化

所谓实现流通加工合理化是指对流通加工的最优配置，不仅要避免各种不合理的加工，更要使流通加工有存在的价值，并做出最优的选择。

实现流通加工合理化主要考虑以下几个方面。

（一）加工和配送结合

这是将流通加工设置在配送点中，一方面按配送的需要进行加工，另一方面加工又是配送业务流程中分货、拣货、配货的一个环节，加工后的产品直接投入配货作业。这就无须单独设置加工的中间环节，使流通加工有别于独立的生产，与中转流通巧妙融合。同时，由于在配送之前进行加工，可大幅提升配送服务水平。这是当前对流通加工做合理选择的重要形式，在煤炭、水泥等产品的流通中已展现出较大的优势。

企业案例

叮咚买菜渐入佳境

生鲜电商平台叮咚买菜2024年第二季度财报显示，该季度叮咚买菜实现营业收入56亿元，同比增加15.7%，连续两个季度实现了同比正增长。作为新兴的线上生鲜电商平台，叮咚买菜通过先进的算法技术和强大的供应链运营能力，

不仅极大地提高了运营效率，还在服务质量和订单量上实现了显著的双重提升；经过7年多的发展，叮咚买菜已经成长为一家集商品开发与生产、渠道与服务等全链路能力于一体的生鲜供应链企业。在这个过程中，叮咚买菜凭借供应链能力的成长，成功应对了不同阶段的环境变化带来的巨大挑战。叮咚买菜采用即时配送模式，搭配自营高密度前置仓，对一线的管理更完善。和平台型即时配送服务模式相比，叮咚配送服务的稳定性更强，时效性等各方面的确定性和商品品质的把控性也更强。叮咚买菜在全国20多个城市开设了1 000多个前置仓，“前置仓”模式有着高效的物流配送：前置仓建在社区周围一千米处，保证了配送速度和食材的新鲜度，用户下单后最快29分钟内送达。前置仓覆盖华东、华北、华南等区域，其中江浙沪等区域用户渗透率更高并持续提升，主要原因是江浙沪地区人口众多、居住密度大、消费力强。相信在未来的较长时间里，叮咚买菜在江浙沪区域仍将保持快速的增长。

（二）加工和配套结合

在对配套要求较高的流通中，配套的主体来自各个生产单位。但是，完全依靠现有的生产单位有时无法满足全部配套需求，进行适当流通加工，可以有效促进配套，大大提高流通作为生产与消费之间的桥梁与纽带的作用。

（三）加工和合理运输结合

流通加工能有效衔接干线运输与支线运输，促进两种运输形式的合理化。利用流通加工，在支线运输转干线运输或干线运输转支线运输这一必然停顿的环节，不进行常规的支转干或干转支操作，而是按干线或支线运输合理的要求进行适当加工，从而大幅提高运输及运输转载水平。

（四）加工和合理商流结合

通过加工有效促进销售，增加产品价值，吸引客户目光，使商流合理化，这也是实现流通加工合理化的考量方向之一。例如，通过加工，提高了配送水平，强化了销售，是加工与合理商流相结合的一个成功的例证。生鲜商品是顾客购买频率非常高，与百姓日常生活息息相关的品类。而门店则是了解顾客需求的前沿阵地，有效把握顾客的心理，及时了解顾客的需求变化，确保生鲜商品常变常新，是做大做强生鲜销售的关键所在。上海联华从转型门店现场加工能力着手，通过经常性培训、带教等方式提升门店深加工工艺、个性化加工和精细化加工水平，以新颖、美观、多变的搭配吸引顾客，不仅丰富了品种，而且有效实现了差异化竞争，带来了良好的毛利收益。

（五）加工和节约结合

节约能源、节约设备、节约人力、减少耗费是实现流通加工合理化的重要考量因素，也是目前我国设置流通加工时普遍考虑的合理化形式。效益是企业的根本，不适当的加工会造成不必要的浪费，势必影响企业的效益。对于流通加工企业而言，与一般生产企业的一个重要的不同之处是，流通加工企业更应树立社会效益第一的观念，只有以补充完善为己任的前提下才有生存的价值。

说一说： 流通加工合理化可以给企业带来哪些效益？

模拟实训

一、实训内容

产品流通加工内容及方式。

二、实训步骤和要求

（1）全班同学自由分组，每组4—6人，根据本任务所学知识，各组选择所在城市内的一家配送中心企业开展调研。

（2）了解配送企业流通加工的内容、作用、方式，熟悉企业通过流通加工给市场销售提供了哪些机会等。

（3）以小组为单位进行PPT汇报，小组互评，教师点评；全班同学开展交流分享。

实训评价

实训评价表

<table>
<tr><th colspan="2">内容</th><th colspan="3">评价</th></tr>
<tr><th>学习目标</th><th>评价项目</th><th>自我评价</th><th>组间评价</th><th>教师评价</th></tr>
<tr><td rowspan="3">专业知识（30分）</td><td>了解流通加工的概念</td><td rowspan="3">得分及备注：</td><td rowspan="3">得分及备注：</td><td rowspan="3">得分及备注：</td></tr>
<tr><td>掌握流通加工的功能</td></tr>
<tr><td>掌握实现流通加工合理化的途径</td></tr>
<tr><td rowspan="3">专业能力（45分）</td><td>能描述流通加工与一般生产加工的区别</td><td rowspan="3">得分及备注：</td><td rowspan="3">得分及备注：</td><td rowspan="3">得分及备注：</td></tr>
<tr><td>能总结企业流通加工的功能</td></tr>
<tr><td>能利用所学知识辨别流通加工的合理化</td></tr>
<tr><td rowspan="4">职业意识（25分）</td><td>踏实刻苦、周密细致的工作作风</td><td rowspan="4">得分及备注：</td><td rowspan="4">得分及备注：</td><td rowspan="4">得分及备注：</td></tr>
<tr><td>奋斗精神、团队合作意识</td></tr>
<tr><td>服务意识</td></tr>
<tr><td>实践创新意识</td></tr>
<tr><td colspan="2">教师建议：</td><td colspan="3" rowspan="2">评价汇总：
A. 优秀　　B. 良好
C. 基本掌握　　D. 没有掌握
（参考标准：得分低于60分的为没有掌握，60～70分的为基本掌握，70～80分的为良好，高于80分的为优秀）</td></tr>
<tr><td colspan="2">个人努力方向：</td></tr>
</table>

同步测试

一、单选题

1. 流通加工是一项低投入、高产出的物流活动，它能降低物流成本，满足消费者的（　　）。

A. 基本需求　　B. 个性化需求　　C. 定制化需求　　D. 多样化需求

2. 通过建立（　　），采用一些效率高、技术先进、加工量大的专门机具和设备，一方面提高了加工效率和加工质量，另一方面也提高了设备利用率。

A. 统一加工　　B. 分类加工　　C. 集中加工　　D. 个性化加工

3. 流通加工的对象是进入流通领域的具有（　　）的产品。

A. 半成品属性　　B. 产成品属性　　C. 依附属性　　D. 商品属性

4. 流通加工则旨在完善商品的（　　），并在不改变产品的物理化学性能的情况下提高其价值。

A. 生产价值　　B. 使用价值　　C. 消费价值　　D. 市场价值

5. 流通加工仅以（　　）为目的，纯粹是为流通创造条件。

A. 方便流通　　B. 方便运输　　C. 方便生产　　D. 方便销售

6. （　　）功能是为了满足客户对产品多样化的需要，同时又要保证高效率的生产，可将生产出来的单一化、标准化的产品进行多样化改制加工。

A. 满足生产需要　　B. 保护货物

C. 促进销售　　D. 适应多样化需要

7. 根据需要将钢材定尺定型，按要求下料，是为了（　　）。

A. 促进销售　　B. 满足生产需要

C. 适应多样化需要　　D. 弥补生产加工的不足

8. 将蔬菜、肉类洗净切块以满足消费者要求，具有（　　）。

A. 促进销售　　B. 满足生产需要

C. 适应多样化需要　　D. 弥补生产加工的不足

9. 目前流通加工领域的新形式是（　　）。

A. “生产—消费”一体化运作　　B. “生产—采购”一体化运作

C. “生产—流通”一体化运作　　D. “生产—加工”一体化运作

10. 流通加工是在流通领域中对（　　）的辅助性加工，它能提高材料的利用率，增加产品的价值。

A. 生产　　B. 销售　　C. 运输　　D. 采购

11. 流通加工设置在（　　）中，一方面按配送的需要进行加工，另一方面加工又是配送业务流程中分货、拣货、配货的一个环节，加工后的产品直接投入配货作业。

A. 仓库　　B. 供应商

C. 消费者市场　　D. 配送点

12. 通过加工有效促进销售，增加产品价值，吸引客户目光，使商流合理化，这也是实现流通加工合理化的考虑方向之一，这体现了流通加工合理化中（　　）。

A. 加工和配送结合　　B. 加工和配套结合
C. 加工和合理运输结合　　D. 加工和合理商流相结合

二、多选题

1.（　　）是实现流通加工合理化重要的参考因素。

A. 节约能源　　B. 节约设备　　C. 节约人力　　D. 减少耗费

2. 流通加工一般在（　　）的节点上进行，能使大量运输合理分散。

A. 公路运输　　B. 铁路运输　　C. 干线运输　　D. 支线运输

3. 客户需求存在（　　）两个特点，为满足这种要求，用户经常自己设置加工环节。

A. 多样化　　B. 多需求　　C. 变化性　　D. 易变性

4. 生产加工的对象则是（　　）。

A. 原材料　　B. 零配件　　C. 半成品　　D. 产成品

5. 流通加工的地位是（　　）向现代化发展的必不可少的形态。

A. 提高物流水平　　B. 加快物流效率　　C. 促进生产　　D. 促进流通

6. 消费资料的流通加工以（　　）为目的。

A. 降低成本　　B. 服务客户　　C. 促进销售　　D. 增加利润

7. 在干线运输和支线运输的结点设置流通加工环节，可以有效解决(　　)的衔接问题。

A. 大批量、低成本、长距离的干线运输
B. 多品种、少批量、多批次的末端运输
C. 集货运输
D. 多品种、多批量、少批次的末端运输

8. 不合理的流通加工形式表现为（　　）。

A. 流通加工地点设置不合理　　B. 流通加工方式选择不当
C. 流通加工作用不大，形成多余环节　　D. 流通加工成本过高，效益不好

9. 实现流通加工合理化主要考虑（　　）。

A. 加工和配送结合　　B. 加工和配套结合
C. 加工和合理运输结合　　D. 加工和合理商流结合

三、判断题

1. 流通加工是物流企业的重要利润源，在物流中的地位是非常重要的，属于增值服务范围。（　　）

2. 在流通领域，流通加工以满足企业的需求为重点，提高物流各环节的服务功能。（　　）

3. 流通加工中的集中下料，能做到优材优用、小材大用、合理套裁，提高

原材料的利用率，降低原材料的消耗。（　　）

4. 流通加工面向全社会，加工数量少，加工范围窄，加工任务少。（　　）

5. 流通加工应用最多的是消费行业。（　　）

6. 根据上游生产的需要将货物加工成生产直接可用的状态。（　　）

7. 流通加工以集中加工的形式解决了单个企业加工效率不高的弊病。（　　）

8. 如果流通加工成本过低，则不能实现以较低投入实现更高使用价值的目的。（　　）

9. 流通加工设置在配送点中，还需设置一个加工的中间环节。（　　）

10. 效益是企业的根本，不适当的加工造成的浪费，势必影响企业的效益。（　　）

四、案例分析题

夏日来临，品尝一口甘甜多汁的西瓜，可谓一大乐事。“刚到6月份，就能吃到1元一斤的西瓜了！”继榴莲、荔枝、樱桃之后，西瓜价格也大幅下降，相关话题冲上热搜。2024年的第23周，农业农村部重点监测的6种果品批发市场均价同比下降10.4%。

从需求端来看，水果产业的市场逻辑正发生变化。水果是市场化和附加值最高的农产品之一。如今，水果供应不分四季、源源不断，无论南北，消费者随时想买就能买到。在此基础上，消费者的偏好也日益多样，品类间的竞争愈发激烈。相较于粮食、蔬菜，水果消费有一定的享受型因素，许多消费者抱有“宁咬仙桃一口，不吃烂杏一筐”的心态。消费者需求的变化，深刻影响着水果从种植到销售的各个环节。

从供给端来看，水果产业的产品逻辑也在变化。尽管产业规模在壮大，但依然存在结构不平衡、品质不稳定及物流、加工等短板。究其原因，有资金投入问题，有种植模式问题，也有技术应用问题。我国是全球最大的猕猴桃生产国和进口国，一颗猕猴桃若能在消费者购买时硬度和甜度恰到好处，无疑会大受欢迎。只有做到源头的标准种植、产后的分选分级、储藏的高效保鲜，果品一致性问题才能得到解决。这需要产业的深层次变革。

我国人口众多、需求多样，高中低价的果品都有其存在价值和目标市场。同时，行业竞争逻辑也在变化，从以往单一的价格竞争转向价格、服务、品牌等多维度综合竞争。可见，无论价格高低，都要推动产业高质量发展，在提质增效上做文章。

关注内外联动发展。水果曾是我国优势出口产品，如今进口水果深刻影响着国内市场，国内果业与国际果业互动愈加频繁。智利车厘子等漂洋过海走进中国家庭。进口水果不仅弥补了国内品类的不足，还给行业带来了新理念、新技术。从理念层面看，果农和果商要深度融合，组成适应现代产业规律的农业产业化联合体；从技术层面看，适宜地方可引进试种有前景的特色水果，经本土驯化后，实现产业化种植。

重视错位发展。目前，许多主产区积极开展产销对接活动，助力果农销售。今后，要警惕一些地方水果种植的低质量无序扩张，把重点放到优化区域结构、产品结构、品种结构上。以蓝莓为例，其发展已进入黄金期，后来者应充分考虑市场竞争和自身实力，合理安排种植规模，切忌盲目跟风。目前果业生产大格局基本确定，要注重特色挖掘和品牌打造。

莫忽视全产业链发展。水果产业链长，尽管生产发展快速，但采后处理和流通加工仍处在初级阶段，设施和技术水平不高，影响了整体质量和效益。以冷链为例，我国果蔬冷链流通率远低于美国、日本等国，腐损率较高。就加工而言，精深加工不足，未能发挥“蓄水池”功能，鲜果销售易陷入价格困境。近年来，中央财政支持产地冷链物流设施建设，各方应抓住机会延链补链，为果农保驾护航。

思考题：

1. 利用所学知识，说说水果产业流通加工可以从哪些方面进行。
2. 流通加工可以给水果市场带来哪些优势？

参考答案

项目六 行稳致远，智领物流畅无阻
——运输管理

项目简介

本项目主要介绍物流运输的概念、基本原理与运输发展历程、运输分类和基本原则、选择运输方式时主要考虑的因素、影响运输合理化的因素与不合理运输的表现形式、运输合理化的措施等内容。

学习目标

知识目标	1. 了解运输的概念与职能；了解运输的发展历程。 2. 理解运输的基本原则；理解运输的分类。 3. 理解选择运输方式时主要考虑的因素；理解影响运输合理化的因素。 4. 掌握不合理运输的表现形式。 5. 掌握运输合理化的措施。
能力目标	1. 能描述运输的含义、职能和运输的基本原理。 2. 能识别不合理运输的表现形式，结合实例分析并提出改进方案。 3. 能利用所学知识初步分析社会运输活动。
素质目标	1. 塑造学生的社会责任感与高尚的职业道德，强化团队合作精神，促进和谐的团队氛围。 2. 倡导积极向上、勇于奉献的精神，培养学生勤勉务实、细致入微、追求卓越的工作习惯。 3. 激励学生树立勇于担当、不断进取的职业态度，引导学生建立积极健康的从业观念，保持对物流服务行业的持久热情与热爱。

思维导图

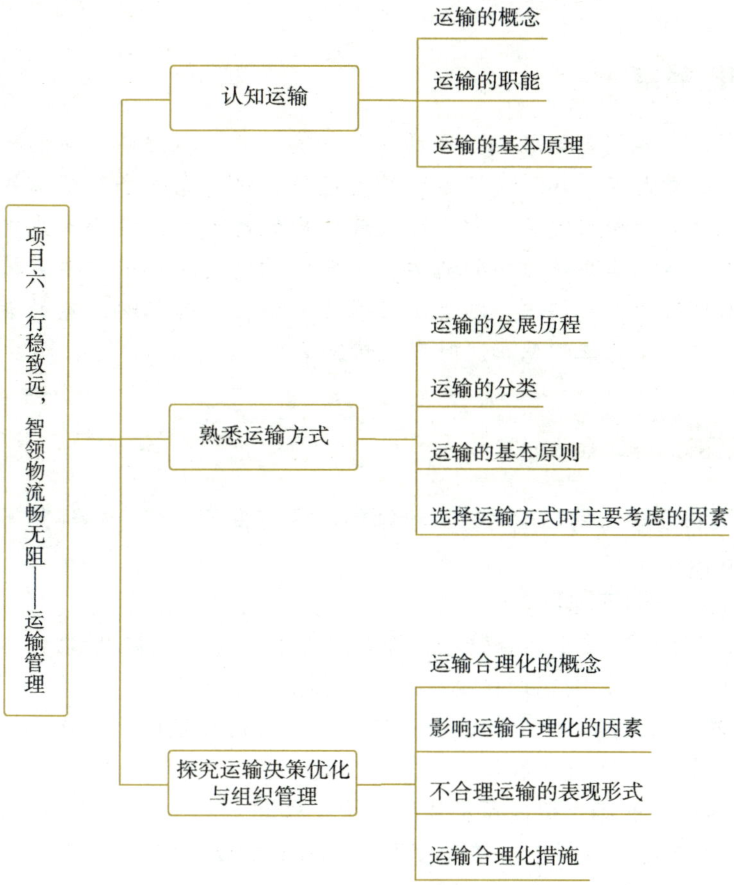
项目六　行稳致远，智领物流畅无阻——运输管理
认知运输
运输的概念
运输的职能
运输的基本原理
熟悉运输方式
运输的发展历程
运输的分类
运输的基本原则
选择运输方式时主要考虑的因素
探究运输决策优化与组织管理
运输合理化的概念
影响运输合理化的因素
不合理运输的表现形式
运输合理化措施

任务一　认知运输

课前任务单

从古老的“丝绸之路”到如今的数字物流网络，从陆路货运的磅礴力量到海运航线的浩瀚无垠，再到空运速递的速度与激情，每一个细节都展现了中国运输的非凡魅力。面对灾害，中国运输展现出的速度与力量令人震撼；在危急时刻，中国运输以其高效协同的能力，为我们构筑起了一道坚不可摧的生命保障线。在本项目中，我们携手踏上这段探索之旅，一起领略运输的魅力，感受物流的律动，共同见证智慧物流时代的新篇章。

初识知识·提纲挈领

1. 阅读将要学习的知识内容，绘制预习内容框架，思考你还想了解哪些其他的知识或信息。

2. 完成以下训练题目。

（1）（单选题）关于运输概念的理解，以下（　　）最准确。

A. 运输仅指货物的物理移动

B. 运输是物流的一个分支，包括货物的物理移动及相关活动

C. 运输等同于物流，涵盖所有物流活动

D. 运输仅指利用飞机进行货物的长距离移动

（2）（单选题）从社会经济角度看，运输的主要地位是（　　）。

A. 辅助性服务，对经济发展影响有限

B. 国民经济的命脉，促进物品交流和经济活动范围扩大

C. 仅是一种简单的物流环节，无特殊地位

D. 仅在特定行业（如制造业）中发挥重要作用

（3）（多选题）下列属于运输基本原理的是（　　）。

A. 规模原理　　B. 距离原理　　C. 速度原理　　D. 协同原理

（4）（多选题）关于运输在物流中的作用，以下描述正确的是（　　）。

A. 运输是货物从生产地到销售地的必要手段，实现货物配送

B. 运输成本是物流总成本中占比最高的部分之一

C. 运输通过缩短产品交付时间，提高客户满意度

D. 运输在物流体系中无风险，无需特别关注

熟读精思·循序渐进

查找资料，了解当地的主要货物运输方式有哪些？不同行业在选择运输方

式时有哪些偏好？

明确任务·情境挑战

自古以来，中国以开放包容著称，积极推动国内外交流与经济发展。运输作为连接内陆边疆与国际的桥梁，对经济繁荣与文化交流起到了至关重要的作用。

茶马古道，中国西南的古老贸易走廊，因其独特的地理位置，成为古代运输的璀璨篇章，促进了各民族经济文化的深度融合与交流，见证了中国的统一与和谐。自汉代起，它便作为“南丝路”的延伸，促进商贸往来；唐代后，茶马互市日益繁荣，古道更趋完善，不仅承载商贸，更关乎边疆安宁与民族团结。

丝绸之路，纵贯古今的东西方交流动脉，自中国出发，跨越中亚、西亚，直抵地中海，是经贸与文化交融的典范。陆路与海上的丝绸之路并行发展，让中国的丝绸、瓷器等商品远播海外，同时引入异域珍品与技术，极大地推动了古代世界的经济繁荣与文化交流。

而今，“一带一路”倡议，作为新时代的国际合作蓝图，秉承互联互通、互利共赢的精神，聚焦于现代化基础设施、经贸合作与人文交流，致力于共建“一带一路”沿线国家的共同发展。中国积极参与其中，不仅助力提升共建“一带一路”沿线国家经济水平，更促进了文明间的对话与友谊，展现了开放包容的大国风范。

任务思考：

除了茶马古道、丝绸之路及当今时代的“一带一路”倡议外，你还了解哪些中国自古以来的重要运输路线？这些路线在促进经济繁荣、文化交流及国家间关系方面发挥了哪些独特作用？

请查找资料与小组成员深入讨论，整理出这些路线的历史背景、特点及影响，在班级汇报展示。

一、运输的概念

提及物流，运输往往是人们最先联想到的关键词。运输是物流活动的核心环节，在实现物品的价值与效用的空间转移方面发挥着重要作用，也深刻影响着社会资源配置的效率与成本。在《物流术语》（GB/T 18354—2021）中，运输被定义为：利用载运工具、设施设备及人力等运力资源，使货物在较大空间上产生位置移动的活动。该定义强调了运输活动在物流过程中的作用，以及运输过程中涉及的多种操作。

短视频：初识运输及运输线路

说一说： 运输与搬运的区别。

二、运输的职能

（一）货物转移

无论货物是材料、零部件、装配件、在制品还是制成品，也无论它们是处于制造流程中，还是在运送至最终用户的过程中，运输都是必不可少的。

运输的主要职能就是承担货物在价值链中的来回移动。只有当运输活动提高了货物的价值，该货物的移动才是有价值的。

（二）货物储存

货物在运输时就是对货物进行临时储存，也就是将运输工具作为储存设备，这是运输的另一个重要职能。如果运输中的货物需要在短时间（1~3 天）储存之后再重新转移，那么该货物的装卸成本可能要大于储存在运输工具中支付的费用。因此，将货物暂时储存在运输工具中不失为一种明智的选择。

知识链接

高效物流的新篇章——越库作业

随着全球化竞争的加剧和消费者需求的快速变迁，越库（Cross Docking）作业作为一种高效的物流操作方式逐渐在更多的行业被广泛应用。越库作业指的是货物在物流环节中不经过中间仓库或站点，直接从一个运输工具转载到另一个运输工具的物流衔接方式。这种作业方式减少了搬运和存储作业，缩短了收货到发货的时间，降低了仓库存储空间的占用和货物的保管成本。

越库作业对于提高供应链效率具有重要作用：一方面，越库作业可以减少库存积压、降低库存成本；另一方面，越库作业可以加速货物流转、降低仓储成本。比如在快速消费品行业中，大型超市设立中央仓库，不同供应商的各种货物到达仓库后，对货物加以分拣与组配后，直接运送至货车装载区，省去其间上架入储位、存储等物流程序，立刻把货物转运至下游的不同消费点，如零售商、大卖场，缩短前置时间，降低货物流通成本和库存量。（图 6-1-1）

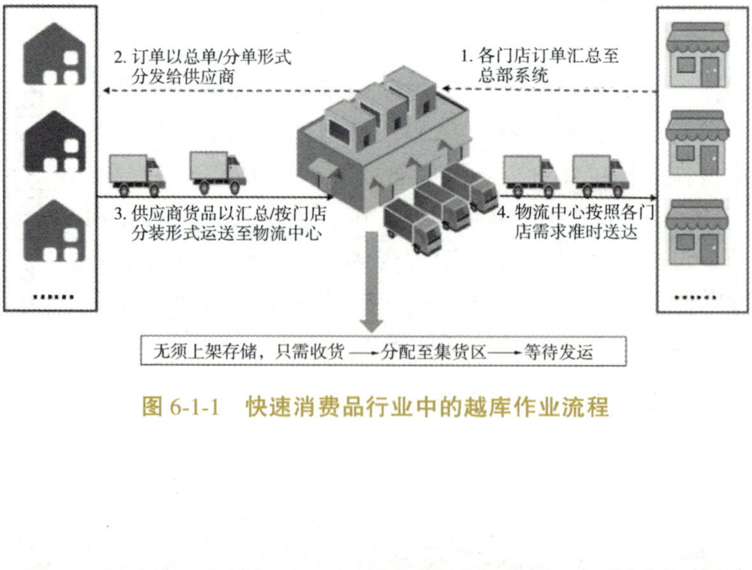

图 6-1-1　快速消费品行业中的越库作业流程

在物流行业中，德邦物流无疑是越库作业实践的佼佼者。相较于传统仓库的四壁环绕，德邦采用了别具一格的设计——以四根坚固柱子撑起广袤的大棚式仓库，四周环绕着便捷的卸货平台。这种布局极大地提升了物流作业的流畅性，各个运输线路的车辆能够直接停靠于相应站台，货物一经卸下便迅速进入分拨流程。同时，车辆在完成卸货后，几乎无须等待，即可再次装载返程的货物，实现了站台与车辆运营效率的最大化。

三、运输的基本原理

运输的基本原理主要涵盖规模原理、距离原理和速度原理，这些原理是指导运输管理和运营的基本准则。

（一）规模原理

规模原理是指随着一次装运量的增大，每单位重量的运输成本会相应下降。这是因为固定成本（如车辆折旧、司机工资等）在运输过程中是相对固定的，当装载量增加时，这些固定成本被分摊到更多的货物上，从而降低了每单位货物的运输成本。例如，整车运输通常比零担运输具有更低的每吨成本，因为整车运输可以更有效地分摊这些固定成本。

短视频：
江浙沪包邮之谜

（二）距离原理

距离原理是指随着一次运输距离的增加，运输成本的增加会变得越来越缓慢，即单位运输成本随运输距离的增加而降低。这是因为运输过程中的一些固定费用（如车辆折旧费用、管理费用等）在较长距离的运输中被分摊得更薄，从而使得单位距离的运输成本降低。这一原理对于长途运输尤为显著，也是企业在进行运输决策时需要考虑的重要因素。

（三）速度原理

速度原理强调的是运输时间对运输效用的影响。完成特定运输所需的时间越短，其效用价值就越高。一方面，较短的运输时间可以减少货物的停滞时间，从而使到货提前期变短，有利于减少库存，降低仓储费用，同时也有助于提高客户的满意度和市场响应速度；另一方面，较快的运输速度可以减少货物在运输过程中可能面临的风险和损失，如损坏、丢失或过期等，同时运输时间缩短也意味着单位时间内的运输量增加，能够有效降低单位运输成本。

企业案例

顺丰速递比快更快，把快递速度做到极致

在本地生活服务快速兴起的背景下，顺丰速递再次提速，成为快递行业的标杆。2022 年 8 月推出的“同城半日达”服务，精准切中消费者对于速度的极致追求，承诺上午寄下午达，下午寄当日送，大幅缩短同城配送时间，实现了时效性的飞跃。

仅仅半年时间，该服务就已覆盖了国内80余座重点城市，从一线城市如北上广深，到省会城市如杭州、南京等，再到经济发达的城市如东莞、苏州等，全面布局，展现出顺丰速递强大的物流网络和服务能力。顺丰速递明确表示，接下来还将持续扩大城市覆盖范围。

此举不仅满足了消费者对快递速度的需求，还极大地提升了顺丰速递的品牌形象和市场竞争力。也正是这份对速度与质量的不懈追求，让顺丰速递在众多快递品牌中脱颖而出，成为消费者信赖与首选的快递服务商。

任务二　熟悉运输方式

课前任务单

在现代物流体系中，运输方式的选择对于货物运输效率、成本控制管理及客户满意程度都至关重要。不同的运输方式有着各自的特点和适用场景，例如，公路运输灵活性强、铁路运输运量大、水路运输运距长、航空运输时效性高等。随着科技的发展，多式联运等新型运输方式也应运而生。通过多种运输方式的组合，能够更好地满足复杂的物流需求，提高运输综合效益。在实际的物流运输中，应如何根据货物特性、运输距离、时间要求等因素，合理选择运输方式？各种运输方式之间又存在哪些优势互补和相互制约的关系？

初识知识·提纲挈领

1. 阅读将要学习的知识内容，绘制预习内容框架，思考你还想了解哪些其他的知识或信息。

2. 完成以下训练题目。

(1)（单选题）(　　) 在速度上通常最快，但成本也最高。

A. 公路运输　　B. 铁路运输　　C. 航空运输　　D. 水路运输

(2)（单选题）在选择运输方式时，(　　) 通常不是主要考虑的内容。

A. 货物的价值　　B. 货物的形状与重量

C. 运输工具的可得性　　D. 运输人员的年龄

(3)（多选题）按照运输方式的不同，运输可以划分为 (　　)。

A. 航空运输　　B. 铁路运输　　C. 管道运输　　D. 公路运输

(4)（多选题）运输的基本原则包括 (　　)。

A. 安全性　　B. 及时性　　C. 准确性　　D. 美观性

熟读精思·循序渐进

讨论并思考不同运输方式有什么特点，完成下列表格。

运输方式	速度	运量	运价	适宜货物类型
公路运输				
铁路运输				
水路运输				
航空运输				
管道运输				

明确任务·情境挑战

随着共建“一带一路”倡议的深入推进，中国西部地区的物流通道建设取得了显著成效，其中蓉欧国际快速铁路货运直达班列（以下简称“蓉欧快铁”）作为连接中国成都与欧洲腹地的国际快速铁路货运直达班列，自2013年开通以来，凭借其独特的优势迅速崛起，成为中欧贸易的新桥梁。

蓉欧快铁，自成都青白江区的成都集装箱中心站出发，经宝鸡、兰州到新疆阿拉山口出境，途经哈萨克斯坦、俄罗斯、白俄罗斯等国，直达波兰罗兹站，线路全长9 826千米，仅需11天即可完成运输。相比之下，传统海铁联运通常需要36至42天，耗时约为蓉欧快铁的三倍。同时，其运输成本仅为空运的四分之一，性价比极高。此外，蓉欧快铁实现了每周四班双向对开的高密度运输，稳定性与可靠性卓越，为中欧货物流通提供了全新的解决方案。

任务思考：

请分析蓉欧快铁相较于传统海运在运输时间和效率上的具体优势，并讨论这些优势对企业市场竞争力的影响。假设一家位于成都的电子产品制造商需要向欧洲市场紧急交付一批新产品，请结合案例背景，为该企业选择最合适的物流方式，并简述理由。

一、运输的发展历程

（一）以水路为主的黄金时代

18世纪中叶至19世纪初，水路运输凭借承载量大、成本低廉的天然优势，成了国际贸易和国内物资流通的主力军。随着航海技术的不断进步和全球贸易的蓬勃兴起，大型帆船和后来的蒸汽轮船穿梭于各大洋之间，连接了世界各地的经济与文化，推动了全球化进程的初步形成。

知识拓展

世界运河史话

目前已知的世界上最早的运河是在公元前4000年由西亚美索不达米亚人开凿的运河。中国广西灵渠于公元前214年凿成通航，也是世界上最古老的运河之一。京杭大运河在元朝时已从大都（北京）贯通到南方的杭州，全长2 400千米。1869年，苏伊士运河修建技术发展到新阶段。巴拿马运河于1881年在法国工程师雷赛主持下开始修建，他破产后，由美国人在1914年完成，巴拿马运河沟通了太平洋和大西洋。

（二）铁路时代的辉煌

19世纪30年代至20世纪30年代，随着工业革命的深入推进，铁路运输凭借速度快、运量大、准时性强的特点迅速崛起，取代了水路运输的部分主导地位。铁路网络的不断扩展，极大地缩短了城市与城市、国家与国家之间的距离，加速了人员流动与物资流通，促进了工业化、城市化进程的加速发展，对世界经济格局产生了深远影响。

（三）多元化运输的繁荣

20世纪30年代至50年代，随着科技的飞速发展，管道、公路、航空运输相继迎来了大发展时期。管道运输以其高效、安全的特性，在油气等液体、气体运输中占据了重要地位；公路运输以其灵活便捷的优势，成为短途和门到门服务的主力；而航空运输的兴起，则极大地缩短了国家与国家之间的时空距离，开启了“地球村”的新纪元。这一时期，各种运输方式相互补充，共同推动了全球运输体系的多元化发展。

（四）综合运输体系的构建与完善

自20世纪50年代以来，随着全球经济一体化的深入发展，对运输效率、成本、环保等方面的要求日益提高，综合运输体系的概念应运而生。这一体系强调各种运输方式之间的协调配合与无缝衔接，通过优化资源配置、提升运输效率、降低物流成本，以满足社会经济发展的多元化需求。同时，随着信息技术的广泛应用，智能化、绿色化成为综合运输体系发展的新趋势，为全球运输业的可持续发展注入了新的活力。

企业案例

春秋航空与中国铁路12306合作的“空铁快线”

2024年1月，春秋航空与中国铁路12306合作推出的“空铁快线”产品，旨在为旅客提供“飞机+铁路”跨交通一站式出行解决方案。“空铁快线”产品通过优化中转流程、提供便捷的换乘指引等方式，确保旅客顺利、快速地完成中转，提升旅客的出行体验。旅客可以在春秋航空的官方销售渠道上，如APP或小程序，轻松查询到联程航班和高铁车次的组合，并直接购买。这种联运模式帮助旅客节省了出行时间，降低了整体的出行成本，赢得了广大旅客的青睐，使得“空铁快线”成为越来越多人出行的首选。

二、运输的分类

（一）按运输方式分类

按运输方式分类，运输可分为公路运输、铁路运输、水路运输、航空运输和管道运输。

1. 公路运输

公路运输是指主要利用汽车在公路上进行货物运输的方式。其优点是机动灵活，适应性强；可实现“门到门”运输，即从发货人门口直接送到收货人门口；近距离运输时，运费较低。其缺点是易污染环境、发生事故风险较高；不适宜大批量运输；长距离运输时，运费相对较高。

公路运输主要承担近距离、小批量的货运，铁路运输、水路运输难以到达地区的长途、大批量货运，以及铁路运输、水路运输难以发挥优势的短途运输。由于公路运输具有很强的灵活性，近年来，即使在有铁路、水运的地区，中长途的大批量运输也开始使用公路运输。

知识链接

“一带一路”上的第四物流通道——TIR运输

TIR（Transport International Router，国际公路运输）系统，是指建立在联合国《国际公路运输公约》基础上的全球性跨境货运海关便利通关系统。根据公约规定，国际道路运输货物自启运地到目的地，沿途海关原则上不开箱查验，缔约国之间可以真正实现“门到门”运输，大幅节省通关时间和运输成本，提高运输效率。

2016年7月，中国正式加入联合国《TIR证国际货物运输海关公约》（简称《TIR公约》），成为该公约第70个缔约国。2019年6月25日起，中国全面实施《TIR公约》，使得获得TIR运输资质的企业能够在60多个签约国家间顺畅运输，只需接受起点和终点国家的海关检查。2024年8月14日，新疆乌鲁木齐市经开区乌鲁木齐国际陆港的TIR集结中心正式揭牌运营，这是中国第二个由国际道路运输联盟（IRU）认证的TIR集结中心。TIR集结中心将提供仓储、配送、报关等增值服务，进一步推动“天山号”多式联运品牌体系的建设，为共建“一带一路”沿线国家的贸易提供便利。

2. 铁路运输

铁路运输是指用铁路列车运送货物的运输方式。其优点是不受天气影响，稳定安全；中长距离运输时，运费低廉；运输能力强，运输速度快；运输网络遍布全国。其缺点是列车编组、解体需要时间，导致货物滞留时间较长；短距离运输时，运费昂贵；不适宜紧急运输；车站固定，不能随处停车，因此无法实现“门到门”服务。

短视频：中欧班列

铁路运输主要承担长距离、大批量的货运任务，在没有水运条件的地区，只要有铁路，几乎所有的大批量货物都是依靠铁路运输进行的。

3. 水路运输

水路运输是以船舶为主要运输工具、以港口或港站为运输基地、以水域（海洋、河流、湖泊等）为运输活动范围的运输方式。其优点是长距离运输时，运费低廉；运输能力强，资源消耗少。其缺点是运输速度较慢；港口设施需要高额投资；易受天气影响，运输时间难以保证。

水路运输主要承担长距离、大批量的运输任务，是在干线运输中起主要作用的运输方式。在内河及沿海，水路运输也常用来进行小批量运输，承担补充及衔接大批量干线运输的任务。

4. 航空运输

航空运输是指使用飞机等航空器运送货物的运输方式。其优点是运输速度快；不受地形限制，机动性强；安全性好，破损率低。其缺点是运费较高；运载量和运输货物种类有限。

适用于航空运输的货物主要有两类：一类是高价值、高时效性货物，如贵重设备的零部件、高档服装、生鲜食品等；另一类是紧急需要的货物，如抢险救灾物资、医疗用品等。

5. 管道运输

管道运输是指利用管道输送气体、液体和粉状固体的运输方式。其优点是运输量大，运输成本低；安全可靠、连续性强；占地少、污染小，环保。其缺点是运输货物种类有限；运输线路固定，灵活性较差；管道易积垢，清理成本高。

管道运输是随着石油生产的发展而产生的一种特殊运输方式，可通过管道运输的货物除石油、天然气外，还包括矿石、煤炭、化学品和粮食等。

写一写： 公路运输、铁路运输、水路运输、航空运输和管道运输各有优劣。请根据所学知识，对各种运输方式的运输能力、运输速度、运输成本、机动性和安全性进行排序（用数字 1~5 表示强到弱、快到慢、高到低等），并将结果填入表格。

运输方式	公路运输	铁路运输	水路运输	航空运输	管道运输
运输能力					
运输速度					
运输成本					
机动性					
安全性					

（二）按运输范围分类

按运输范围分类，运输可分为干线运输、支线运输、二次运输和场内运输。

1. 干线运输

干线运输是指利用铁路、高速公路的干线，大型船舶的固定航线进行的长距离、大批量运输。干线运输具有运输距离长、数量多、速度快和成本低等特点。

2. 支线运输

支线运输是指在与干线相接的分支线上进行的运输。支线的建设水平往往低于干线，因而一般支线运输的速度也较慢。

知识链接

干线运输与支线运输的对比

对比维度	干线运输	支线运输
运输距离	较长，跨越省、区（市）的运输线	较短，通常是干线运输与收货地点之间的补充性运输
运输方式	多样化，包括铁路、公路、水路和航空运输等	主要依赖公路运输，使用较低级别的公路完成运输
货物特点	货物数量或体积相对较大，通常是长途运输	主要进行分散小批量运输
服务范围	广泛，覆盖多个省份或地区	相对较小，主要是局部配送
运输效率	高、稳定可靠，由专业物流公司或运输公司负责	需要更多人力和物力资源，运输效率和服务质量要求较高
运输成本	相对较低，适合大批量货物运输	相对较高，由于服务范围小，成本分摊到每个运输环节上可能较高

3. 二次运输

二次运输是指通过干线、支线将货物运输到站点后，站点与用户仓库或指定接货地点之间的运输。二次运输距离较短，是一种补充形式的运输，具有运输距离短、运量小的特点。

4. 场内运输

场内运输是指在工业企业范围内，直接为生产过程提供服务的运输。这种运输一般在车间与车间、车间与仓库之间进行。场内运输具有运输距离短、运量小、速度慢、成本高等特点。

说一说：在车间或仓库内部进行的货物位移能否被称为场内运输？原因是什么？

（三）按运输协作程度分类

按运输协作程度分类，运输可分为一般运输、联合运输和多式联运。

1. 一般运输

一般运输是指孤立地采用不同运输方式或同一种运输方式，而没有形成有机协作关系的运输，如单一的公路运输、铁路运输等。

2. 联合运输

联合运输是指由几个运输企业联合起来，综合利用各种运输方式的优势进行协作，实行一次托运、一票到底的货物运输。联合运输的形式有铁海联运、公铁联运和公海联运等。

3. 多式联运

多式联运是指按照多式联运合同，以至少两种不同的运输方式，由多式联运经营人把货物从一国境内接运货物的地点运送至另一国境内指定交付货物的地点。多式联运是联合运输的一种现代形式，是在集装箱运输的基础上发展起来的一种现代运输方式。

短视频：
多式联运

企业案例

长江经济带多式联运平台

长江经济带多式联运平台自2016年起由江苏物润船联网络股份有限公司承建，旨在响应国家发展战略，整合水路、铁路、公路及港口等多源物流数据，实现物流运作的信息化、智能化，降低运输成本，优化长江经济带的物流网络。随着2018年长三角一体化发展上升为国家战略，平台建设进入快车道。

目前，该平台已显著提升了物流一体化服务水平，优化了运输结构，有力推动了区域经济融合与发展。以江苏省为例，其多式联运公共信息平台实现了物流全链条的数字化服务，促进了多式联运模式的广泛应用，极大地提升了长三角与长江经济带物流资源的一体化效率，为区域高质量发展注入了强劲动力。

三、运输的基本原则

在现代物流体系中，随着物流需求的日益多样化和复杂化，高频率、小批量的运输模式逐渐成为主流。为了有效应对这一趋势，企业在组织运输工作时必须严格遵循以下基本原则，以确保物流服务的效率、质量和经济性。

（一）及时性原则

及时性是指按照客户的实际需求，在最短的时间内将货物送达指定地点。这一原则要求企业具备高效的物流运作能力和灵活的调度机制，以便迅速响应市场变化和客户需求。通过缩短货物在途时间，不仅能够提升客户满意度，还能有效减少库存积压，降低企业运营成本。

（二）准确性原则

准确性是物流运输中的关键原则，它要求在整个货物运输过程中，必须确保信息的准确和货物的安全。在运输过程中及时核对收货人信息、货物数量、运输路线及交货时间等，能够有效避免货物错发、漏发、丢失等问题的发生，从而保障客户利益和企业信誉。

（三）经济性原则

经济性是企业在组织运输工作时必须考虑的重要因素之一。在确保运输质量和时效性的前提下，应尽可能选择成本最低、效率最高的运输方式和运输线路，从而降低运输成本，提高整体物流效率，增强市场竞争力。

说一说：在日常生活中，当我们需要寄送货物时，如何根据货物的不同重量、体积、大小及时效要求来选择最经济划算的寄送方式呢？

（四）安全性原则

安全性是物流运输中最基本也是最重要的原则之一。在货物运输前，须做好充分的包装和防护措施，如对货物进行防震、防潮、防腐蚀等处理，确保货物在运输过程中不受任何形式的损坏或丢失。通过遵循安全性原则，企业能够保障货物的完整性和价值，从而赢得客户的信任和满意。

四、选择运输方式时主要考虑的因素

选择运输方式时，主要考虑的因素如下：

（一）货物数量

货物数量是决定运输方式的重要因素之一。一般情况下，15~20 吨以下的货物，采用公路运输；15~20 吨以上的货物，采用铁路运输；数百吨以上的原材料类的货物，采用水路运输。

（二）运输成本

运输成本是企业经营成本的重要组成部分，不同运输方式的成本差异显著，航空运输通常速度最快但也最昂贵，而水路运输和铁路运输成本较低，适合大宗货物长距离运输。

短视频：海运成本为什么低？

（三）运输速度

对于需要快速送达的货物，如生鲜食品、紧急零部件等，航空运输是首选，其速度可达 900~1 000 千米/时。铁路运输速

度一般在 80~250 千米/时，公路运输速度在 80~120 千米/时，但在短距离内，公路运输比铁路运输更快。长距离运输时，铁路运输的速度比航空运输以外的其他运输方式要快，最适合长距离。水路运输速度较慢，大约每小时 10~30 海里（1 海里≈1.85 千米）。

（四）货物性质

货物的物理、化学性质及包装方式直接影响运输方式的选择。易腐、易燃、易爆或特殊形状的货物需要特殊的运输条件和设备，如冷藏车、危险品运输车等。货物的尺寸、重量也会对选择何种运输工具和装载方式产生影响。

（五）运输距离

长距离运输通常选择成本相对较低、运输能力强的铁路或水路运输；而短距离或城市内部的运输则更适合公路运输或城市配送服务。一般而言，300 千米以内，可以采用公路运输；300~500 千米的区域，可以采用铁路运输；500 千米以上则根据具体情况采用水路或航空运输。

（六）特别要求

除了上述因素外，企业在选择运输方式时还需要考虑一些特别要求，如环保要求、政策限制、客户指定等。例如，某些地区可能对某些运输方式有环保限制或政策鼓励；客户可能根据自身需求指定特定的运输方式或要求提供特定的服务。

写一写：根据调查的实际情况，为下列货物的运输匹配最佳的运输方式。

货物	运输范围	最佳运输方式	理由
一箱急救药物	北京—杭州		
30 吨煤炭	山西—大连		
新鲜蔬菜	镇江—无锡		
15 万吨石油	埃及—上海		

任务三　探究运输决策优化与组织管理

课前任务单

对于现代物流企业来说，综合考虑运输费用和时间，选择最优方案，对确保运输服务的质量和可靠性非常重要。同时，大数据和人工智能等现代信息技术的应用，为运输决策提供了更精准的数据支持和智能优化方案，能够实时监控运输过程，预测需求和风险，助力我们做出更合理的决策。

请大家思考：在实际物流运输中，如何结合运输合理化的要素，实现运输决策的优化和组织管理的高效化呢？面对运输中道路的复杂情况，又该如何规划最优线路，确保运输任务顺利完成呢？

初识知识·提纲挈领

1. 阅读将要学习的知识内容，绘制预习内容框架，思考你还想了解哪些其他的知识或信息。

2. 完成以下训练题目。

（1）（单选题）（　　）不是影响运输合理化的主要因素。

A. 运输距离　　B. 运输工具　　C. 货物包装　　D. 运输环节

（2）（单选题）对货源组织工作重视不够导致同一货源分散发货而产生的不合理运输形式是（　　）。

A. 重复运输　　B. 对流运输　　C. 倒流运输　　D. 过远运输

（3）（多选题）不合理运输的主要表现形式有（　　）。

A. 迂回运输　　B. 重复运输　　C. 对流运输　　D. 直达运输

（4）（多选题）下列（　　）措施有助于降低运输成本。

A. 集中运输，减少批次

B. 选择成本效益最佳的运输方式

C. 加强运输过程中的货物保护，减少损失

D. 优化库存管理，减少库存成本

熟读精思·循序渐进

模拟一家企业的运输业务。结合前面课程中的企业调研，了解并收集企业运输需求的相关数据，分析企业的运输路线选择，评估运输效率，并思考优化方案。

明确任务·情境挑战

中国新能源汽车产业在过去十年间实现了跨越式发展，成为国家从汽车大国向汽车强国转变的关键驱动力。随着科技革命与产业变革的加速推进，新能源汽车与能源、交通、信息通信等领域深度融合，中国连续九年蝉联全球产销冠军，品牌实力显著增强。

数据显示，中国新能源汽车销量从 2014 年的 7.5 万辆激增至 2023 年的 949.5 万辆，占全球六成以上份额，构建了完善的生态链，促进国内外市场与资源的高效联动。国内产销增速惊人，从首辆到近千万辆跨越 27 年，彰显“中国制造”的非凡速度。

在国际舞台上，新能源汽车作为中国“智造”的代表，稳步拓展海外市场，中国已跃居全球最大的新能源汽车生产、消费和出口国之一。前沿技术的

领先应用与输出，不仅提升了中国汽车产业的国际竞争力，更为世界展示了中国高质量发展的新面貌，成为国际社会观察中国创新实力的重要窗口。

任务思考：

中国新能源汽车出口激增，面临全球运输挑战。请问在面对复杂多变的国际运输环境时，包括不同国家间的贸易政策、物流基础设施差异，以及消费者对于交货时间和产品质量的严格要求等因素，中国新能源汽车制造商该如何制定出一套既符合成本效益，又能满足市场需求的运输策略？请小组讨论交流，并在班级进行汇报展示。

一、运输合理化的概念

运输合理化是指在保证货物运量、运距、流向和中转环节合理的前提下，在整个运输过程中确保运输质量，并以合理的运输工具、最少的运输环节、最佳的运输线路、最低的运输成本将货物从起运地运送至目的地。

微课：运输合理化

二、影响运输合理化的因素

影响运输合理化的因素主要有运输距离、运输环节、运输工具、运输时间和运输费用等。只有充分考虑这些因素，才能更加顺利地实现运输合理化。

（一）运输距离

运输距离的长短是决定运输合理与否的最基本因素。运输距离与运输时间的长短、运输费用的高低、运输工具的周转等都有一定的关系，因此企业应尽可能就近运输，避免舍近求远。

（二）运输环节

运输是物流过程中的主要环节，涉及装卸、搬运、包装等多项作业。每增加一个运输环节，势必增加运输的附属活动，从而导致相关费用的增加。因此，企业应尽可能选择直达运输，减少不必要的中间环节，以实现运输合理化。

（三）运输工具

各种运输工具都有其使用的优势领域，在运输中由于需求不同，选择运输工具时所考虑的侧重点也不同。总体来说，企业应根据不同货物的特点选择相应的运输工具，以发挥各种运输工具的优势。

（四）运输时间

运输是物流过程中需要花费较多时间的环节，所以运输时间的缩短对整个流通时间的缩短具有决定性的意义。运输时间的缩短，不仅有利于加速运输工具和资金的周转，还可以提高运输线路的通过能力。

（五）运输费用

运输费用是衡量运输经济效益的一项重要指标，在很大程度上决定了整个物流系统的竞争能力。无论是对货主企业还是运输企业来讲，降低运输费用都是运输合理化的重要目标。

三、不合理运输的表现形式

不合理运输是指在运输过程中违背货物流通规律，未按照经济区域和货物自然流向组织运输，忽视运输工具的充分利用和合理分工，从而导致运力浪费和运输费用增加的现象。不合理运输的表现形式主要有返程或起程空驶、对流运输、迂回运输、重复运输、倒流运输、过远运输、运力选择不当等。

1. 返程或起程空驶

返程或起程空驶，即车辆在无载货状态下行驶，这是不合理运输最严重的表现形式。在实际运输过程中，有时不可避免需要调运空车，从管理角度看，这并非不合理运输。但是，若因调运不当、计划不周而导致的空驶，则属于不合理运输的表现。

2. 对流运输

对流运输，又称“相向运输”“交错运输”，是指同一种货物，或彼此间可以互相代用而又不影响管理、技术及效益的货物，在同一线路或平行线路上，作相对方向的运送，而与对方运程的全部或一部分发生重叠交错的运输。对流运输是不合理运输中最典型、最普遍的表现形式。

明显对流运输是指同类货物沿着同一线路相向运输，如图 6-3-1 所示。

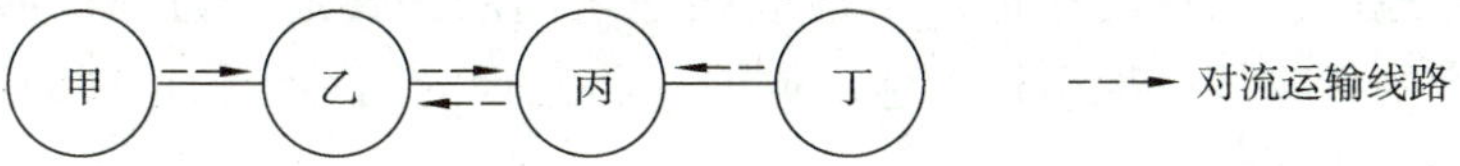

图 6-3-1　明显对流运输

隐蔽对流运输是指同类货物通过不同的运输方式在平行线路上相向运输，如图 6-3-2 所示。

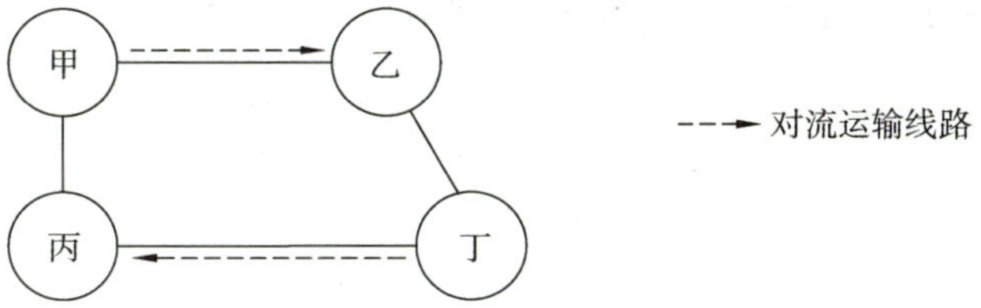

图 6-3-2　隐蔽对流运输

3. 迂回运输

迂回运输也称绕道运输，是指运输货物时舍近求远、绕道而行的现象，也就是常说的“近路不走走远路”，如图 6-3-3 所示。

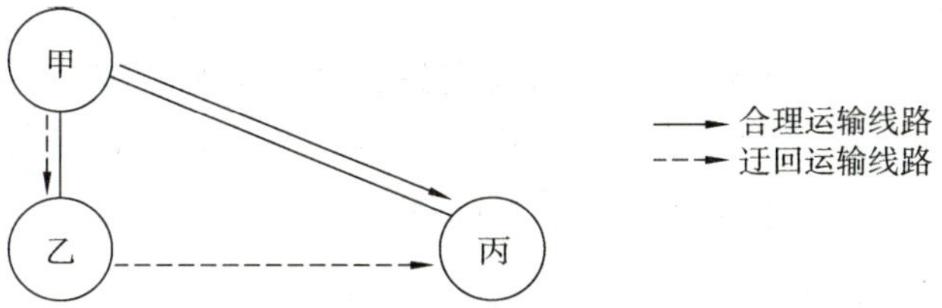

图 6-3-3　迂回运输

4. 重复运输

重复运输是指本可以将货物直接从起运地运往目的地，但由于仓库位置设置不当或计划不周等，而将货物运到中途地点卸下后，又重复装运送往目的地的运输现象。重复运输增加了不必要的中间环节，延长了货物在途时间，增加了运输成本，如图 6-3-4 所示。

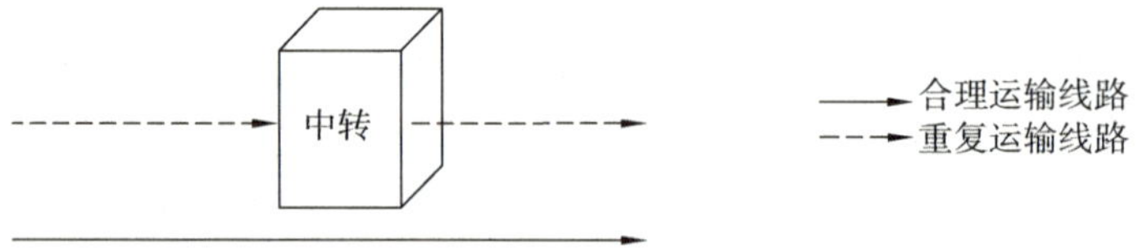

图 6-3-4　重复运输

5. 倒流运输

倒流运输是指将货物从销售地或中转地向生产地或起运地回运的运输现象。倒流运输的不合理程度要甚于对流运输，其原因在于倒流运输往返两程的运输往往是不必要的。

倒流运输有两种形式：一种形式是同批货物或同批货物中的一部分货物由甲地运往乙地后，又从乙地运往甲地或两地之间的中转地；另一种形式是将乙地能够生产的货物从甲地运往乙地，同时又将乙地的同种货物运往丙地。

6. 过远运输

过远运输是指舍近求远的货物运输现象。近处有资源不调而从远处调，这就造成可采取近程运输而未采取，拉长了货物运距，造成了浪费。

过远运输占用运力时间长、运输工具周转慢、物资占压资金时间长，又易出现货损，增加了费用支出，如图 6-3-5 所示。

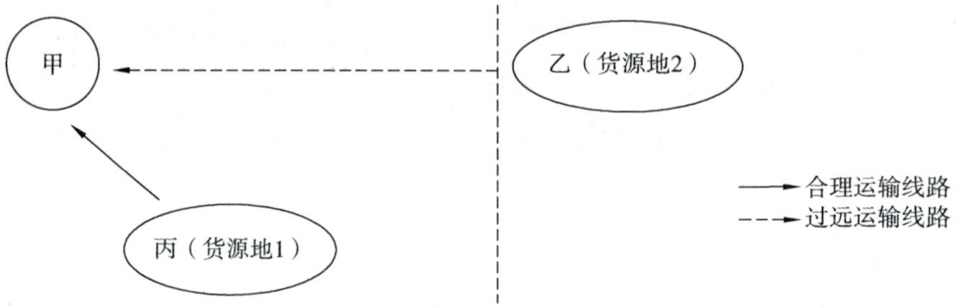

图 6-3-5　过远运输

7. 运力选择不当

运力选择不当是指未根据实际情况选择合适的运输工具，从而造成运力浪费的运输现象。例如，在同时可以采用公路运输和水路运输条件时，却选择成本较高的公路运输，未能发挥水路运输的优势。

说一说： 以下情况分别属于哪种不合理运输形式？

① 某企业从距离更远的仓库调运货物。

② 可以将一批货物直接从武汉运至北京，却在郑州中转、换装。
③ 货源不实导致车辆空去空回。
④ 一辆货车的额定载重量为 40 吨，实际载重量只有 15 吨。

写一写： 试着总结一下不同不合理运输表现形式的特点，填入表格。

不合理运输表现形式	特点
空驶	
对流运输	
迂回运输	
重复运输	
倒流运输	
过远运输	
运力选择不当	

四、运输合理化措施

（一）合理选择运输方式和运输工具

各种运输方式都有其适用范围和技术经济特征，选择时应进行综合比较和分析，一般首要考虑运输成本的高低和运输速度的快慢。在同种运输方式中，也要根据货物的实际情况选择合理的运输工具，避免浪费。

（二）提高运输工具实载率

实载率，又称吨（客）位公里利用率，是指运输工具的实际载重量与运距之乘积和额定载重量与行驶里程之乘积的比率，用以反映车辆在总行程中载重能力的有效利用程度，可综合反映车辆行程利用和吨位利用程度。企业可采用以下两种方法提高运输工具的实载率：① 将零担货物拼装成整车后再发运；② 重货和轻货搭配装载。

企业案例

从 1 天缩短到 5 分钟！中远海运特运工程车辆智能配载功能上线发布

2024 年 5 月 20 日，中远海运特运成功推出工程车辆智能配载功能，彻底革新了传统配载模式。这一创新将原本耗时超过 1 天的配载流程大幅缩减至仅需 5 分钟，实现了配载效率的飞跃，同时显著优化了客户体验，标志着公司在智能化产品开发领域的重大突破。

在传统配载过程中，配载人员需凭借深厚的专业知识和复杂的软件操作，将车辆与船舶图形精细匹配，反复试探以求最佳配载方案，过程烦琐且耗时。

而今，智能配载系统仅需录入货物清单与选定船舶，即可在极短时间内，依托先进算法自动完成配载，生成详尽的二维工程图及直观的三维展示方案。这一变革极大提升了配载的准确性和效率，减轻了人工负担，确保了货物吊装安全、积载优化及现场操作简化，为工程车业务运营注入了强劲动力，推动了整个行业的智能化升级。

（三）发展社会化的运输体系

实行运输社会化，就是要打破一家一户自成运输体系的状况，统一安排运输工具，避免对流、倒流、空驶等各种不合理运输形式的发生，追求组织效益和规模效益。

（四）尽量开展直达运输和“四就”直拨运输

直达运输是指将货物从起运地直接运至目的地。直达运输可以减少货物中转和换装环节，节省装卸费用，降低货损率，提高运输效率。

“四就”直拨运输是指商业企业在接收本地或外地运输的货物时，不将其运送到企业自己的仓库，而是将货物运输至基层的批发商、零售商甚至最终用户，从而减少中间环节，降低运输成本。具体的“四就”是指就厂直拨、就车站直拨、就仓库直拨和就车船直拨。

知识链接

直达运输和“四就”直拨运输的区别

运输方式	直达运输	“四就”直拨运输
运输批量	大	小
运输距离	长	短
减少环节	减少周转环节	减少仓库环节
主要优势	降低商品损耗，节省运输费用	缩短运输距离，加速货物周转
适用商品	品种规格简单、运输量大的商品	运输批量小、对时效性要求不高的商品
运输形式	直达列车（铁路运输）、公路运输、水路运输等	就厂直拨、就车站（码头）直拨、就仓库直拨、就船过载

（五）采用集装化运输技术

集装化运输是指用集装器具将裸装、散装货物组合成一定规格或重量的集装件之后再进行运输。常用的集装器具有托盘、集装箱、集装笼、集装桶、集装袋、集装架等。

模拟实训

一、实训内容

运输合理化实训。

二、实训步骤和要求

（1）全班同学自由分组，每组4—6人，根据本任务所学知识，各组选取存在不合理运输现象的案例，如迂回运输、倒流运输等，分析其原因并提出改进措施。

（2）以小组为单位进行PPT汇报，小组互评，教师点评；全班同学开展交流分享。

实训评价

实训评价表

内容		评价		
学习目标	评价项目	自我评价	组间评价	教师评价
专业知识（30分）	了解运输的发展历程	得分及备注：	得分及备注：	得分及备注：
	理解选择运输方式时主要考虑的因素			
	掌握不合理运输的表现形式			
专业能力（45分）	能描述运输含义与职能	得分及备注：	得分及备注：	得分及备注：
	能识别不合理运输的表现形式，结合实例分析并提出改进方案			
	能利用所学知识初步分析社会运输活动			
职业意识（25分）	踏实刻苦、周密细致的工作作风	得分及备注：	得分及备注：	得分及备注：
	奋斗精神、团队合作意识			
	实践创新意识			
教师建议：		评价汇总： A. 优秀　B. 良好 C. 基本掌握　D. 没有掌握 （参考标准：得分低于60分的为没有掌握，60～70分的为基本掌握，70～80分的为良好，高于80分的为优秀）		
个人努力方向：				

同步测试

一、单选题

1. 运输按照运输工具的不同，可以分为多种类型，其中不包括（　　）。

A. 公路运输　　B. 铁路运输　　C. 管道运输　　D. 水路运输

2. 运输的基本原则中，强调在保证运输质量的前提下，力求实现运输成本的最小化，这指的是（　　）原则。

A. 及时性原则　　B. 经济性原则　　C. 安全性原则　　D. 准确性原则

3. 运输是人类实现（　　）的活动。

A. 时间效用　　B. 空间位移　　C. 时间位移　　D. 形质效用

4. 在选择运输方式时，（　　）因素通常不是主要考虑的内容。

A. 货物的性质与数量　　B. 运输距离与时间要求

C. 运输成本与效益分析　　D. 运输公司员工的年龄结构

5. 将重庆的 2 万吨红薯运往湖北汉口，选择（　　）方式比较合适。

A. 铁路运输　　B. 公路运输　　C. 水路运输　　D. 航空运输

6. 国际贸易中最重要的运输方式是（　　）。

A. 水路运输　　B. 公路运输　　C. 航空运输　　D. 管道运输

7. 在选择国际运输方式时，对于大宗、低值、不急需的货物，通常会优先考虑（　　）。

A. 航空运输　　B. 水路运输　　C. 公路运输　　D. 铁路运输

8. 各种运输方式中，货运量最大的是（　　）。

A. 公路　　B. 管道　　C. 水运　　D. 铁路

9. 将山西大同的 1 万吨煤炭运往北京，选择（　　）方式比较合适。

A. 航空运输　　B. 汽车运输　　C. 铁路运输　　D. 管道运输

10. （　　）是可以选取短距离进行运输却选择路程较长路线进行运输的一种不合理形式。

A. 对流运输　　B. 迂回运输　　C. 重复运输　　D. 过远运输

11. 下列（　　）属于不合理运输的表现形式。

A. 直达运输，减少中转

B. 充分利用运输工具的装载能力

C. 迂回运输，增加不必要的运输距离

D. 运输方式选择合理，成本效益高

12. 为了实现运输合理化，（　　）措施是不恰当的。

A. 推行“四就直拨”运输（就厂、就站、就库、就车船直拨）

B. 鼓励使用高能耗、低效率的运输工具

C. 发展社会化的运输体系

D. 提高运输工具的实载率

二、多选题

1. 影响运输合理化的因素有（　　）。

A. 运输时间　　B. 运输距离　　C. 运输工具　　D. 运输人员

2. 不合理运输的表现形式有（　　）。

A. 运力选择不当　B. 对流运输　　C. 过远运输　　D. 满载运输

3. 运输合理化的要素包括（　　）。

A. 运输距离　　B. 运输环节　　C. 运输工具　　D. 运输定价

4. 运输的基本原则涵盖了多个方面，（　　）属于运输的基本原则。

A. 及时性原则　　B. 安全性原则　　C. 环保性原则　　D. 经济性原则

5. 不合理运输的表现形式多种多样，（　　）属于不合理运输。

A. 迂回运输，增加不必要的运输距离

B. 重复运输，造成资源浪费

C. 直达运输，减少中转

D. 运输工具选择不当，导致效率低下

6. 为了实现运输合理化，企业可以采取多种措施，（　　）是有效的措施。

A. 推行“四就直拨”运输

B. 提高运输工具的实载率

C. 发展多式联运，优化运输组合

D. 加强运输信息管理，提高运输效率

三、判断题

1. 现代化的交通运输系统由铁路、水路、公路、航空、管道等部分组成。（　　）

2. 运输的基本原则中，及时性原则强调的是货物必须在规定的时间内送达，以保证生产和消费的正常进行。（　　）

3. 水路运输的成本低，主要担负大宗、笨重货物的长途运输。（　　）

4. 目前在我国，铁路运输成本仅高于海运，同水路运输费用相同。（　　）

5. 铁路运输是最重要和最普遍的短途运输方式。（　　）

6. 航空运输是速度最快、运输成本高、运量大的一种运输方式。（　　）

7. 运输按照运输工具的不同，可以分为公路运输、铁路运输、水路运输、航空运输和管道运输五大类。（　　）

8. 运输距离是决定选择何种运输方式的关键因素，长途运输通常倾向于选择水路或铁路运输。（　　）

9. 运输合理化的核心目标是追求运输速度的最大化，以满足市场对快速响应的需求。（　　）

10. 发展多式联运是实现运输合理化的重要措施之一，通过优化不同运输方式之间的衔接，提高整体运输效率。（　　）

四、案例分析题

长吉科技公司是一家生产电子产品的大型企业，其电子产品很受欢迎，产品不仅销往全国各地，还远销海外。公司需要从不同地方、不同渠道采购原材料并通过快捷物流公司开展物流活动。

然而，近期长吉科技公司面临诸多问题，导致运输成本越来越高，且运输速度和质量未得到提升，引发客户的强烈不满。经过一番调查，发现主要问题如下：

（一）部分关键原材料的供应商地理位置偏远，长距离运输导致运输时间变长、运输费用增加，还对供应链的稳定性构成了威胁。

（二）供应商分布比较广泛，货物运输需要经历多次中转和装卸，增加了货物的破损风险，产生了额外的费用。

（三）在运输工具选择上，物流公司对于高价值、体积小但不紧急的零部件采用空运，对大宗原材料常采用公路运输方式，存在不合理之处。

（四）部分紧急订单的运输时间过长，无法按时送达客户手中，进而影响了企业的生产。

（五）物流公司在运输费用的控制上缺乏系统性的措施，导致整体运输成本居高不下，对企业盈利能力造成了压力。

面对这些问题，长吉科技公司向快捷物流提出：要有一套有效的解决方案，以优化运输流程，降低成本，提高效率，最终提升客户满意度。

思考题：

1. 根据上述案例，分析影响该物流公司运输合理化的主要因素有哪些。

2. 针对这些影响因素，快捷物流应采取哪些具体改进措施，以实现运输合理化、降低成本、提高效率？

参考答案

项目七　精准掌控，智慧配送达使命——配送作业

项目简介

本项目主要介绍配送的概念、配送的基本原则、配送的分类与作用、配送中心与物流中心的概念、配送中心的分类、常见配送模式、配送作业流程和配送中心功能区域设计和岗位设置等内容。

学习目标

知识目标	1. 了解配送的概念和作用。 2. 理解配送中心的概念。 3. 熟悉配送的分类和配送中心的基本功能。 4. 掌握常见配送模式和作业流程。
能力目标	1. 能掌握配送作业流程。 2. 能识别配送业务类型，并结合实例分析该类型的功能和作用。 3. 能利用所学知识合理设计配送流程。
素质目标	1. 培养学生的社会责任感和职业道德规范，同时强化其团队合作能力和高效协作作风。 2. 弘扬奋斗奉献精神，塑造学生勤奋踏实、严谨细致、追求卓越的工作态度与风格。 3. 鼓励学生勇于创新，积极实践，构建一个公平公正的成才环境，让每位参与者都能在物流配送领域发挥其最大潜能。 4. 培养学生勇于担当、积极进取的工作态度，树立正确的职业观念，保持对物流工作高度的专业热情和持续投入。

思维导图

- 项目七 精准掌控，智慧配送达使命——配送作业
  - 认知物流配送作业
    - 配送的概念
    - 配送的基本原则
    - 配送的分类
    - 配送的作用
  - 探究配送作业模式
    - 配送中心与物流中心
    - 配送中心的分类
    - 常见配送模式
  - 设计配送作业流程
    - 配送作业流程
    - 配送中心功能区域设计和岗位设置

任务一　认知物流配送作业

课前任务单

当前，电商行业逐步迈入存量竞争阶段，各平台面临消费者对商品品质、价格、服务等方面的高要求，如何满足他们对物流时效的期待，也成为供给层面竞争的关键。为此，相关企业越来越重视配送服务能力，提升物流配送服务质量。例如，天猫超市联合菜鸟推出“半日达”服务；天猫电器家装和菜鸟带来了“一次上门，免费送装”的新体验，改变了传统的“两次上门，送装分离”的服务模式；顺丰建立了覆盖多个城市的无人机物流配送网络等。这些措施不仅充分体现了物流行业不断夯实配送服务能力，也体现了消费者对便利、快捷、高效物流服务的需求。接下来，我们一起学习配送作业的相关知识，了解配送的功能和作用，感受智慧物流在配送领域的应用，探索配送行业的新发展、新前景。

初识知识·提纲挈领

1. 阅读将要学习的知识内容，绘制预习内容框架，思考你还想了解哪些知识或信息。

2. 请列举生活中的配送现象，思考它对你的生活有哪些影响。

熟读精思·循序渐进

1. 查找资料，了解当地开展配送业务的企业有哪些？其具体的业务范围是什么？

2. 查找招聘网站，了解配送相关岗位的招聘信息和岗位要求，进行列表汇总。

明确任务·情境挑战

近年来，随着互联网技术与本地生活服务业的深度融合，平台经济新业态应运而生。大型生活服务电子商务平台迅速崛起并蓬勃发展，消费者网购类型日益多样化，外卖、生鲜、药品等即时配送需求大量涌现。2020 年 2 月，“网约配送员”正式成为新职业，被纳入国家职业分类目录。几百万被人们习惯称为“外卖小哥”的新生代劳动者大军，拥有了明确的职业称谓。新职业的发布是新业态发展推动社会分工细化的生动体现。网约配送员以独立、全新的职业形态出现，为几百万劳动者提供了就业机会。以美团为例，2019 年外卖单日完成订单量已经突破3 000万单。巨大的市场需求促使网约配送员的就业群体规模迅速增长，每天开展业务的配送员数量已经达到百万级，网约配送员成为吸纳就业的典型职业。

网约配送员的职业认同度逐年提升。2019年庆祝中华人民共和国成立70周年的阅兵庆典上，网约配送员作为单独的职业群体，出现在群众游行“美好生活”方阵的队伍中。2020年3月，美团外卖骑手登上美国《时代》周刊封面。未来，随着“互联网+”的深入发展，预计网约配送员就业规模将超过1 000万，收入水平还将进一步提高，职业发展前景更加广阔，网约配送员群体将迎来更加美好的生活。

任务思考：

请问：你了解网约配送员吗？根据你的认知，你认为网约配送员从根本上与传统快递、仓储物流等职业有何不同？一个优秀的网约配送员需要具备哪些职业技能和素养？请将思考结果与小组成员讨论，在班级汇报展示。

文本：网约配送员成为新职业

一、配送的概念

物流配送、运输和仓储被称为物流活动的三大核心功能，其中配送是物流活动中因业务需要由运输环节派生出来的功能。在《物流术语》（GB/T 18354—2021）中，配送被定义为：根据客户要求，对物品进行分类、拣选、集货、包装、组配等作业，并按时送达指定地点的物流活动。一般来说，配送在整个物流过程中包含集货、储存、拣货、配货、配装、流通加工、送达服务等一系列狭义的物流活动，也包括送达、验货等以送货上门为目的的商业活动，是物流中将商流和物流紧密结合起来的一种特殊的、综合的活动形式。其主要工作流程包括：

微课：配送的定义

① 集货：将分散或小批量的货物集中起来，以便于配送和运输。集货是配送的准备工作或基础工作。

② 储存：对物品进行贮藏、保护管理。

③ 拣货：依据客户的订货要求或配送中心的送货计划，尽可能迅速、准确地将货物从其储位或其他区域拣取出来，并按一定的方式进行分类、集中。

④ 配货：检查拣取并分类后的货物，装入容器并做好标志，再运到发货准备区。

⑤ 配装：对配送给不同客户的货物进行组合、装载。与一般送货不同，通过合理配装可以充分利用运力、运能，提升送货效率，降低送货成本。

⑥ 流通加工：根据客户的需要，在流通过程中对产品实施简单加工的作业活动。

⑦ 送达服务：将客户所需货物运送到客户手中或客户指定地点。

⑧ 运输：包括末端运输和支线运输。配送运输是较短距离、较小规模的运输形式，一般使用汽车作为运输工具。由于配送客户多，且城市交通路线又比

较复杂，如何设计最佳路线、如何实现配装和路线的合理搭配，是当前配送环节中难度较大的工作。

二、配送的基本原则

（一）及时性

在配送运作中，确保货物准时交付至客户，是物流企业必须达成的核心绩效指标之一。这要求企业建立高效的客户响应机制，能够迅速解析并满足客户需求。同时，配送流程须实现高度的流程化管理，确保各作业环节紧密衔接、无缝对接。此外，针对配送过程中的各项登记与统计工作，亦须采用先进的信息化管理手段，确保数据的及时录入、准确处理与实时更新，为物流决策提供有力支持，保障配送的精确性与效率。

（二）准确性

配送强调“在恰当的时间、地点，将恰当的商品提供给恰当的消费者”，准确性是配送必须遵循的重要原则之一，具体包括以下内容：

① 从客户处获取的信息如客户姓名、配送地址、配送数量、配送时间等要准确、完整。

② 按照客户要求的名称、规格、数量等配送货物。

③ 为客户提供指定数量的货物，做到数量准确。

④ 将货物送到客户指定的地点，做到地点准确。

⑤ 办理业务手续时，做到账、卡、证、物准确。

⑥ 财务结算时，确保单据、金额准确，核收杂费准确，银行账号和户头等相关财务信息准确。

（三）安全性

① 配送过程中，要做好防潮、防冻、防火、防盗、防撞击等工作，防止货物发生霉烂变质、虫蛀鼠咬、过期失效、丢失、爆炸和碰撞损坏等情况。

② 配送人员要严格按照操作规程和各项安全制度开展配送作业，确保人身安全。

（四）经济性

经济性指标反映了物流服务水平和物流成本之间的关系，是衡量物流成本的重要标准。在配送活动中，经济性主要体现在以下几个方面。

① 要定期清点货物，掌握货物的储存情况，保证仓储货物数量准确，质量完好。

② 要提高仓容利用率，最大限度地储存货物，降低储存保管费用。

③ 要合理地调度车辆并组织装卸搬运，以降低运输成本。

④ 要合理地选择配送线路和配送方式，以提高配送效率。

说一说：请以你身边的配送活动为例，说一说这些活动是否遵循了以上原则？如果没有的话，你认为可以从哪些方面改进？

短视频：
配送员比赛

三、配送的分类

配送的本质是送货。由于配送在时间和数量、经营形式、对象种类和数量、节点差异及服务的专业程度等方面存在不同，可对配送进行如下分类。

（一）按配送时间和数量分类

按配送时间和数量分类，可将配送分为 5 种类型，具体如表 7-1-1 所示。

表 7-1-1　配送按配送时间和数量分类

类型	概念	特点
定时配送	按规定的时间间隔配送，如每隔数小时、数天、数月等配送一次。每次配送的品种和数量不固定，既可以按原计划执行，也可以按客户的要求重新安排	配送时间固定，这既有利于配送部门制订工作计划，也有利于客户安排接货，是一种双赢的方式
定量配送	每次按固定的配送品种和数量进行配送，配送时间不固定	对于配送部门而言，每次配送的品种和数量固定，备货较为简单、成本较小；对于客户而言，每次接货的数量固定，有利于提前规划储位和时间、准备好人力和物力等
定时定量配送	按规定的配送时间、品种和数量进行配送	兼有定时配送和定量配送的优点，但因其特殊性强、计划难度大，故通常只适用于固定的客户，灵活性不足
定时定路线配送	通过分析客户的分布状况，设计合理的运输路线，再根据运输路线安排时间表，并按时间表和规定的运输路线进行配送	配送部门便于安排车辆及驾驶人员；由于接货的地点和时间固定，客户能够有计划地安排接货
即时配送	将所需配送的货物在客户所指定的时间以指定的数量送达指定地点的配送方式。不同客户对货物品种、数量、送货时间等要求可能不同	这种配送方式缺乏计划性，适合零星货物、临时需要的货物和急需货物的配送。为了使配送更具计划性，可提前根据预测结果制订计划，并准备相应的人力和物力

知识拓展

即时配送迎来政策利好，“万物即时可得”时代来临

2024 年 1 月 22 日，国务院常务会议审议通过了《关于促进即时配送行业高质量发展的指导意见》（以下简称《意见》）。

会议指出，近年来即时配送行业迅速兴起，在促进消费、保障民生、扩大就业等方面发挥着越来越重要的作用。要加强鼓励引导，进一步营造良好的营商环境，提升行业发展水平和支撑带动能力。

中国物流与采购联合会的数据显示，2022 年我国即时配送订单超过 400 亿单，同比增长30%左右，市场规模超过2 000亿元。此前，国家市场监督管理总局、国家标准化管理委员会批准发布了国内首个即时配送领域的国家标准《即时配送服务规范》，达达快送等行业头部企业深度参与了该标准的制定。

在新消费浪潮下，即时配送发挥着关键的桥梁作用，一端连接商家和商品，另一端连接广大消费者，而在此基础上衍生出的“即时零售”模式则成为前所未有的便利性消费方式。“最快30分钟送达”的极致体验，满足了客户对服务升级的需求，激发了更大的消费潜能，成为“一刻钟便民生活圈”的重要商业基础设施。

在政策利好的背景下，行业分析认为，即时配送和即时零售行业有望迎来新一轮提速。达达快送、京东小时达等头部平台应当积极发挥作用，推动行业生态共建和高质量发展。

说一说：在日常生活中，即时配送的服务形式有哪些？你认为即时配送未来的发展趋势如何？

短视频：即时配送

（二）按经营形式分类

按经营形式分类，可将配送分为4种类型，具体如表7-1-2所示。

表7-1-2 配送按经营形式分类

类型	概念	特点
销售配送	销售型企业为了提高销售量和市场占有率而进行的促销型配送	以销售为目的，以配送为手段，随机性较强，计划性较差。大部分商店采用这种配送方式
供应配送	企业为了满足自身的生产需要而采用的配送方式，往往由企业或企业集团组建配送据点并集中组织大批量进货，然后向本企业或企业集团内若干子公司配送	能保证供应能力和供应水平，大型企业集团或联合公司通过大批量进货还可以获得价格优惠，从而达到降低供应成本的目的。连锁企业广泛采用这种配送方式
销售-供应一体化配送	销售型企业在对需求基本稳定的客户进行销售的同时，还承担着供应职责，即销售型企业既是销售者，又是客户供应代理人	兼具销售配送和供应配送的特点，有利于形成稳定的供需关系，保持流通渠道畅通
代存代供配送	客户把属于自己的货物委托给物流企业代存、代供或代订，然后由其组织配送	货物所有权不发生变化，所发生的只是货物位置的转移。物流企业仅从代存、代供中获取代理收益，不能获得销售货物的经营性利润

（三）按配送对象的种类和数量分类

根据配送对象的种类和数量不同，可将配送分为单品种大批量配送、多品种小批量配送和配套成套配送。

1. 单品种大批量配送

对于生产企业需求量较大的商品，往往仅一个品种或少数几个品种就可达到整车运输的标准，此时，可由生产企业或专业性较强的配送中心直接进行配送，不需要再和其他商品进行搭配。这种配送形式即单品种大批量配送。其优势在于配送数量大，可使车辆满载并使用大吨位车辆，运输效率高；同时，配送中心的内部设置、组织、控制等工作相对简单，整体物流成本较低。

2. 多品种小批量配送

与单品种大批量配送相反的配送方式是多品种小批量配送。在现代社会，不同消费者的需求状况差异较大，存在需求物品品类众多、单物品单次需求量少、购买频次高的情况，为此，配送中心需要根据客户的要求，将所需的各种物品（某种物品的需求量不大）配备齐全，凑整装车，少量多次地送达客户。这种配送频率较高，作业难度较大，技术要求较高，需要高水平的组织来保证和配合，这种方式正符合现代“消费多样化”“需求多样化”的新观念，是许多发达国家推崇的配送形式。

3. 配套成套配送

配套成套配送是指根据企业的生产需要，尤其是装配型企业的生产需要，把生产每一台（件）所需要的全部零部件配齐，按照生产节奏定时送达生产企业，生产企业可随时根据需要将成套零件送入生产线以装配产品的一种配送方式。该配送在某种程度上起到了与多品种小批量配送相同的效果。

（四）按配送节点差异分类

根据配送节点的不同，可将配送分为配送中心配送、仓库配送、企业门店配送和生产企业配送。配送中心配送是指由专职从事配送业务的配送中心作为组织者，利用其自身的仓储、分拣、运输等资源，按照客户的订单需求，对货物进行集中配送的一种配送模式。仓库配送是以仓库为物流节点组织的配送，它既可以将仓库完全作为配送中心，也可以在保持仓库仓储功能的基础上再增加一部分配送职能。企业门店配送是指配送组织者为门店网点的配送。生产企业配送是指生产企业自行配送，而不需要再将产品发运到配送中心进行配送的一种配送方式。

（五）按配送服务的专业程度分类

按配送服务的专业程度的不同，可将配送分为综合配送和专业配送。综合配送是指配送商品种类较多，不同专业领域的产品在一个配送结点中组织对客户的配送。专业配送是指按产品性状不同适当划分专业领域的配送方式。

四、配送的作用

（一）有助于深化物流合理化与效率提升

配送作为物流活动的重要一环，其专业化、社会化的推进不仅促进了物流资源的优化配置，还通过整合流通结构，推动了物流活动向更高层次的“规模经济”模式转变。从分散、单一的取货模式向集中、完善的送货模式转型，这不仅减少了物流活动的重复与低效，还通过专业组织的集中库存有效替代了社会上的零散库存，强化了产需之间的紧密衔接，打破了原有的流通分割与封锁状态，更好地满足了现代社会化大生产对物流效率与合理化的迫切需求。

（二）有助于运输与物流系统的一体化强化

配送环节在物流体系中扮演着支线运输的重要角色，其灵活性与适应性为物流系统的整体优化提供了可能。通过将支线运输与搬运作业有效融合，不仅简化了物流流程，还通过科学规划提高了运输效率。这种一体化的运输模式，使得物流系统更加高效、协同，为整个供应链的顺畅运行提供了有力支持。

（三）有助于末端物流经济效益的显著提升

通过配送方式的经济批量进货与集中发货策略，末端物流经济效益得到了显著提升。配送中心能够根据市场需求与客户需求，合理调配商品资源，实现商品的快速集散与高效配送。这种集中化的处理方式不仅降低了物流成本，还提高了物流服务的响应速度与灵活性，为客户带来了更加便捷、高效的物流体验。

（四）有助于低库存或零库存管理的实现

高水平的配送服务，特别是准时制配送模式的实施，为企业实现低库存或零库存管理提供了可能。企业可以依靠配送中心的准时配送服务，减少自有库存的积压与浪费，将更多的资金与资源投入核心业务中。同时，集中库存的管理方式不仅降低了企业的库存总量与库存成本，还提高了库存的调节能力与灵活性，为企业应对市场变化提供了有力保障。

（五）有助于物流服务水平与客户满意度的双重提升

配送模式的引入使得客户可以通过单一的配送渠道满足多源采购的需求满足。客户只需与配送中心进行对接，即可完成订单的订购与接收工作，大大减少了接货频次与工作量。同时，配送中心提供的专业化、一站式服务也降低了客户的订货、接货等费用支出，为客户带来了更加便捷、经济的物流体验。这种服务模式的转变不仅提升了物流服务水平，还显著提高了客户的满意度与忠诚度。

（六）有助于供应保障能力的全面增强

相比于企业自行维持库存以保障生产供应的传统模式，配送中心凭借其强大的库存储备能力与高效的配送服务为企业提供了更加稳定可靠的供应保障。配送中心能够根据市场需求与生产企业的实际需求，进行灵活的库存调配与配送服务，确保生产企业的原材料供应与生产需求得到满足。这种集中化的供应保障模式不仅降低了单个企业因库存不足带来的生产中断风险，还提高了整个供应链的稳定性与韧性。

（七）有利于电子商务的基础支撑建设

在电子商务快速发展的背景下，配送体系作为电子商务的重要支撑环节，发挥着越来越重要的作用。通过构建高效、便捷、可靠的配送体系，为电子商务的快速发展提供了有力支撑。这一支撑不仅体现在物流服务的提供上，还体现在对电子商务整体生态的促进和推动上。

任务二　探究配送作业模式

课前任务单

在物流需求日益复杂的当下，如何高效、经济地实现货物配送，已成为企业关注的焦点。大家是否思考过：在众多的配送模式中，企业应如何根据自身情况选择最合适的配送模式？是自建配送体系，还是依托第三方物流？抑或是存在其他更为灵活的配送选择？接下来，我们一起探讨配送中心的分类及配送模式的选择，通过深入了解不同配送模式的特点与适用场景，帮助企业更好地做出决策，优化物流配送体系。

初识知识・提纲挈领

1. 阅读将要学习的知识内容，绘制预习内容框架，思考你还想了解哪些其他的知识或信息。

2. 完成以下训练题目。

（1）（单选题）（　　）是配送中心的核心功能。

A. 运输　　B. 采购　　C. 配送　　D. 流通加工

（2）（多选题）配送中心的功能有（　　）。

A. 集采功能　　B. 分拣功能　　C. 加工功能　　D. 送货功能

（3）（多选题）（　　）属于按经营主体分类的配送中心。

A. 制造商型配送中心　　B. 批发商型配送中心

C. 专业型配送中心　　D. 城市型配送中心

（4）（多选题）当选择配送模式时，如果配送对企业很重要但企业的配送能力较低时，可采取的措施有（　　）。

A. 加大投入，提高配送能力，采用自营配送模式

B. 企业进行一定投入，强化配送能力，采用共同配送模式

C. 企业将配送业务完全委托给第三方

D. 企业只考虑供应商配送模式，将主要精力放在企业生产经营上，去获取最大效益

熟读精思・循序渐进

1. 查找资料，了解当地的物流配送企业有哪些？其具体的业务范围是什么？

2. 预习配送中心的分类知识点，调研以下几个企业的配送中心并分析其所属类型。

配送中心名称	配送中心类型
苏宁电器配送中心	
顺丰速运配送中心	
联华生鲜食品加工配送中心	

明确任务·情境挑战

快递进村，特产出村，这一连接城乡生产和消费的举措，切实关乎亿万农民的切身利益。2024 年中央一号文件《中共中央 国务院关于学习运用“千村示范、万村整治”工程经验有力有效推进乡村全面振兴的意见》提出，健全县、乡、村物流配送体系，促进农村客货邮融合发展，大力发展共同配送。这不仅是打通农村物流“最后一公里”的创新举措，也是进一步实现城乡高效流通的有效路径。

共同配送，关键在“共”，即多个参与方之间展开合作，将不同来源、不同目的地的快递包裹进行集中配送。近年来，为深入推进快递进村，更好地激活农村市场，各地因地制宜探索出了多种共同配送发展模式，破解了不少快递进村、农产品上行的难题。如今，900 多个县级寄递共配中心、27.8 万个村级寄递服务网点，为每天超 1 亿件快递在农村快速流转提供了有力支撑。

共同配送通过资源整合，有效降低了物流成本，加速了流转效率，提升了快递服务质量。过去，各家快递公司扩展服务网络，需要有自己的服务网点、分拣场地、配送队伍。而在农村地区，如果没有特色产业或相对固定的寄递业务，零散的快递量很难支撑网点正常运营，这也是快递企业进村设点积极性不高的重要原因。现在，不同的快递企业在县级共配中心汇集，通过“共仓、共拣、共配、共运”，形成县、乡、村三级物流共配体系；上行的快递从村级服务点统一被运至共配中心后，再由各家快递分别发出。这种模式不仅延伸了快递企业的服务触角、方便了农村群众寄收快递，更大大降低了快递运输成本，让快递进村更顺畅。

共同配送对满足农民生产生活需要、释放农村消费潜力具有重要意义。当前，快递服务已日渐走入千家万户日常生活，老百姓越来越习惯通过便捷的快递渠道采购生活消费品、农业生产资料。然而，快递送达不及时、不送货上门等问题仍是影响农村群众消费意愿的主要原因。共同配送打通了快递从乡镇到村庄的“最后一公里”，送出了优质农特产品（指在农业生产过程中，遵循环保、健康等要求，符合相关标准和认证的农产品），拓宽了农民增收渠道，也丰富了他们的购物车。

任务思考：

任务情境中提到的共同配送，对我国农村电商发展的意义有哪些？农村发展共同配送又会面临哪些问题？从长远看，随着农村电商快速发展，你对如何处理高峰期的配送需求、提高配送效率和准确性能否提出自己独特的想法呢？请将思考结果与小组成员讨论，在班级汇报展示。

配送作为一种特殊的物流活动，为了满足客户多品种、小批量、多批次的订货需求，往往需要在配送中心或其他物流节点进行货物的配备，从而以最合适的方式送交客户。

一、配送中心与物流中心

（一）配送中心的概念

在《物流术语》（GB/T 18354—2021）中，配送中心被定义为：具有完善的配送基础设施和信息网络，可便捷地连接对外交通运输网络，并向末端客户提供短距离、小批量、多批次配送服务的专业化配送场所。

一般来说，能够从事物流配送业务的配送中心应满足以下条件：主要为特定客户提供服务；配送功能健全；配送基础设施和网络完善；辐射范围小；小批量、多批次配送；以配送为主，兼具储存功能。（图 7-2-1、图 7-2-2）

结合配送的概念和配送中心的定义，可以这样理解配送中心：

① 配送中心的配送工作是其主要、独特的工作，是全部由配送中心完成的。

② 配送中心为了按照既定要求实现配送，要进行必要的采购、货物储备。

③ 配送中心是配送活动的组织者。

④ 配送中心不单纯从事物流配送工作。

⑤ 配送中心实际上是集货中心、分货中心、加工中心的综合。

⑥ 配送中心是处在末端物流的“现代流通设施”。

图 7-2-1　生鲜配送中心内部

图 7-2-2　药物配送中心内部

（二）配送中心的功能

1. 集采功能

集采功能是配送中心的首要功能，但并非最核心功能。具体而言，配送中心首先需要根据市场动态供需状况，精心策划并灵活调整其采购策略，进而有序组织所需货物的采购活动。此项工作通常由具备专业素养的采购专员及专业部门协同执行，以确保采购流程的高效与精准。

与此同时，配送中心凭借其得天独厚的地理位置优势及一系列先进的仓储与物流设施，能够将分散在不同区域的货物集中在一起，精准对接并满足多样化客户的实际需求。集中采购作为配送中心运营体系的基石，不仅促进了资源的优化配置，更为其构筑了显著的规模效益优势，是推动配送中心高效运作与持续发展的关键所在。

2. 储存功能

为确保资源供应的稳定与配送流程的顺畅进行，更有效地支持生产活动并满足消费需求，配送中心普遍建设现代化仓库，并配备充足的仓储设备，用以储存适量的货物，为配送任务的顺利执行提供坚实保障。

3. 分拣功能

面对客户对货物种类、规格、数量及送达时间等方面的多样化需求，配送中心面临巨大挑战。为高效满足这些需求，必须采用恰当的方法对货物进行拣选。在货物流通过程中，配送中心的核心功能之一便是分拣货物，以确保货物准确、及时送达客户手中。

4. 配装功能

配装功能是配送中心的必要功能。为优化库存管理及加速资金周转，客户常选择实施小批量、多频次的订货策略。为满足此类需求，配送中心在大量进货后，必须精确地依据客户的定制化要求，对货物进行准确、快速的拆分与组配。

5. 加工功能

为解决生产环节中大批量、小规格和消费环节中的小批量、多样化需求的矛盾，配送中心可借助其专业加工设备，对货物实施定制化加工，如规格调整、尺寸裁剪或形状塑造，以迎合不同客户的特定需求。此举不仅为客户省去了烦琐的预处理工作，还显著提高了配送效率，拓宽了服务领域，全方位强化了配送中心的整体功能与服务水平。

6. 送货功能

配送的实质是送货，配送中心执行终端送货职能，即按照客户对货物品种、数量、规格、送货时间和地点的要求，将货物送至客户手中。运输车辆可以使用自有专业运输车队或租借社会运输车辆。

7. 信息处理功能

配送中心配备先进的信息管理系统，可以实时采集、深度分析及快速传递物流各环节的作业信息，为货主提供详尽的作业明细与咨询服务，为物流过程控制、决策优化与高效运转提供依据。

短视频：对飞鹤乳业配送中心

（三）物流中心的概念

在《物流术语》（GB/T 18354—2021）中，物流中心被定义为：具有完善的物流设施及信息网络，可便捷地连接外部交通运输网络，物流功能健全，集聚辐射范围大，存储、吞吐能力强，为客户提供专业化公共物流服务的场所。

一般来说，能够从事物流服务的物流中心应满足以下条件：主要面向社会服务；物流功能健全；完善的信息网络；辐射范围大；少品种、大批量；存储、吞吐能力强；物流业务统一经营、管理。

说一说：请从服务对象、主要功能、经营特点、配送品种、配送批量和辐射范围等方面，阐述配送中心和物流中心的主要区别。

二、配送中心的分类

配送中心是基于物流合理化和拓展市场的双重需求而发展起来的，是以组织配送式销售和供应，执行实物配送为主要功能的流通型物流节点。由于较好地解决了客户多样化需求和生产商大批量生产的矛盾，因此逐渐成为现代化物流的标志。

由于建造企业的背景不同，其配送中心的功能、构成和运营方式也存在较大的差异。因此，在规划设计配送中心时要充分考虑配送中心的类别和特点。配送中心的分类方式大致如下。

（一）按经营主体分类

按经营主体分类，可将配送中心分为制造商主导型配送中心、批发商主导型配送中心、零售商主导型配送中心、专业型配送中心，具体如表 7-2-1 所示。

表 7-2-1　按经营主体分类

类型	概念	特点
制造商主导型配送中心	制造型企业为满足本厂产品的生产和销售所建立的配送中心	以制造商为主体。一般来说，这类配送中心只能为零售商配送制造商 100% 生产制造的产品，从物品制造到生产出来后贴码和包装等多物流环节都易控制，但难以满足零售商对多家产品的需要，是一种社会化程度较低的配送中心
批发商主导型配送中心	批发商或代理商为实现产品的汇集和再销售而建立的配送中心	以批发商或代理商为主体。一方面可使批发商通过集中采购获得规模效益，从而降低采购价格，节省物流成本；另一方面可实现多品种一次送货，充分满足零售商的需求，是一种社会化程度较高的配送中心
零售商主导型配送中心	由零售商向上整合所成立的配送中心	该类配送中心以零售业为主体。零售商发展到一定规模后，可以将库存货物集中存放于配送中心，由配送中心不断地向各零售店（如超级市场、百货商店、宾馆饭店等）送货，以减轻零售商仓库的压力。这种配送中心的社会化程度介于制造商型配送中心和批发商型配送中心之间
专业型配送中心	由第三方物流企业建立的为供应商提供配送服务的配送中心	以第三方物流企业（含传统的仓储企业和运输企业）为主体。该配送中心具有较强的运输能力和配送能力，拥有较为优越的地理位置，能按照供应商的要求迅速地将货物运送到指定地点，且物流设施的利用率高、成本低、服务范围广。该配送中心的社会化程度较高

（二）按流通职能分类

按流通职能分类，可将配送中心分为供应型配送中心、销售型配送中心，具体如表 7-2-2 所示。

表 7-2-2　按流通职能分类

类型	概念	特点
供应型配送中心	执行供应职能，专门为某个或某些客户提供供应的配送中心，如华润苏果超市为实现各个超市门店集中配送而自建配送中心	配送的客户有限且稳定，属于企业型客户； 服务对象主要是生产企业和大型商业组织； 客户的配送要求比较确定； 库存货物的品种比较固定，进货渠道也比较稳固； 多采用效率较高的分拣式设施设备完成作业
销售型配送中心	执行销售职能，以销售经营为目的，以配送为手段的配送中心	大体有两个类型：一种是生产企业为将自身产品销售给消费者而建，另一种是流通企业为扩大销售而建（我国目前拟建的配送中心多为该类型）； 配送的客户属于消费者型客户，即客户一般不确定，且客户数量多，每个客户购买货物的数量较少； 库存货物的品种多，计划性较差； 采用共同配送方式才能取得较好的经济效益

（三）按归属分类

按归属分类，可将配送中心分为自有型配送中心、公共型配送中心、合作型配送中心，具体如表 7-2-3 所示。

表 7-2-3　按归属分类

类型	概念	特点
自有型配送中心	所有物流设施和设备归一家企业或企业集团所有，并且只为一家企业或企业集团内部各个企业提供配送服务的配送中心	属于企业或企业集团的有机组成部分，只服务于一家企业或企业集团内部各个企业，通常不对外提供配送服务，一般不具备社会化的要求
公共型配送中心	可为所有客户提供配送服务的配送中心	以营利为目的，服务范围广
合作型配送中心	由几家企业合作兴建并共同管理的配送中心	多为区域型配送中心，辐射范围广

（四）按服务范围分类

按服务范围分类，可将配送中心分为区域型、城市型配送中心。

1. 区域型配送中心

区域型配送中心是指为某一区域、全国乃至国际范围内的客户配送货物的配送中心。区域型配送中心的业务范围广、辐射能力较强，因此用户数量较多，配送批量也较大。该类配送中心往往是将货物配送给下一级的城市配送中心，有时也直接配送给商店、批发商和企业用户等。虽然也会从事零星的配送，但这并非其主体形式。

2. 城市型配送中心

城市型配送中心是指在城市范围内，向众多客户提供“门到门”配送服务的配送中心。一般来说，由于城市范围通常处于汽车运输的经济里程内，该配送中心可直接将货物配送到最终用户，且多采用汽车进行配送。因此，该配送中心的辐射能力较弱，但反应能力较强，可实现和零售经营的有机融合，故而在多品种、小批量、多频次配送方面占据优势。

（五）其他分类

此外，配送中心还可按照功能、货物属性等进行分类。如果按照功能分类，可分为储存型配送中心、流通型配送中心和加工型配送中心；如果按照货物属性分类，则可分为商品配送中心、生鲜配送中心、医药品配送中心、书籍配送中心、家用电器配送中心等。

说一说：请根据你的网购记录，仔细查看这些物品的物流记录，讨论以下问题：这些物流节点分别归属于哪些物流环节（仓储、流通加工、运输、配送等）？哪个物流节点是你所在的城市或小区的配送中心？你对该配送中心提供的服务满意吗？

三、常见配送模式

对于不同种类、不同行业形态的配送中心，其服务对象、作业内容、设备类型、运营范围等可能完全不同。因此，在配送模式的选择上，也存在很大的差异。由于篇幅限制，本书仅对自营物流配送模式、第三方物流配送模式和互用配送模式及共同配送模式这三种最常见的配送模式的优缺点及选择情况进行简单讲解。

短视频：“区域共配”物流新模式

（一）常见配送模式优缺点对比

常见配送模式主要有三种，其优缺点对比具体如表 7-2-4 所示。

表 7-2-4　三种常见配送模式优缺点对比

类型	优点	缺点
自营物流配送模式	① 企业对供应链各个环节有较强的控制能力，确保企业长期获利；② 可以合理规划管理流程，节约费用；③ 实现零库存、零距离和零运营成本；④ 反应快速、灵活	① 一次性投资大，成本较高；② 规模较小的企业不适合开展该活动，专业化程度低；③ 生产型企业缺乏物流经验，可能导致企业配送效率低下，管理难以控制

续表

类型	优点	缺点
第三方物流配送模式	① 企业核心功能集中于主业；② 减少企业库存，降低物流成本；③ 提升企业形象	① 因为配送业务外包给第三方，企业不能直接控制物流职能；② 不能保证供货的准确和及时；③ 不能保证顾客服务的质量，不利于维护与顾客的长期关系；④ 企业缺乏成功的配送经验，后期可能将放弃对物流专业技术的开发、设计及配送中心的建设等
互用配送模式和共同配送模式	企业不需要投入较大的资金和人力，可通过互用配送系统、共享运输资源等方式扩大自身的配送规模和范围，提高配送效率，缩短配送周期，降低物流成本	① 需要企业有较高的管理水平及相关企业的组织协调能力，如果管理不善，可能会导致配送延误、货物丢失等问题；② 由于这两种配送模式是基于契约关系建立的，因此合作双方可能会因为利益分配、服务质量等问题而产生纠纷，影响合作的稳定性；在合作配送过程中，一旦某一方出现问题，可能会对整个配送系统造成不良影响，需要合作双方共同承担风险

（二）配送模式常见选择方法

在探讨配送模式的选择时，企业往往需要综合考虑以下几方面因素：配送对企业的重要性、企业的配送能力、市场规模与地理范围、配送服务及配送成本等，以确保所选模式能够最大程度地满足其运营需求并优化成本效益。其中，定性分析方法和定量分析方法作为两种重要的工具，为企业提供了科学、系统的决策支持。配送模式常见选择方法如表 7-2-5 所示。

表 7-2-5　配送模式常见选择方法

选择方法	方法名称	特点	不足之处	适用范围
定性分析	矩阵图决策法	通过两个不同因素的组合，利用矩阵图来进行选择	难以对问题进行深入的分析	缺乏相应数据，需要在短时间内对问题进行一个大致、宏观的分析过程
定量分析	确定型决策法	在确定状态下对指标进行预估	工作量较大	确定状态
	非确定型决策法	按照决策者的主观进行状态发生的估计	决策者主观性太强	不知道发生概率的情况
	风险型决策法	估计状态发生概率	难以准确预估发生状态的概率，风险较大	状态发生概率相对准确的情况

这里仅对定性分析方法（矩阵图决策法）进行具体阐述。

矩阵图决策法是依据预测者的主观判断分析能力，通过两个因素的组合，利用矩阵图来选择配送模式的决策方法。其基本思路是选择决策因素，然后通过其组合形成不同区域或象限再进行决策。这种方法可充分发挥管理人员的经验和判断能力，但预测结果准确性较差。它一般是在企业缺乏完备、准确的历史资料的情况下使用的。这里我们主要围绕配送对企业的重要性和企业配送能力两个因素来进行分析，如图 7-2-3 所示。

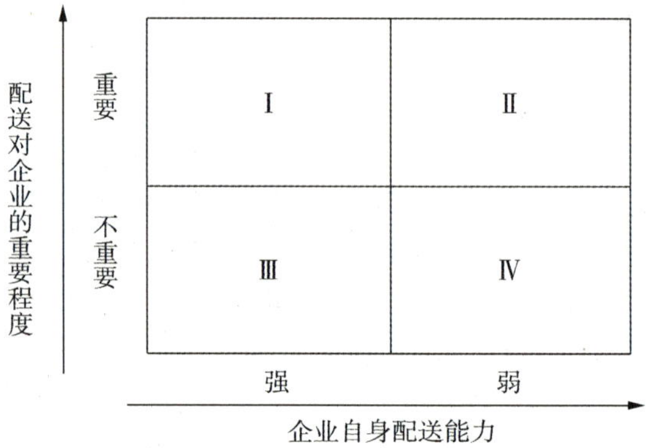

图 7-2-3　矩阵图决策法

在实际经营过程中，企业可以根据自身的配送能力和配送对企业的重要性组成以上区域。一般来说，企业可按照以下思路来进行选择和决策。（表 7-2-6）

表 7-2-6　企业根据自身的配送能力和配送对企业的重要性采取不同的措施

状态	特点	可采取措施
状态Ⅰ	配送对企业很重要，企业也有较强的配送能力	在配送成本较低、配送区域较小但市场相对集中的情况下，可采取自营配送模式
状态Ⅱ	配送对企业很重要，但企业的配送能力较弱，需要弥补配送的不足	① 加大投入，提高配送能力，采用自营配送模式； ② 企业进行一定投入，强化配送能力，采用共同配送模式； ③ 企业将配送业务完全委托给第三方 总结：当市场规模较大且相对集中、投资成本较小时，企业可采取自营配送模式；相反，则可采用第三方配送模式
状态Ⅲ	配送在企业中不占据重要位置，但企业有较强的配送能力	① 向外拓展配送业务，提高资金和设备的利用能力，共同配送和互用配送模式均可； ② 若有很强的优势，可适当调整业务方向，发展为专业型配送企业
状态Ⅳ	企业配送能力弱，且不存在较大的配送需求	可采用第三方配送模式或供应商配送模式，将主要精力放在企业生产经营上，去获取最大效益

任务三　设计配送作业流程

课前任务单

在日益增长的多样化物流需求背景下，大家是否好奇：从接收订单到货物送达，这中间究竟经历了哪些环节？配送中心又是如何高效运作，确保货物准确送达的？特别是针对不同特性的货物，如生鲜食品、大件家电等，配送流程又有哪些特殊之处呢？今天，我们将深入探索配送作业流程的设计，通过剖析基本作业流程与特殊作业流程，揭示配送中心高效运作的秘密。

初识知识·提纲挈领

1. 阅读将要学习的知识内容，绘制预习内容，思考你还想了解哪些其他的知识或信息。

2. 完成以下训练题目。

（1）（单选题）以下物品中，（　　）的配送除了简单的分派运输，还涵盖了送货上门、搬运、安装及售后维修等多个环节。

A. 衣服　　B. 彩色电视　　C. 木材　　D. 笔记本电脑

（2）（多选题）一般配送中心进行功能区域规划时，需要考虑设置（　　）区域。

A. 理货区　　B. 流通加工区　　C. 设备存放区　　D. 废弃物处置区

熟读精思·循序渐进

请结合生活实际，根据物品特性（是否需要流通加工、是否需要上门安装、是否易碎、是否超大超重等）评估其配送难度，并给予1—5星的难度评级。

物品大类	名称	是否需要流通加工	是否需要上门安装	是否易碎	是否超大超重	配送难度打分
标准包裹	书籍、衣服					
电子产品	电脑、手机					
易碎品	玻璃工艺制品					
生鲜食品	海鲜、水果					
医疗器材	轮椅、助听器					
大型家电	冰箱、洗衣机					
定制家具	定制衣柜、桌椅					

明确任务·情境挑战

幅员辽阔却交通不便，一直以来，西藏地区因其独特的地理条件，在物流配送方面天然存在弱势。随着国家、自治区有关政策的支持，以及以京东为代表的新型实体企业在供应链等基础设施上持续加大布局建设力度，西藏供应链网络日益完善升级，为工业品打开了下行的便捷通道，高原上的藏民正越来越享受到与内地城市消费者同样的高品质商品与服务。

不久前，在拉萨做工程类工作的李先生购买了一台洗衣机，让他惊讶的是，京东的配送员不仅送货上门，还当场就安装调试好了。“这台洗衣机比线下要便宜 150 元，还能以旧换新，真没想到现在电商网购能够做得这么好。”李先生说。

除家电产品外，京东的大件家具建材产品在西藏的送装能力也大大加强。西藏阿里地区的张先生，家里的旧床垫因年头较久开始出现塌陷而影响睡眠，近日在京东自营以旧换新下单了一款新床垫后，京东第三天就送货上门了，还贴心地把旧床垫带走了。

类似这样的事情还有很多。经过十余年的持续投入和建设夯实，京东在西藏地区已深入到高原的每一个角落。2011 年，京东在拉萨建立了在西藏的首个配送站，开启了在西藏建设供应链基础设施的序幕。此后，经过不断优化和扩展，截至 2023 年年底，京东物流已在西藏全区搭建起自治区级、地市级仓配中心及县区级终端配送站点，构建起覆盖全区范围、规模最大，智能化程度最高的物流网络。2024 年，在“京东 618”活动期间，京东在西藏地区的配送时效提升至最快当日达，不仅显著便利了藏民们的生活，还促进了西藏成为消费力增长最快的区域之一。

任务思考：

以上案例给你最大的感受是什么？对于案例中提到的大件家电、家具建材类产品的配送，你是否清楚配送流程呢？请结合西藏地区的地理环境畅想一下，如何完善西藏地区的物流配送流程？让高原上的藏民享受到更好的物流配送体验？请将思考结果与小组成员讨论，并在班级汇报展示。

一、配送作业流程

客户需求、货物特性、配送中心类型及所处的物流环境等多重因素的差异，往往会导致配送的作业项目和作业流程不尽相同。接下来，将首先概述基本的配送作业流程，随后深入探讨几种特殊情况下的作业流程，以便更全面地把握配送中心运作的多样性和复杂性。这一过程不仅有助于企业根据自身需求精准定位，也为后续配送模式的选择提供了坚实的实践基础。

（一）基本作业流程

配送中心的一般流程主要围绕完成中、小型物品的配送展开。由于配送的物品种类繁杂，为了保证配送质量，配送中心需要设置储存区域，基本作业流程主要涉及进货、储存、拣货、配货和送货五个方面，一般不涉及流通加工环节。配送中心基本作业流程如图 7-3-1 所示。

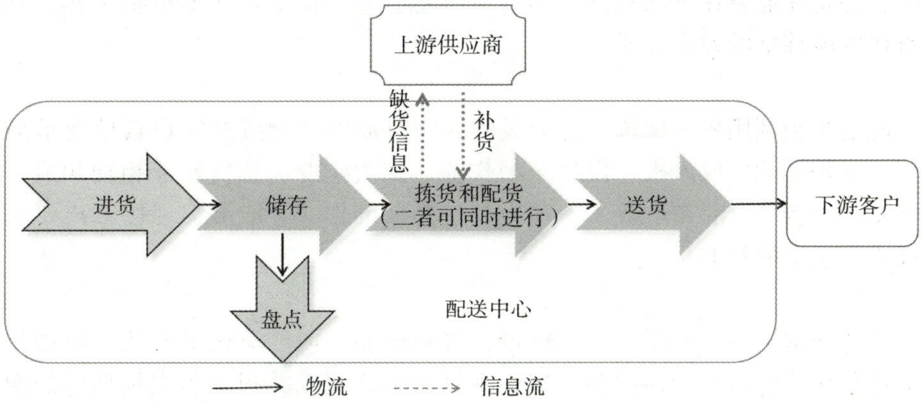

图 7-3-1　配送中心基本作业流程

1. 进货

进货即组织货源，方式有订货（向上游供应商购买货物）和集货（接收供应商送到的货物）两种。配送中心接收货物并在卸货后对货物的数量、质量等进行验收，然后将货物信息录入库存管理系统。该过程是配送的基础工作，也是决定配送质量、效率的关键环节。

2. 储存

对于将来要使用或配送的物品须妥善保管和储存，充分利用库内储位和空间利用率，定期做好货物的库内盘点等工作，减少库存货损和缺货情况的发生。

3. 盘点

因为货物不断进出库，长期的积累下容易出现库存资料与实际数量不符，或者商品变质损坏影响正常使用的情况。为有效降低物流成本，需要根据要求对各储存场所进行合理盘点。

4. 订单处理

订单处理是指从接到顾客订单开始，直到着手准备拣选货品之间的工作，通常包括有关用户和订单的资料确认、存货查询、单据处理等内容。订单处理作业是配送中心开展配送业务的第一步，是配送中心的核心业务，没有订单作业就没有拣货作业及后续其他作业。

5. 拣货

拣货作业是依据客户的订货要求或配送中心的送货计划，尽可能准确且快速地将货物从不同储位或区域拣取出来，并按一定的方法进行分类、集中的过程。拣货作业是配送作业的核心业务之一，不仅工作量大、工序复杂，还要求作业时间短、准确度高。

6. 补货

补货作业是补货员依据补货标签对拣货区内货物进行数量补充、搬运的过程。通常以托盘为单位，将所需货物从保管区域内搬运至拣货区域。在配送作业中，补货作业旨在确保拣货区内有货可拣，它是拣货作业的准备工作，其质量直接影响拣货的效率和质量。

7. 配货

配货是指利用各种拣选、传输设备，将存放的货物按照客户订单要求分拣出来，合理搭配后放入指定发货区的作业。配货作业和拣货作业相辅相成、不可分割，二者结合起来形成了一项完整、高效的作业，能够实现按客户要求进行高水平送货的目的。

8. 送货

送货通常是一种短距离、小批量、多频次的市内汽车运输形式。配送作业中的送货作业包含将货物按照一定规则进行合理装载并根据预先规划好的配送路线来完成商品装车、实际配送，同时在商品配送途中进行商品跟踪、控制，制定好解决配送途中发生意外状况及送货后文件处理的办法等。

这种流程可视为配送中心的典型流程，其主要特点是需要较大的储存、分拣、配货的场所及较大的设备投入。

（二）特殊作业流程

在实际情况中，很多配送的物品可能是需要进行简单处理的生鲜类、需求量较小的大型家具、家电类物品及厂家规模化生产的超长、超宽的建材类物品。由于这些物品加工处理的方式不同，所涉及的配送流程也有所区别。

短视频：生鲜冷链配送中心作业流程

1. 食品类物品的配送流程

自然界中食物丰富多样，这要求配送流程必须高度个性化，需要依据每种食物独特的食用条件精心设计。新鲜果蔬、肉类为保持鲜脆与风味，常采用剔骨切分、去除杂质等加工形式，力求从田间到餐桌的安全美味。而腌制、发酵等需要特殊储存的食物，则要求配送过程中注重环境的稳定与安全，以确保其独特风味与品质的完美呈现。因此，配送服务须深入了解食物特性，灵活调整配送方案，确保每种食物都能在最适宜的条件下送达消费者手中，从而实现自然资源的最大化利用与消费者满意度的双重提升。

食品类物品中点心类、散装饮料类、酱菜熟食类商品多为现做现卖、散装销售，因此在配送环节往往是进货后直接根据订单拣货、配送；酒类、粮食类、糖果类、罐头类食品相较于其他食品，具有较长的保质期，销售时多为整件销售，其配送往往采用经典模式；而最常见的肉类、蔬果类等则需要在储存区内进行去除老叶、贴价格标签等流通加工工作。总体来说，食品类物品的配送作业流程大致如图 7-3-2 所示。

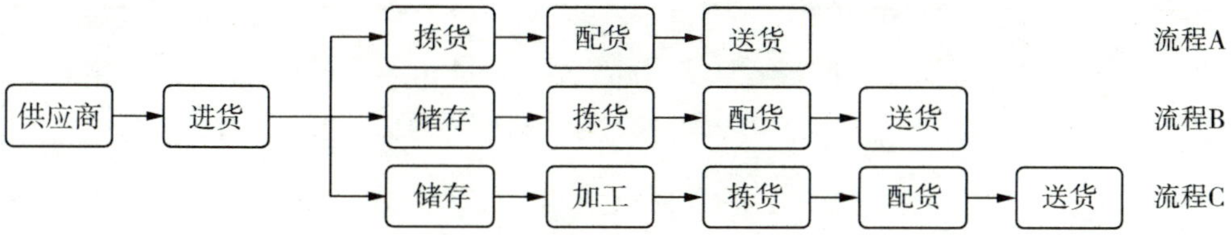

图 7-3-2 食品类物品的配送作业流程

（1）点心类、散装饮料类、酱菜熟食类食品的配送作业流程如图 7-3-2 中的流程 A 所示。

（2）酒类、粮食类、糖果类、罐头类食品的配送作业流程如图 7-3-2 中的流程 B 所示。

（3）肉类、蔬果类等食品的配送作业流程如图 7-3-2 中的流程 C 所示。

2. 大件家电、家具的配送流程

大件家电、家具大多属于体积、重量相对较大的耐用消费品。对于家庭而言，购买此类货物后，长期内不会再对它们有新的需求。因此，这类货物配送的计划性不强，通常采用即时配送方式。另外，大件家电、家具的配送不仅包括简单的分派运输，还涵盖送货上门、搬运、安装及售后维修等多个环节。这一服务链条相较于小件快递更为复杂和烦琐。其配送流程如图 7-3-3 所示。

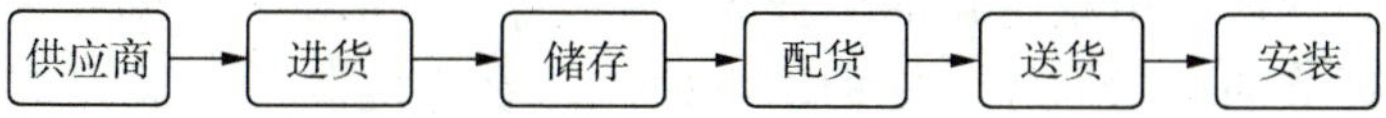

图 7-3-3 大件家电、家具的配送流程

3. 长条及板块形货物的配送流程

相较于多品种、小批量的小件货物，一些钢板、木材、玻璃等长条及板块形的金属材料、玻璃、木材及其制品，这些货物的相同之处在于：超长或超宽，重量或体积较大；包装很少甚至没有；对保管、装运条件要求不高（玻璃除外）；生产厂商往往少品种、大批量生产，需求市场则为多品种、小批量需求。其配送流程如图 7-3-4 所示。

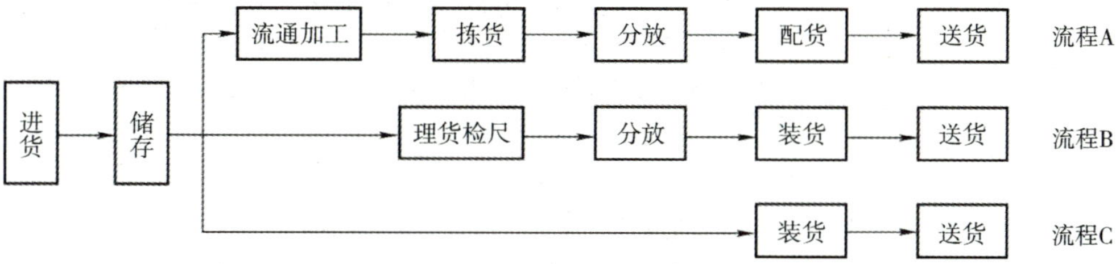

图 7-3-4 长条及板块形货物的配送流程

写一写：周末早晨，王女士想为家人准备一份新鲜健康的早餐，于是通过生鲜电商平台下单了一份含苹果、猕猴桃、葡萄等多种水果在内的精选水果拼盘。她希望能在早餐时间前收到，以便直接端上餐桌。该订单已成功进入电商平台。简单写出这些物品的配送流程。

二、配送中心功能区域设计和岗位设置

配送中心作为现代供应链管理中一种新兴的经营管理形态，其独特之处在于其灵活多变的功能区域设计与岗位设置。由于各建造企业的行业背景、市场定位及所配送物品的特性千差万别，从冷链物流处理生鲜果蔬到重型机械零部件的精准配送，每一个配送中心都定制化解决方案，旨在以最大化效率满足特定需求。因此，从入库检验区到分拣包装区，再到出库装运区，功能区域的规划布局无不体现出对商品特性的深刻理解与高效运营的追求。同时，岗位设置上也呈现多样性，既有负责高科技自动化设备运维的技术人员，也有精通仓储管理与物流优化的专业人士，他们共同协作，确保配送中心作为供应链核心环节的顺畅运作。这种因需而变、量身定制的发展模式，正是配送中心能够持续推动产业升级、优化资源配置的关键所在。一般配送中心功能区域设计和岗位设置如表 7-3-1 和表 7-3-2 所示。

短视频：温州烟草配送中心

表 7-3-1　配送中心功能区域设计

区域设置	区域功能	具体内容
各类功能区	管理	中心内部行政事务管理、信息处理、业务洽谈、订单处理等场所。一般位于配送中心的出入口
	进货	收货、验货、卸货、搬运和货物暂存的场所
	理货	对进货进行简单处理的场所。货物被区分为直接分拣配送、待加工、入库储存和不及格需清退的货物，分别送往不同的功能区
	储存	对暂时不必配送的货物作为安全库存的货物进行保管和养护的场所
	加工	根据客户需求，对货物进行必要的生产性和流通型加工的场所
	分拣配货	进行发货前的分拣、配装、发货的场所
	发货	对物品进行检验、发货、代运的场所
	退货处理	存放进货时残损或质量不合格或过期等需要退回货物的场所
	废弃物处理	对废弃包装物（塑料袋、纸袋、纸箱、气柱袋等）、破碎货物、变质货物、加工残料等废料进行清理或回收利用的场所
	设备存放及维护	存放叉车、托盘等设备及其维护（充电、充气、紧固等）工作的场所

续表

区域设置	区域功能	具体内容
物流设备	仓储设备	轻型货架、重力式货架、托盘货架等
	搬运设备	叉车、搬运车、输送机、堆垛机等
	拣货设备	拣货小推车、拣货传送带、自动分拣机等
管理和信息系统	事务性管理	制定并发布配送中心各项规章制度、操作标准及作业流程等
	信息管理	包括订货系统、出入库管理系统、分拣系统、订单管理系统等
辅助设施	—	包括库外道路、停车场、站台等

表 7-3-2　配送中心岗位设置

部门	主要岗位	岗位职责
采购管理部	接单员、进货员	负责订货、采购、进货等环节的安排及相应事务的处理，同时负责货物的验收工作
仓储管理部	仓管员、盘点员	负责货物保管、拣取、养护等作业的运作与管理
加工管理部	流通加工员	按要求对货物进行包装和加工
配货管理部	包装设计师、包装人员、包装检验员、配送计划编制员、配送信息管理员、理货员	对配送货物的组配和拣选作业进行管理
运输管理部	送货员、运输计划编制员、车辆调度员	按客户的要求制订合理的运输方案，并将货物送交客户
客户服务部	市场业务员、业务受理员	管理订货信息和送货信息，处理客户投诉，受理客户的退货申请等
财务管理部	会计、出纳、业务结算员	校对配送表单、进货表单、出货表单和库存管理表单，控制、监督、协调整个配送中心的货物流动，负责管理各种发票、结算配送费用及编制会计报表等
质量管理部	质检员、质量监督员	对配送过程中的作业质量进行检查和监督，处理作业过程中出现的质量问题
退货与坏货管理部	退货处理员	客户服务部接到退货信息后，退货与坏货管理部负责安排车辆收回退货，再将其集中到退货处理区并进行重新清点和整理
机务维修部	设备维修员、车辆维修员、电工、安全消防员	负责配送中心设施与设备的维护、保养及修理

模拟实训

一、实训内容

物流企业调研分享会。

二、实训步骤和要求

（1）全班同学自由分组，每组4—6人，根据本任务所学知识，各组自行选择所在城市内的一家物流配送中心开展调研。

（2）了解该配送中心的类型，分析其业务内容、运作方式、组织架构、区域设计、岗位要求等。

（3）以小组为单位进行PPT汇报，小组互评，教师点评；全班同学开展交流分享。

实训评价

实训评价表

<table>
<tr><th colspan="2">内容</th><th colspan="3">评价</th></tr>
<tr><th>学习目标</th><th>评价项目</th><th>自我评价</th><th>组间评价</th><th>教师评价</th></tr>
<tr><td rowspan="3">专业知识
（30分）</td><td>了解配送的特点和作用</td><td rowspan="3">得分及备注：</td><td rowspan="3">得分及备注：</td><td rowspan="3">得分及备注：</td></tr>
<tr><td>掌握配送的基本模式</td></tr>
<tr><td>掌握配送作业的流程</td></tr>
<tr><td rowspan="3">专业能力
（45分）</td><td>能描述配送的分类依据和作用</td><td rowspan="3">得分及备注：</td><td rowspan="3">得分及备注：</td><td rowspan="3">得分及备注：</td></tr>
<tr><td>能识别配送业务类型，并结合实例分析该类型的功能</td></tr>
<tr><td>能利用所学知识合理设计配送作业流程</td></tr>
<tr><td rowspan="4">职业意识
（25分）</td><td>踏实刻苦、周密细致的工作作风</td><td rowspan="4">得分及备注：</td><td rowspan="4">得分及备注：</td><td rowspan="4">得分及备注：</td></tr>
<tr><td>奋斗精神、团队合作意识</td></tr>
<tr><td>服务意识</td></tr>
<tr><td>实践创新意识</td></tr>
<tr><td colspan="2">教师建议：</td><td colspan="3" rowspan="2">评价汇总：
A. 优秀　　B. 良好
C. 基本掌握　　D. 没有掌握
（参考标准：得分低于60分的为没有掌握，60~70分的为基本掌握，70~80分的为良好，高于80分的为优秀）</td></tr>
<tr><td colspan="2">个人努力方向：</td></tr>
</table>

同步测试

一、单选题

1. 短距离、小批量送货上门的现代物流行业是（　　）。

A. 配送业　　B. 交通运输业　　C. 仓储业　　D. 流通加工业

2. 配送的基本功能要素包括（　　）。

A. 集货、分拣、配货、配载和送货　　B. 集中、分类和散发

C. 集货、分拣、配货和送货　　D. 集货、分拣、配载和送货

3. 一般送货可以是一种偶然行为的送货，而（　　）是一种有确定组织、确定渠道，有一套设备和管理力量、技术力量。

A. 装卸　　B. 仓储　　C. 配送　　D. 即时配送

4. 配送中心的配送功能属于（　　）。

A. 辅助功能　　B. 核心功能　　C. 基础功能　　D. 一般功能

5. （　　）具有运距短和反应快的特点，能从事多品种、小批量、多用户的配送。

A. 共同配送中心　　B. 销售型配送中心

C. 区域性配送中心　　D. 专业配送中心

6. 工厂将整块牛肉分割成小包装，属于配送业务中的（　　）环节。

A. 运输　　B. 储存　　C. 流通加工　　D. 客户服务

7. 物流活动中，（　　）是最接近消费末端的环节。

A. 运输　　B. 储存　　C. 包装　　D. 配送

8. 以下物品中，（　　）的配送除了简单的分派运输，还涵盖了送货上门、搬运、安装及售后维修等多个环节。

A. 衣服　　B. 空调　　C. 钢材　　D. 罐头

9. （　　）配送中心的经营规模与配送批量较大，其服务对象往往是下一级的城市配送中心、生产企业或零售商等。

A. 储存型　　B. 流通型　　C. 城市型　　D. 区域型

10. 按用户要求，将所需的各种商品（每种商品需要量不大）配备齐全，凑成整车后由配送中心送达用户手中，这种配送方式称为（　　）。

A. 多品种大批量配送　　B. 少品种大批量配送

C. 多品种少批量配送　　D. 定时配送

11. （　　）不是所有配送中心都必备的功能。

A. 分拣功能　　B. 集货功能　　C. 加工功能　　D. 送货功能

12. 为保证资源供应，配送中心必须具备（　　）功能。

A. 采购　　B. 储存　　C. 集货　　D. 送货

二、多选题

1. （　　）拥有物品的所有权。

A. 制造商型配送中心　　B. 批发商型配送中心

C. 零售商型配送中心　　D. 专业物流配送中心

2. 配送中心的基本作业流程有（　　）。

A. 订单处理　　B. 进货　　C. 搬运　　D. 送货

3. 在商品流通领域，配送中心的（　　）地位和（　　）地位是非常重要的。

A. 衔接　　B. 连锁　　C. 终端运输　　D. 交易

4. 关于配送的理解，以下说法正确的是（　　）。

A. 配送的实质是送货

B. 配送是现代送货

C. 配送是“配”和“送”有机结合的形式

D. 配送是市场经济形式

5. 如果按照流通职能分类，属于该分类的配送中心有（　　）。

A. 供应型配送中心　　B. 销售型配送中心

C. 专业型配送中心　　D. 城市型配送中心

6. 配送中心功能区域设计时，需要考虑的区域有（　　）。

A. 分拣配货区　　B. 退货处理区　　C. 设备存放区　　D. 月台

三、判断题

1. 为了满足客户小批量，多批次订货的要求，配送中心大量购进商品后，还必须对其进行分拣，如将大包装改为客户需要的小包装。（　　）

2. 配送中心可以帮助连锁企业实现配送作业的规模经济，降低流通费用。（　　）

3. 城市配送中心的辐射能力较弱，配送的品种多、批量小。（　　）

4. 由几家企业合作兴建并共同管理的配送中心称为公共型配送中心。（　　）

5. 配送中心最重要的功能是分拣配送功能。（　　）

6. 美国沃尔玛的配送中心由其独资建立，专门为本集团所属的连锁店提供商品配送服务，属于自用型配送中心。（　　）

7. 配送的实质是送货。（　　）

8. 定时定量配送是指通过分析客户的分布状况，设计合理的运输路线，再根据运输路线安排时间表，并按时间表和规定的运输路线配送。（　　）

9. 零售商主导型配送中心只能为零售商配送某家生产企业的产品，难以满足零售商对多家产品的需要，是一种社会化程度较低的配送中心。（　　）

10. 大件家电、家具大多属于体积、重量相对较大的耐用消费品，这类货物配送的计划性不强，通常采用即时配送方式。（　　）

四、案例分析题

山东乐物信息科技有限公司（以下简称“山东乐物”），是一家食材供应链一体化解决方案服务商。旗下 B2B 食材交易平台“乐物商城”，是一个融合农产品基地直供、数字展示、电子商务交易、网络结算于一体的综合型电子商务公共交易服务平台。该公司依托大数据平台，搭建食材供应链一体化新模式，打通生产、流通、消费等环节，线上与线下全渠道，商流、物流、资金流、信息流全要素的全面融合互联，实现生鲜食材全程追溯，并在物流标准化、城乡高效配送、冷链物流等多个方面进行了大胆创新与实践，开创了生鲜产品集采共配新篇章。

一、强化供给保障，补齐农村设施短板

针对农产品种植户规模小、分布散、物流网点少等制约物流规模运作效率的现状，山东乐物在“农产品进城、快消品下乡”的双向配送业务中积极探索尝试在农产品种植集聚区建设乡镇共配中心，通过“乡镇共配中心”实现农产品上行的集聚和快消品下乡配送，提高城乡高效配送的效率和质量。

二、坚定标准引领，夯实食材流通标准化基础

一是强化标准，体系先行。山东乐物搭建农产品供应链标准化服务体系，开展重点环节标准的制修订，制定完善涉及生鲜农产品产、供、销各环节，质量安全、分拣包装、检验检测、冷链仓配多方面的标准与制度 106 项，并已在各业务场景进行实际应用；同时利用分类编码标准化理念，开展生鲜产品商品分类编码标准化与产品描述信息标准化工作，覆盖全品类食材，提升商品的信息化管理水平。此外，山东乐物每季度进行 2—3 次标准信息资源、业务规程培训，保证标准体系全员知悉、全过程实施、全方位覆盖。

二是标准运作，硬件支撑。山东乐物以“乡镇共配中心（产地仓）—区域分拨中心（乐物港）—店仓一体（前置仓）”农产品三级流通网络为依托，在物流标准化试点的基础上，进一步推广物流标准化装备设施，全面推广 1 200 mm×1 000 mm标准托盘和 600 mm×400 mm 标准周转筐的循环共用，以托盘标准化为核心对企业内部运作逐步实施标准化，包括以托盘为核心带动上下游物流环节相匹配设施设备的标准化、冷藏冷冻储存作业标准化、运输作业标准化、末端配送服务标准化等，提升行业的标准化水平，农产品全供应链物流标准化模式日臻完善。

三、立足集约实施，推动供需对接信息化服务

山东乐物坚定平台思维，加强食材流通集约化建设，实现“标准化+信息化”的深度融合，极大地畅通了农产品流通渠道。

一是“四流合一”创新数字化订单农业。山东乐物以信息化建设为抓手，通过集成订单管理系统（Order Management System，OMS）、企业资源计划（Enterprise Resource Planning，ERP）、仓储管理系统（Warehouse Management System，WMS）、运输管理系统（Transportation Management System，TMS）等，构建“四流合一”供应链云服务平台，不仅可以借助线上及线下服务站点为目

标市场消费客户提供终端服务，而且可以为整个供应链的其他成员提供按需服务，最终实现融海量农产品种植/养殖基地、海量 B2B 消费客户及其他服务者于一体的跨行业、跨区域的产业集群，实现线上与线下协同、低成本、规模化运作。

二是“产销直挂”促进农产品消费升级。山东乐物打造“三端一链”服务模式，改变过去农产品流通环节过多、经销商层层加价的传统观念，将农产品生产端、乐物中间流通端、最终消费端三端连为一链，提供农产品商品化处理、净菜加工、全程冷链仓配等服务。

四、升级全程温控，优化农产品冷链仓配体系

山东乐物以产业链的视角、供应链的手段，依托智慧冷链物流数据平台和“四环节、十要素、十七个追溯点”质量追溯模式，对食材货源结构、流向分布等大数据进行挖掘分析，通过信息标识、采集、交换和物流跟踪等技术应用，构建全程冷链温控体系，确保农产品在生产、流通、消费等各个环节处于规定的温度区间，保证食材的安全品质，实现农产品全过程质量监管和整个供应链可追溯性。

五、技术加持，助力城乡配送创新场景应用

山东乐物紧抓新时代发展机遇，深入物流业与制造业耦合协调发展研究，立足淄博产业基础雄厚、应用场景丰富的优势，凭借 5G、物联网、云计算、大数据和人工智能等先进技术加持，启用 5 辆载重量 1 吨的无人配送设备，首次推出“零接触式”食材物资配送，深入疫情前线，阻断“人传人”的传染链条。无人配送车助推城乡末端配送无人化，创新了城乡双向流通、线上线下“双驱并进”的高效配送服务模式。

此外，公司积极开展城市绿色货运配送，规划建设“四机八车位”充电站，已配置新能源车辆 50 辆；普及循环使用周转筐数量 3.2 万个，实施物流配送“绿色行动”，加大纸箱回收，推广电子运单，将中转袋“换装”绿色可循环的环保帆布袋。

思考题

1. 思考如何做好冷链物流配送管理。

2. 尝试分析该公司生鲜食材的配送作业流程大致有哪些环节。

3. 请简要总结下该公司为了优化配送效率而采取的具体措施，并尝试分析该公司还可以从哪些环节继续推进绿色物流。

参考答案

项目八　科技引领，智慧物流显身手——信息处理

项目简介

本项目主要介绍常见的物流信息技术的起源、发展和常见的物流信息技术，物流信息系统的定义、特征和常见的物流信息系统。

学习目标

知识目标	1. 了解物流信息和物流信息技术的含义。 2. 了解常见的物流信息技术与物流信息系统及其特点。 3. 理解物流信息技术分类，条码技术及其分类。 4. 理解 RFID 技术在物流中的应用及北斗导航技术特点。 5. 理解物流信息技术对现代物流的影响。 6. 掌握物流信息和物流信息技术的特点。 7. 掌握 WMS、TMS 等物流信息系统的操作流程。
能力目标	1. 能够使用条码软件。 2. 能够熟练使用导航系统。 3. 能够使用 WMS、TMS 系统进行操作。
素质目标	1. 通过对信息技术、信息等安全保密要素的学习，提升学生爱岗敬业、诚实守信、保守机密的意识和知识产权保护意识。 2. 引导学生乐于思索、勇于创新、敢于实践，让学生体会新时代智慧物流的发展。 3. 引导学生树立强国有我，为中华之崛起而努力的精神，培养学生强烈的国家荣誉感和使命感。

思维导图

- 项目八 科技引领，智慧物流显身手——信息处理
  - 认知物流信息技术
    - 物流信息概述
    - 物流信息技术概述
    - 物流信息技术的发展趋势
  - 辨析常见物流信息技术
    - 条码技术
      - 条码技术概述
      - 条码技术在物流行业中的应用
    - 无线射频识别技术
      - RFID技术概述
      - RFID技术的基本原理
      - RFID技术的工作频率
      - RFID技术的分类
      - RFID技术的特点
      - RFID在物流中的应用
    - 导航与定位技术
      - 全球卫星导航系统概述
      - 全球定位系统
      - 北斗卫星导航系统
    - 智能新技术
      - 人工智能技术
      - 大数据技术
      - 物联网技术
  - 探究常见物流信息系统
    - 仓储管理系统
    - 运输管理系统
    - 订单管理系统

任务一 认知物流信息技术

课前任务单

物流的发展离不开信息技术的支撑，正是物流信息技术的飞速发展助力了物流的进步。物流信息技术是现代信息技术在物流各个作业环节中的综合应用，是现代物流区别于传统物流的根本标志。当今社会是信息化、智慧化、智能化的社会，物流的发展也进入智慧化、智能化时代。相信通过本任务的学习，大家会对智慧物流有全新的认识，对加强物流信息技术在物流行业的应用和发展会有不一样的见解。就让我们一起走进物流信息技术，探索物流信息技术的奥秘吧！

初识知识 · 提纲挈领

1. 阅读将要学习的知识内容，绘制预习内容框架，思考你还想了解哪些其他的知识或信息。

2. 完成以下训练题目。

（1）（单选题）下列选项中，不属于物流信息特点的是（　　）。

A. 物流信息量大、分布广　　B. 动态性、时效性强

C. 物流信息来源多　　D. 物流信息趋于社会化

（2）（单选题）无线射频识别技术是一种（　　）的自动识别技术，它通过射频信号自动识别目标对象来获取相关数据。

A. 非接触式　　B. 分离式　　C. 零距离式　　D. 接触式

（3）（单选题）利用导航卫星进行测时和测距，能够计算出地球上任何地方的用户所处方位的一种卫星导航系统是（　　）。

A. GIS　　B. GPS　　C. EDI　　D. RFID

（4）（多选题）信息技术泛指拓展人的信息处理能力的技术，主要包括（　　）。

A. 传感技术　　B. 计算机技术　　C. 微电子技术　　D. 通信技术

熟读精思 · 循序渐进

1. 阅读将要学习的知识内容，思考：什么是信息？它对我们的日常生活有什么作用？

2. 请列举生活中常见的物流信息，简要阐述物流信息对企业发展的作用。

明确任务·情境挑战

每逢正午时分，从深圳星河商圈的办公楼向外眺望，几个黑影在空中穿梭——那是无人机在忙着送外卖。此场景并非孤立存在，同样的画面也在上海百联金山购物中心上空上演。

随着无人机技术的普及与应用，低空飞行领域的应用场景日趋广泛，低空经济正逐渐崭露头角，成为城市经济的重要组成部分。特别是自2024年以来，低空经济领域行业政策利好频发，垂直起降航空器领域喜讯连连。随着低空经济的持续升温，其背后所蕴含的超万亿市场规模逐渐显现，同时展现出巨大的潜力。

作为低空经济的一大载体，2024年，我国无人机产业呈现出高速发展的态势。据统计，我国无人机产业的年复合增长率约13.8%，全国无人机企业已超过1.5万家，无人机拥有者注册用户超过70万个，无人机注册数量已超过100万架，年飞行量约2 000万小时。

低空经济是一个更加广泛和复杂的领域，尽管无人机在低空经济中扮演着至关重要的角色，但不能将低空经济简单地等同于无人机，特别是消费级无人机。当前，无人物流领域正在全面提速。日前，深圳、珠海间首条无人机低空快递物流航线启动试运行，无人物流商业化落地再度引发热议。国内多个省市也出台鼓励政策，宣布加码无人机物流等低空物流产业。

不久前，工信部等四部门联合印发《通用航空装备创新应用实施方案(2024—2030年)》提出，在长三角、粤港澳、川渝、内蒙古、陕西、新疆等重点地区，鼓励开展无人机城际运输及末端配送应用示范，形成量大面广的航空物流配送装备体系。支持研究低空物流解决方案，探索智慧物流新模式，推动大型无人机支线物流连线组网，以及城市、乡村、山区、海岛等新兴场景无人机配送大规模应用落地，推动构建航空物流配送网络。

任务思考：

思考无人物流会给我们的生活带来什么样的变化？无人物流的出现对我们择业就业会有怎样的影响？

一、物流信息概述

（一）物流信息的定义

在《物流术语》（GB/T 18354—2021）中，物流信息被定义为：反映物流各种活动内容的知识、资料、图像、数据的总称。广义的物流信息不仅指与物流活动有关的信息，而且包含与其他流通活动有关的信息，如商品交易信息、市场信息等，具有连接整合整个物流系统和使整个物流系统效率化等功能。

微课：物流信息的概念

狭义的物流信息是指与物流各个基本活动相关的信息，对运输管理、库存管理、订单管理等物流活动具有支持和保证功能。

说一说： 你了解哪些常见的物流信息？

（二）物流信息的特点

1. 数量大、分布广

物流活动范围广泛，信息源点众多且分布范围广，信息量大。如果这个大范围中未能实现统一管理或标准化，则信息便缺乏通用性。

2. 动态性强

物流信息的动态性特别强，信息的价值衰减速度很快，因此对信息工作的及时性要求较高，信息收集、加工、处理应迅速。

3. 种类多

不仅在本系统内部各个环节中有不同种类的物流信息，而且由于物流系统与其他系统，如生产系统、销售系统、消费系统等密切相关，因而还必须同时收集其他系统中的信息，这就使物流信息的分类、研究、筛选等难度增大。

4. 具有不一致性

不同类别的物流信息各具特点，例如，物流系统产生的信息，由于需要向社会提供，因而收集的信息力求全面、完整，而收集的其他系统信息，则要根据物流需求予以选择。

二、物流信息技术概述

（一）物流信息技术的定义

物流信息技术是指应用于物流领域的信息技术，它是建立在计算机、网络通信技术平台上的各种技术，包括硬件技术和软件技术。物流信息技术是现代物流区别于传统物流的根本标志，也是物流技术中发展最为迅速的领域。

物流信息技术包括计算机技术、网络技术、信息分类编码技术、条码技术、无线射频识别技术、电子数据交换技术、全球定位系统（Global Positioning System，GPS）、地理信息系统（Geogruphic Information System，GIS）、物联网技术、大数据技术、云计算技术、人工智能技术及其他相关技术，如磁条技术、声音识别技术、视觉识别技术等。

（二）物流信息技术的特点

物流信息技术的特点主要体现在以下几个方面：

1. 自动化

物流信息技术通过自动化设备和系统，如自动分拣系统、自动化仓库等，实现了物流作业的自动化处理，构建了人工操作，提高了作业效率和准确性。

2. 集成化

物流信息技术能够将各个物流环节的信息进行集成处理，构建一体化的物流信息系统。这种集成化不仅提高了信息处理的效率，还使得物流信息在各个环节之间能够顺畅流通，实现了信息的共享和协同。

3. 网络化

随着计算机网络技术的发展，物流信息技术也实现了网络化。通过互联网和专用网络，物流信息可以在不同的地点、不同的时间进行实时传输和共享，使得物流信息的获取和处理更加便捷和高效。

4. 智能化

物流信息技术融合了人工智能、大数据、云计算等先进技术，使得物流系统具备了更高的智能化水平。通过智能算法和数据分析，物流系统能够自动进行决策和优化，提高物流作业的效率和准确性，降低运营成本。

5. 实时性

物流信息技术能够实现物流信息的实时采集、传输和处理，使得物流企业能够及时了解物流作业的状态和进展，从而进行及时的调度和管理。这种实时性保证了物流作业的顺畅进行，提高了客户满意度。

6. 可视化

物流信息技术通过 GIS、GPS 等技术，将物流信息以图形化的形式呈现，使物流企业能够直观了解物流作业的分布和状态。这种可视化不仅提高了物流管理的效率，还增强了决策的准确性和科学性。

7. 标准化

物流信息技术的发展离不开标准化工作。通过制定统一的标准和规范，可以确保物流信息在不同系统、不同企业之间的兼容性和互操作性，促进物流行业的规范化和标准化发展。

8. 安全性

物流信息技术在保障信息安全方面也具有重要作用。通过加密技术、身份认证等手段，可以确保物流信息在传输和存储过程中的安全性和可靠性，防止信息泄露和篡改。

综上所述，物流信息技术的特点主要体现在自动化、集成化、网络化、智能化、实时性、可视化、标准化和安全性等方面。这些特点使得物流信息技术在现代物流体系中发挥着越来越重要的作用，推动了物流行业的快速发展。

（三）常见的物流信息技术

1. 条码技术

条码技术是在计算机的应用实践中产生和发展起来的一种自动识别技术，为物流货物标识和描述提供了有效方法。

条码技术是实现销售时点（Point of Sales，POS 系统）、EDI、电子商务、供应链管理的技术基础，是物流管理现代化、提高企业管理水平和竞争能力的重要技术手段。条码技术广泛应用于物品信息标注中，具有识读率高、扫描器容易识别、成本较低、操作简便等特点。

2. 电子数据交换技术

EDI 是指通过电子方式，采用标准化的格式，利用计算机网络进行结构化数据的传输和交换。构成 EDI 系统的三个要素是 EDI 软硬件、通信网络及数据标准化。

3. 射频识别技术

射频识别技术是一种非接触式的自动识别技术，它通过射频信号自动识别目标对象来获取相关数据。识别工作无须人工干预，可工作于各种恶劣环境。短距离射频产品不怕油渍、灰尘污染等恶劣的环境，可以替代条码，如用在工厂的流水线上跟踪物体。长距离射频产品多用于交通领域，识别距离可达数十米，如自动收费或识别车辆身份等。

4. 导航和定位技术

全球卫星导航系统也叫全球导航卫星系统（Global Navigation Satellite System，GNSS），是能在地球表面或近地空间的任何地点为用户提供全天候的三维坐标、速度及时间信息的空基无线电导航定位系统。

常见的全球卫星导航系统有中国的北斗卫星导航系统（BeiDou Satellite Navigation System，BDS）、美国的全球定位系统、俄罗斯的“格洛纳斯”系统（Global Orbiting Navigation Satellite System，GLONASS）和欧盟的伽利略卫星导航系统（Galileo Satellite navigation System，Galileo）。

5. 大数据技术

大数据是指无法在一定时间内用常规软件工具对其内容进行抓取、管理和处理的数据集合。大数据技术是指从各种类型的大数据中快速获取有价值信息的技术。适用于大数据的技术，包括大规模并行处理（Massively Parallel Processing，MPP）数据库、数据挖掘电网、分布式文件系统、分布式数据库、云计算平台、互联网和可扩展的存储系统。

6. 物联网与云计算技术

物联网是通过信息传感设备，按照约定的协议，把物品与互联网连接起来，进行信息交换和通信，以实现智能化识别、定位、跟踪、监控和管理的一种网络。通俗地讲，物联网就是“物物相连的互联网”，它包含两层含义：第一，物联网是互联网的延伸和扩展，其核心和基础仍然是互联网；第二，物联网的用户端不仅包括人，还包括物品，物联网实现了人与物品及物品之间信息的交换和通信。

云计算是一种计算模式，它可以把信息技术资源、数据和应用以服务的方式提供给网络用户。

7. 人工智能技术

人工智能（Artificial Intelligence，AI）亦称智械、机器智能，是指由人设计的，用于模拟、延伸和扩展人的智能的一门技术科学。

说一说： 你还知道哪些物流信息技术？这些物流信息技术对我们生活和工作的影响有哪些？

（四）物流信息技术对现代物流的影响

现代物流的核心是信息技术的应用，信息技术也是现代物流技术的核心。信息技术将原本割裂的各个技术环节整合在一起，以凸显现代物流的特征，具体而言，物流信息技术对现代物流的影响包括以下几个方面。

（1）通过物流信息的共享，可以消除原有物流过程中的时滞和不增值的环节。互联网技术为物流管理提供了良好的运作平台。在网络环境下，供应链中的各个节点企业能更好地实现信息共享，提高生产力，降低物流企业的运行成本，为产品赋予更大的附加值。

（2）借助现代信息技术，物流企业可以整合原本无法整合的物流环节，出现了专门从事整合性业务的业态——“第三方物流”，进而出现“第四方物流”，即从事物流业务的企业甚至不需要直接具备承担物资物理移动的能力，而是借助自身所拥有的信息技术来处理物流的需求供给信息，即可开展物流服务。

（3）信息技术促进了物流与商流的分离。以往物流与商流结合在一起，交易一次，商品易手一次。随着市场经济的发展，商流和物流开始分离，并按各自的规律和渠道独立运行，信息技术正推动着这种分离的实现。

（4）信息技术促使物流传输方式产生新变化。互联网是现代物流活动中最大的载体，人们可以通过互联网获取各种有关的物流商品信息。用户只需通过网络订货，剩余的工作就可以由物流企业的配送中心来完成。同时，有些商品可以通过更为简单的方式获得，如音乐、电影、游戏、图片、电子图书、计算机软件、教学课程和以标准的电子信息形式存放的商品等都可以从网上直接下载。

三、物流信息技术的发展趋势

（一）智能化

物联网技术的发展将实现物流信息的全面智能化。通过物联网技术，物流企业可以实时监测货物的位置、温度、湿度等信息，提高物流运输的可见性和可追溯性，减少物流过程中的损失和错误。人工智能的应用将助力物流企业实现自动化和智能化的运作。例如，无人驾驶技术可以实现自动驾驶货车，减少人为操作的错误和风险；机器学习算法可以优化路径规划和货物配送，提高运输效率。

（二）数字化

大数据和云计算技术的应用将使物流行业实现信息化、智能化和高效化。通过大数据分析，物流企业可以更好地了解市场需求、预测货物运输需求、优化运输路线和仓储布局等，从而提高运输效率，降低成本，并提供更优质的客户服务。区块链技术可以确保物流信息的安全性和可信度，实现货物信息的不可篡改和可追溯，减少信息泄露和造假，提高整个物流过程的透明度和可信度。

（三）自动化

自动化设备和系统的应用将进一步减少人工操作，提高物流作业的效率和准确性。例如，自动分拣系统、自动化仓库等设备的普及将显著提升物流作业的速度和准确性。

（四）集成化

物流信息技术的发展趋势之一是集成化。通过将各个物流环节的信息进行集成处理，构建一体化的物流信息系统，实现信息的共享和协同，提高物流作业的整体效率。

（五）绿色与可持续发展

随着环保意识的提高，绿色物流将成为物流信息技术发展的重要方向。通过应用先进的物流信息技术，可以实现物流作业的节能减排和资源循环利用，推动物流行业的可持续发展。

知识链接

ChatGPT

ChatGPT是一种预训练的语言模型，用于对话生成。它的名字源于它的两个主要组成部分：Chat（聊天）和GPT（生成式预训练变换器，Generative Pre-trained Transformer）。

通常来说，语言模型是用于预测一句话中下一个单词的概率分布的模型。而ChatGPT则是一种在训练过程中特别关注对话语境的语言模型，它能够更好地理解人类的对话并生成相关的回复。

ChatGPT可用于实现各种不同的应用场景，如聊天机器人、客服自动回复等。它的出现为计算机与人类之间的交流提供了一种新的方式，可以为人工智能的发展做出贡献。

说一说：你认为人工智能会对物流发展提供什么样的帮助？

任务二　辨析常见物流信息技术

子任务1　条码技术

课前任务单

在现代化配送中心的管理中，条码已被广泛应用。除了商品的条码外，还有货位条码、装卸台条码、运输车条码等，它们几乎出现在整个配送中心作业流程中的所有环节。通过统计分店要货情况，可按不同的时间段，合理分配商品库存数量、货品摆放空间，减少库存占用，更好地管理商品。条码和计算机的应用，大大提高了信息的传递速度和数据的准确性，有助于做到实时物流跟踪，实现仓库的进货、发货、运输中的装卸自动化管理。然而，我国的条码技术在发展过程中还存在一些问题，相信通过本任务的学习，你会对条码技术有更深入的认识。请大家思考：如何解决条码技术应用中的问题呢？

初识知识 · 提纲挈领

1. 阅读将要学习的知识内容，绘制预习内容框架，思考你还想了解哪些其他的知识或信息。

2. 完成以下训练题目。

（1）（单选题）条码的研究始于（　　）。

A. 美国　　B. 日本　　C. 法国　　D. 德国

（2）（单选题）目前较常用的（　　）码制有 EAN 条码、UPC 条码、25 条码、库德巴码、39 条码、128 条码等。

A. 一维条码　　B. 二维条码　　C. QR 码　　D. 储运单元码

（3）（单选题）下列选项中是条码的优越性的是（　　）。

A. 价格昂贵　　B. 可靠准确

C. 自由度小　　D. 不易于制作，难于印刷

（4）（多选题）根据二维条码不同的编码方式，可将二维条码分为（　　）三类。

A. 线性堆叠式二维条码　　B. 矩阵式二维条码

C. 条码　　D. 邮政码

熟读精思 · 循序渐进

1. 阅读将要学习的知识内容，查找网上的资料，了解目前物流企业有哪些常用的物流信息技术。

2. 结合要学习的知识内容，将以下物流信息技术翻译成英语。

序号	常见物流信息技术	英语翻译	英语简写
1	无线射频识别技术		
2	电子数据交换技术		
3	仓储管理系统		
4	运输管理系统		
5	人工智能技术		

明确任务 · 情境挑战

申通快递作为国内知名的民营快递企业之一，在全国范围内建立了广泛的

物流网络，为电子商务和日常生活提供了高效、便捷的快递服务。随着业务量的快速增长，申通快递面临着如何提升物流效率、降低错误率、实现货物实时追踪等挑战。为此，申通快递将条形码技术和自身业务流程深度结合，实现了货物的全程可追踪、可监控、可溯源，为消费者全面掌握物流信息提供了便利。

1. 货物标识与追踪

申通快递为每件货物贴上唯一的条形码，这些条形码包含了货物的关键信息，如运单号、发货地、目的地等。通过扫描条形码，申通快递的物流系统可以实时记录货物的流转信息，包括揽收、转运、派送等各个环节的详细情况。消费者和商家可以通过申通快递的官方网站或手机 APP，输入运单号或扫描条形码，实时查询货物的运输状态和预计到达时间。

2. 库存管理

申通快递的仓库管理人员使用条码扫描设备对库存进行盘点，通过扫描条形码快速获取货物的数量、种类、位置等信息，大大提高了盘点的效率和准确性。系统根据库存情况和销售预测，自动生成库存预警报告，提醒仓库管理人员及时补货或调整库存结构。

3. 分拣与配送

申通快递在分拣中心部署了自动分拣系统，通过扫描条形码自动将货物分配到正确的运输线路和派送区域。到达配送站点后，系统根据实时路况、天气等信息，结合条形码数据，优化配送路线和派送时间，提高了配送效率和客户满意度。

条码技术的应用极大地提高了申通快递的物流效率，减少了人工录入和查找货物的时间。通过机器自动识别条形码信息，降低了人为错误的发生概率，提高了数据的准确性。实时的货物追踪系统增强了物流过程的透明度，使消费者和商家能够随时了解货物的运输情况。条码技术与物流系统的集成，为申通快递提供了全面的数据支持，有助于优化库存管理、分拣配送等各个环节的管理决策。

任务思考：

条码技术极大地提高了物流效率，降低了物流成本，便利了我们的生活，请选择一个条形码并介绍其构成和原理，在班级汇报展示。

一、条形码技术概述

（一）条形码的产生和发展

20 世纪 40 年代，美国工程师乔·伍德兰德和伯尼·西尔沃开始研究用代码表示食品项目及相应的自动识别设备，并于 1949 年获得美国专利。1970 年美国超级市场 Ad Hoc 委员会制定出通用产品代码（Universal Product Code，UPC）。

1973 年，美国统一编码协会（Uniform Code Council，UCC）建立了 UPC 条码系统，实现了该码制标准化。同年，食品杂货业把 UPC 码作为该行业的通用标准码制，对条形码技术在商业流通销售领域里的广泛应用，起到了积极的推动作用。1976 年，在美国和加拿大超级市场上，UPC 码的成功应用给人们以极大的鼓舞，尤其是欧洲人对此产生了浓厚的兴趣。

1977 年，欧洲共同体在 UPC-A 码基础上制定出欧洲物品编码 EAN-13 和 EAN-8 码，签署“欧洲物品编码”协议备忘录，并正式成立欧洲物品编码协会（European Article Number，EAN）。

20 世纪 80 年代初，人们围绕提高条形码符号的信息密度展开多项研究。128 码和 93 码就是其中的研究成果。

随着条形码技术的发展，条形码码制种类不断增加，因而标准化问题十分突出。到 1990 年年底为止，共有 40 多种条形码码制，相应的自动识别设备和印刷技术也得到了长足的发展。

1988 年，我国国家技术监督局（现为国家市场监督管理总局）成立了“中国物品编码中心”，负责研究、推广条码技术，同时组织、开发、协调、管理我国的条码工作。20 世纪 90 年代，国际流通领域将条码誉为商品进入国际市场的“身份证”。

（二）条形码的定义

条形码（以下可简称为条码）是由一组规则排列的条、空及字符组成的，用以表示一定的信息，并能够用特定的设备识读，转化成与计算机兼容的二进制和十进制数字信息。“条”指对光线反射率较低的部分，“空”指对光线反射率较高的部分。常见的条码分类：EAN 码（图 8-2-1）、UPC 码、39 码、库德巴（Codabar）码、Code 128 码、二维条码（图 8-2-2）。

6 901894 116348

图 8-2-1　EAN 码

图 8-2-2　二维条码

条码技术的主要特点是快速、准确、成本低、可靠性高、误码率低，并且适应性强，应用领域广，推广普及方便。条码技术有机地联系了各行各业的信息系统，使信息流可以同步于实物流，有效地提高了供应链管理的效率，是实现电子商务、物流管理现代化等的必要前提。

说一说： 想象一下没有条码的百货超市是什么样的。

（三）条码的种类

条码的种类繁多，根据不同的分类标准可以分为多种类型。以下是一些常见的分类方式。

① 按条码形成的空间不同分类，可分为一维条码、二维条码和复合码。一

维条码如 EAN-13、UPC-A 等，主要应用于商品零售领域；二维条码如 QR 码、PDF417 码等，能携带更多的信息，适用于物流追踪、防伪等领域；复合码主要用于物流及仓储管理。

② 按条码的码制不同分类，可分为 UPC 码、EAN 码、三九码、库德巴码等。每种码制都有其特定的编码规则和适用范围。

③ 按字符符号个数固定与否分类，可分为定长条码和非定长条码。定长条码如 ITF-14，其字符个数固定；非定长条码如 UCC/EAN-128，则可根据需要表示不同长度的信息。

知识链接

条形码的解析

以条形码 6936983800013（EAN-13）为例，此条形码分为 4 个部分，从左到右分别为：

1—3 位：共 3 位，对应该条码的 693，是中国的国家代码之一。(690—695 都是中国的代码，由国际上分配)

4—8 位：共 5 位，对应该条码的 69838，代表生产厂商代码，由厂商申请，国家分配。

9—12 位：共 4 位，对应该条码的 0001，代表厂内商品代码，由厂商自行确定。

第 13 位：共 1 位，对应该条码的 3，是校验码，依据一定的算法，由前面 12 位数字计算而得到。

第 13 位算法公式：

1：取出该数的奇数位的和，c1=6+3+9+3+0+0=21；

2：取出该数的偶数位的和，c2=9+6+8+8+0+1=32；

3：将奇数位的和与偶数位的和的 3 倍相加等于 117；

4：取出结果的个位数：117 的个位数为 7；

5：用 10 减去这个个位数：10-7=3；

6：得到的数再取个位数就是 3。

（四）条形码技术的优势

条形码技术能在现代物流体系中广泛应用，主要得益于以下几个方面的优势：

① 高效性。条形码技术实现了信息的快速、准确录入和处理，大大提高了物流系统的效率。

② 准确性。通过机器自动识别条形码信息，减少了人为错误的发生，提高了数据的准确性。

③ 灵活性。条形码技术可根据不同的需求进行定制和扩展，满足不同行

业、不同场景的应用需求。

④ 经济性。相对于其他自动识别技术，条形码技术成本较低，更易于推广和应用。

条形码技术作为现代物流体系的重要组成部分，发挥着不可替代的作用。它不仅提高了物流系统的效率和准确性，还促进了物流行业的信息化和智能化发展。随着技术的不断进步和应用场景的不断拓展，物流条形码技术将在未来发挥更加重要的作用。

二、条形码技术在物流行业中的应用

条形码技术在现代物流中的应用非常广泛，涵盖从制造厂家到运输、仓储、配送、销售的整个物流过程。具体来说，其应用主要体现在以下几个方面。

① 货物标识与追踪。通过给每个货物贴上唯一的条形码，可以实现对货物的全程追踪。从生产源头到最终消费者手中，每一个环节的扫描记录都可以实时反馈到系统中，大大提高了货物的透明度和可追溯性。

② 库存管理。利用条形码技术，可以实现对库存的精确管理。通过扫描条形码，可以实时更新库存信息，减少库存积压和缺货现象的发生，提高库存周转率。

③ 分拣与配送。在物流中心或大型仓库中，通过安装固定光电及激光快速扫描器，可实现对货物的自动分拣和配送。这不仅提高了分拣效率，还减少了人为错误的发生。

④ 销售与结算。在零售环节，通过扫描商品条形码，可以自动获取商品的价格、库存等信息，实现快速结账和库存管理。

子任务2　无线射频识别技术

课前任务单

在无线射频技术出现之前，学生需要使用多种证件或卡片来完成不同的功能，如就餐、借阅图书、门禁等。这往往导致学生需要携带多张卡片，不仅不便携，还容易丢失或混淆。同时，校园管理者也需要维护多个系统来管理这些卡片，增加了管理成本和复杂性。然而，随着 RFID 技术的引入，校园一卡通系统应运而生。该系统将学生的身份信息、就餐账户、图书借阅权限等集成在一张卡片上，通过 RFID 技术实现快速识别和验证。这不仅大大提高了学生的便利性，还降低了校园管理者的管理成本。在很多领域，无线射频技术都有不同程度的应用。接下来，我们就来了解无线射频技术，探寻其工作原理和奥秘。

初识知识·提纲挈领

1. 阅读将要学习的知识内容，绘制预习内容框架，思考你还想了解哪些其

他的知识或信息。

2. 完成以下训练题目。

（1）（单选题）（　　）是标签与阅读器之间传输数据的发射、接收装置。

A. 天线　　B. 信号接收机　　C. 信号发射机　　D. 编程器

（2）（单选题）当前广泛使用的无源 RFID 系统还没有非常可靠的安全机制，无法对数据进行很好的保密，RFID 数据容易受到攻击等表明了 RFID 的发展存在的问题是（　　）。

A. 标准问题　　B. 成本问题　　C. 技术问题　　D. 安全问题

（3）（多选题）RFID 的用途主要有（　　）。

A. 高速公路自动收费　　B. 生产自动化

C. 仓储管理　　D. 门禁保安 RFID 卡收费

（4）（多选题）在 RFID 系统中，信号发射机为了不同的应用目的，会以不同的形式存在，典型的形式是标签。标签一般是带有（　　）的低电集成电路。

A. 线圈　　B. 天线　　C. 存储器　　D. 控制系统

熟读精思・循序渐进

阅读将要学习的知识内容，查找网上的资料，写一下 RFID 在物流中的用途。

明确任务・情境挑战

海关是境内与境外日益连接的桥梁和纽带，肩负着国家安全和防走私稽查的重任。海关闸口车辆日通行量大，容易造成闸口瞬间堵塞，为关口的管理带来了麻烦。远望谷公司推出的海关车辆自动核放系统，利用射频识别技术对通行车辆进行自动识别，能有效提高闸口通行效率，并对各种过关车辆进行追踪管理。系统包括汽车电子标识读写系统、图像工作站、监控计算机、车道控制设备。当车辆或集装箱车进入通道，被入口感应圈检测到时，将激活读写器，读写器在 7—10 米的距离和 0.5 秒内读取汽车挡风玻璃上的电子标签，对车辆的合法身份进行有效性检验。车外读写设备一般与车辆信息管理系统联网工作，可通过车辆信息管理系统实时地交换信息。必要时可发出指令，禁止该车通行。车外读写设备也可以不联网脱机工作，读取车辆电子标签信息，并利用存在机内的黑名单进行对比，采取必要的措施。当离开监测区，出口感应圈检测到车辆时，清除电子车辆显示器（选件）上的内容，关闭自动栏杆（选件），将出入车辆数据提交到信息管理系统。

任务思考：

RFID 技术在生活中的应用非常多，请结合预习知识，就 RFID 技术的应用案例进行总结，并在班级进行汇报展示。

一、RFID 技术概述

（一）RFID 技术的定义

RFID 技术又称无线射频识别技术，是一种通过无线电信号识别特定目标并读写相关数据的通信技术。该技术无须识别系统与特定目标之间建立机械或光学接触，被认为是 21 世纪最有发展前途的信息技术之一，同时也是物联网等现代信息技术的重要支撑。

短视频：RFID 技术

（二）RFID 系统的组成

RFID 系统主要由以下三个部分组成。

1. 阅读器（Reader）

阅读器是 RFID 系统的核心设备，负责发送射频信号并接收来自电子标签的响应信号。阅读器通常由耦合模块、收发模块、控制模块和接口单元组成，能够实现对电子标签的读写操作及数据的传输与处理，常见的 RFID 阅读器如图 8-2-3 所示。

图 8-2-3　常见的 RFID 阅读器

2. 电子标签（Tag）

电子标签是 RFID 系统的数据存储载体，由收发天线、AC/DC 电路、解调电路、逻辑控制电路、存储器和调制电路等组成。电子标签内部含有芯片，用于存储待识别物品的标识信息，并通过射频天线与阅读器进行通信。

3. 应用系统

应用系统是 RFID 系统的数据处理中心，负责接收来自阅读器的数据，并进行逻辑运算、数据处理和指令控制等操作。应用系统可以与其他信息管理系统进行集成，实现数据的共享与交换。

二、RFID 技术的基本原理

RFID 技术的基本原理是通过无线电波进行非接触式的数据通信，达到识别目标的目的。具体来说，RFID 系统（图 8-2-4）由阅读器、电子标签和应用系统组成。阅读器通过发射天线发射特定频率的射频信号，当电子标签进入阅读器的有效工作区域时，标签的收发天线接收到射频信号并产生感应电流，从而获得能量并被激活。激活后的标签将自身编码信息通过内置的射频天线发送出去，阅读器的接收天线接收到从标签发送来的调制信号，经解调、解码后送至后台主机系统进行数据处理。最终，应用系统根据逻辑运算识别标签的身份，并做出相应的处理和控制。

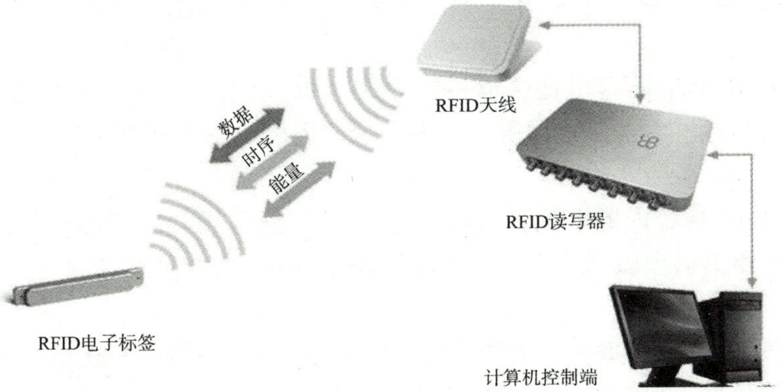

图 8-2-4　RFID 系统

三、RFID 技术的工作频率

工作频率是 RFID 系统的关键参数，决定其工作原理、通信距离、设备成本、天线形状和应用领域等。典型的工作频率有 125 kHz、133 kHz、13. 56 MHz、27. 12 MHz、433 MHz、860～960 MHz、2. 45 GHz、5. 8 GHz 等。表 8-2-1 展示了 RFID 不同工作频率的特点和应用范围。

表 8-2-1　RFID 不同工作频率的特点

参数	低频	高频	超高频		微波
频段	125～134 kHz	13. 56 MHz	433 MHz	860～960 MHz	2. 45 GHz、5. 8 GHz
波长	长波	短波	分米波		分米波 & 厘米波
工作原理	电感耦合	电感耦合	电磁反向散射耦合		电磁反向散射耦合
运行方式	无源型	无源型	有源型	无源型	有源型
识别距离	<60 cm	0. 1～1 m	0～200 m	1～8 m	10～100 m
技术特点	穿透及绕射能力强，但无法同时进行多标签读取	性价比适中，适用于绝大多数环境，但抗冲突能力差	速度快、作用距离远，但穿透能力弱		速度快、作用距离远，但抗干扰力差
识别速度	1～17 kbps	106～848 kbps	40～640 kbps		250 kbps～1 Mbps
典型应用	存货控制	智能卡	人员定位	电子标签	道路收费
	门禁系统	图书馆管理	车辆定位	供应链管理	
	动物识别	票据管理		集装箱管理	
环境影响	迟钝 ←→ 敏感				

四、RFID 技术的分类

根据 RFID 技术的不同特点和应用需求，可以将其分为以下几类。

（一）按供电方式分类

按供电方式分类，RFID 可分为无源 RFID、有源 RFID、半有源 RFID。

1. 无源 RFID

无源 RFID 标签不含电池，通过接收阅读器发出的射频信号产生感应电流来供电。这类标签成本低、体积小、寿命长，但读取距离相对较近。

2. 有源 RFID

有源 RFID 标签内置电池，可以主动发射射频信号与阅读器进行通信。这类标签读取距离远、识别速度快，但成本较高且需要定期更换电池。

3. 半有源 RFID

半有源 RFID 标签融合了无源 RFID 和有源 RFID 的特点，在低频信号触发下进入工作状态，利用微波进行远距离通信。这类标签具有较远的读取距离和较低的功耗。

说一说：生活中用到的 RFID 技术非常多，你知道哪些是有源 RFID？哪些是无源 RFID 吗？

（二）按工作频率分类

按工作频率分类，RFID 可分为低频 RFID、高频 RFID、超高频 RFID、微波 RFID。

1. 低频 RFID

低频 RFID 工作频率在 125 kHz～134 kHz，主要用于短距离、低速度的识别，如门禁系统、动物识别等。

2. 高频 RFID

高频 RFID 的工作频率在 13.56 MHz 左右，适用于中短距离、中速度的识别，如公交卡、门禁卡等。

3. 超高频 RFID

超高频 RFID 的工作频率在 433 MHz、860～960 MHz 等频段，适用于远距离、高速度的识别，如物流追踪、资产管理等。

4. 微波 RFID

微波 RFID 的工作频率在 2.45 GHz、5.8 GHz 等频段，读取距离更远和传输速率更高，但成本也相对较高。

五、RFID 技术的特点

RFID 技术具有以下几个显著特点。

1. 非接触性

RFID 技术通过无线电波进行通信，识别系统与特定目标之间无须建立机械或光学接触，因此可以在恶劣环境下工作。

2. 识别速度快

RFID 标签的读取速度非常快，可以在短时间内同时识别多个标签，提高了工作效率。

3. 数据容量大

RFID 标签内部可以存储大量数据，包括物品的唯一标识、生产日期、批次号等信息。

4. 安全性高

RFID 标签内部的数据可以进行加密处理，防止信息被非法读取或篡改。

5. 穿透性强

RFID 标签在被纸张、木材、塑料等非金属或非透明物质覆盖的情况下，仍能进行穿透性通信。

6. 可重复使用

RFID 标签可以重复增删、修改、更新、储存数据，较为便捷、环保。

六、RFID 在物流中的应用

RFID 技术在物流领域的应用非常广泛，其自动识别、批量读取的优势极大地提高了物流管理的效率和准确性。以下是 RFID 技术在物流中的具体应用和应用场景。

1. 货物出入库管理

① 自动化信息采集。通过在货物上粘贴 RFID 电子标签，从取件开始，货物信息被全程自动采集和记录。取件员通过读写设备即可轻松扫描货物，采集货物信息。

② 智能分配存储区域。货物到达物流转运中心后，系统根据 RFID 采集的信息自动分配货物的存储区域，精确到货架的物理层格。每个物理层格装有 RFID 电子标签，通过 RFID 设备自动识别货物信息并反馈系统，确保货物被放置于正确的区域。

③ 车辆绑定与追踪。通过在递送车辆上安装 RFID 电子标签，将每个货物和对应的递送车辆绑定。当货物被从货架取出时，系统将递送车辆信息发送给取货人员，确保正确的货物被分配到正确的车辆。

2. 自动分拣与配送

① 自动分拣系统。结合安装在分拣口的 RFID 读写设备，当传送带上的货物靠近读写设备时，设备感应到 RFID 电子标签信号并采集其存储的信息，然后将标签信息上传到后台配套系统。系统根据信息控制货物从对应分拣口出来，实现自动分拣，节省时间，提升准确率。

② 车辆内部货架管理。递送车辆内部装有物理货架，将 RFID 电子标签部署在每层货架。递送员通过扫描货物上的 RFID 标签即可知道货物应被放置于哪一层。当货物被放置于正确的货架层后，系统自动采集该货物数据，确保正确。

3. 实时监控与追踪

① 全程可视化管理。RFID 技术可以实现物流中的全程可视化管理，通过 RFID 标签精准地实时掌握货物的位置和状态，避免货物丢失或损坏的情况发

生，极大提高了物流管理的精准性和实时性。

② 运输车辆监控。RFID 技术可以实现对运输车辆的动态监控和路线优化。通过实时监控和调度车辆、货物，合理规划和调整运输路线，提高物流配送的效率，减少运输成本和时间。

4. 库存管理与优化

① 自动化盘点。RFID 技术可以实现自动化盘点和库存管理，极大减少了人为错误和漏检现象。系统可以实时监测库存数量和存放位置，提前预警库存不足或积压情况，为企业的生产计划和采购决策提供支持。

② 库存安全控制。RFID 技术还可以实现对库存的安全和防盗控制，通过实时监控和数据分析，保障货物的安全，降低存储环节的成本和风险。

5. 提升客户服务水平

① 实时信息提供。通过实时跟踪货物的位置和状态，系统可以提供准确的送货时间和状态信息，从而提升客户满意度。

② 问题预警与处理。RFID 技术可以帮助企业及时发现运输过程中的异常情况并进行预警，做到早发现、早处理，避免运输风险，提升整体运输效率。

RFID 技术在物流领域的应用极大地提高了物流管理的效率、准确性和实时性（图 8-2-5），为企业带来了显著的经济效益和客户满意度的提升。随着技术的不断发展和完善，RFID 技术在物流领域的应用前景将更加广阔。

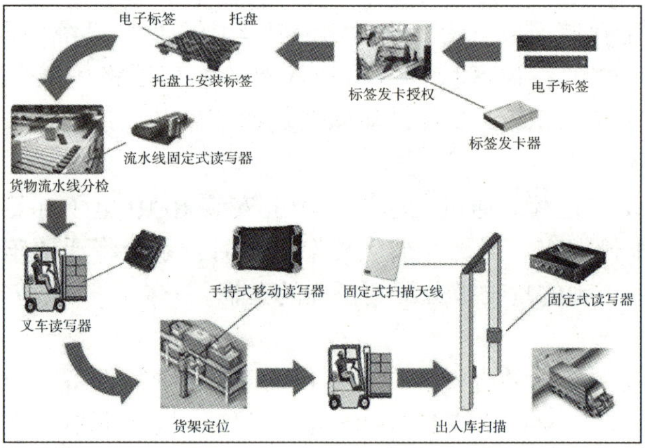

图 8-2-5　RFID 技术在物流领域的应用

子任务 3　导航与定位技术

课前任务单

2018 年，“智慧北斗”智慧导览系统启动仪式在青岛森林野生动物世界举行，作为山东省首家引入智慧旅游系统的景区，青岛森林野生动物世界将运用

“智慧北斗”智能导游系统，为游客带来更优质的服务和体验。游览景区时，该系统可依据实时定位自动播报讲解，实现旅游资源和信息资源的高度整合，突出游客的互动体验和网络实时互动，让游客进入触摸时代，极大地改善了旅游体验及质量。同学们，你了解北斗导航技术吗？让我们一起探寻导航与定位技术的原理吧。

初识知识·提纲挈领

1. 阅读将要学习的知识内容，绘制预习内容框架，思考你还想了解哪些其他的知识或信息。

2. 完成以下训练题目：

（1）（单选题）（　　）是我国自主研发的导航系统。

A. GPS　　B. GNSS　　C. GLONASS　　D. BDS

（2）（多选题）北斗导航系统由（　　）构成。

A. 空间段　　B. 地面段　　C. 用户段　　D. 地下段

（3）（多选题）（　　）是北斗导航的技术特点。

A. 高精度定位　　B. 短报文通信

C. 自主创新　　D. 星间链路技术

熟读精思·循序渐进

阅读将要学习的知识内容，查找网上的资料，写下你目前使用的导航软件及其特点。

明确任务·情境挑战

自古以来，北斗就是中华民族的指路明灯。我国将自主建造的卫星导航系统命名为“北斗”，饱含着近代以来中国在历经劫难后的清醒、对走向复兴的企盼：中国命运必须自己掌控，中国重器必须自己打造，中国建设必须自力更生、艰苦创业！

1990 年海湾战争中，装载 GPS 的精确打击武器首次大规模使用，作战效能令全球震惊。卫星导航系统对于一个国家究竟意味着什么？这个问题引发了全世界的再思考与再认识。

如果说导弹是枪，原子弹是子弹，那卫星导航就是精确的瞄准具。早在 20 世纪 70 年代，“两弹一星”的先驱们，就启动过“灯塔一号”工程进行探索，终因经济和技术方面难以支撑而被迫下马。

1994 年，在国家经济实力、技术基础仍然薄弱的情况下，中国毅然决定启动“北斗一号”工程，展开试验探索。彼时，美国的 GPS、俄罗斯的 GLONASS

已各发射了20多颗卫星，完成全球组网。而我国自1989年以来一直面临西方国家最严密的技术封锁。放眼星空，最适合卫星导航的黄金频段已被美俄全部占用。我国与同样希望建设自己卫星导航系统的欧盟，推动国际电联从航空导航频段中，最大限度地挤出一小段频率，供卫星导航共同使用。这一小段频率，只有黄金频段的四分之一，却是建设全球导航系统最基本的频率需求，且各国均可平等申请。2000年4月17日，北斗和伽利略系统同时成功申报。按照国际电信联盟（以下简称“国际电联”）规则，必须在7年有效期内成功发射导航卫星。

摆在我们面前的只有两条路，一是寻求合作，共用资源；二是独立发展，抢占先机。中国一方面立足独立自主建设，另一方面积极寻求国际合作。但对于中国这样的大国而言，在关系国家重大竞争力的合作中，自身若没有过硬实力和核心技术，往往难有对等交流的机会，处处面临不平等壁垒。我们与欧盟的多轮频谱合作谈判，进展缓慢。

2005年，欧盟发射了首颗伽利略导航卫星。此时，距离我们申请使用的频段有效期只剩不到3年时间，如果不能在此期限内成功发射一颗导航卫星，这片“太空领土”就只能“花落人家”。而我们的首颗北斗导航卫星，还在研制之中。在全社会相关行业、领域、单位、人员的通力协作下，中国硬是将原定于2007年年底发射的首颗卫星，调整到2007年2月底，提前完成全部研制工作。2007年4月初，首颗北斗导航卫星终于如期矗立在发射塔架上。各项测试进展顺利，但在发射前的最后检测中，卫星上应答机出现了小异常。尽管这并非大问题，发生故障的概率也不高，却有可能影响信号的正常回传。

即便只有万分之一的故障，也必须彻底归零。北斗工程技术人员重新打开已矗立在塔架上的星箭组合体，拆出应答机。3天72小时的不眠不休，应答机隐患成功排除。2007年4月14日4时11分，这颗肩负着重要使命的卫星，从西昌卫星发射中心发射升空，成功进入预定轨道；2天后的16日20时，北京终于清晰地接收到来自这颗卫星的信号。这一刻，距离国际电联规定的频率申请失效最后期限不到4个小时。中国北斗一飞冲天，赶上了建设全球卫星导航系统的最后一班车！

任务思考：

你了解北斗导航技术吗？请大家收集关于北斗导航技术的应用并进行汇报展示。

一、全球卫星导航系统概述

（一）定义

全球卫星导航系统，也叫全球导航卫星系统，是能在地球表面或近地空间的任何地点向用户提供全天候的三维坐标、速度及时间信息的空基无线电导航定位系统。

（二）早期导航技术

（1）原始导航方法。在远古时代，人类通过观察日月星辰、山川河流、树木或堆砌起石块作为标记来确定自己的位置和方向。这些方法虽然简单，但在当时具有重要意义，帮助人类进行迁徙、狩猎和农耕等活动。

（2）地图制作。随着文明的发展，人类开始制作地图来记录地理信息。公元前 4 世纪，希腊哲学家阿那克西曼德制作了世界上第一张地图，记录了地球的形状、大小和地理位置，为后来的航海和贸易提供了重要的导航依据。

（三）中世纪至近代导航技术

（1）天文观测与地图绘制。在古希腊和古罗马时期，地中海地区的航海家们利用天文观测和地图绘制技术，成功地进行了远洋航行。他们通过观察星星和太阳的位置来确定航向，同时利用地图来规划航线。

（2）仪器辅助。17 世纪时，欧洲国家的航海家们开始使用经纬仪（图 8-2-6）和六分仪（图 8-2-7）等仪器进行天文观测和定位，这些仪器的使用大大提高了航海的精度和安全性。

图 8-2-6　经纬仪

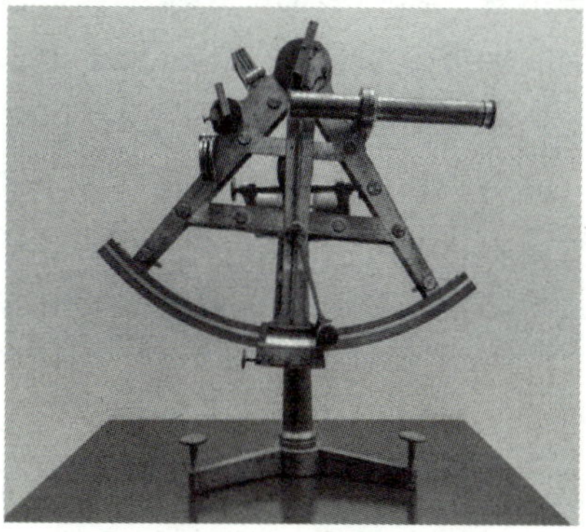

图 8-2-7　六分仪

（四）近代至现代导航技术

（1）蒸汽机与远航。18 世纪末至 19 世纪初，蒸汽机的发明和应用使得船舶的航速和续航能力得到了显著提升。然而，这也带来了新的挑战，即如何在茫茫大海中准确找到目的地。

（1）无线电技术。19 世纪中叶，电报和无线电技术的出现为远程通信和导航提供了新的手段。通过无线电信号传输信息，船舶可以实时获取天气、海况和航向等数据，从而更加准确地到达目的地。

（五）现代导航技术

现代导航系统的起源可以追溯到 20 世纪，随着航空航天技术和电子技术的飞速发展，人们开始尝试将先进的科技应用于导航领域。

GNSS 是指利用一组卫星的伪距、星历、卫星发射时间等观测量，结合用户钟差信息，为地球表面或近地空间的任何地点提供全天候的三维坐标、速度及时间信息的空基无线电导航定位系统。它泛指所有的卫星导航系统，包括全球的、区域的和增强的，如美国的 GPS、俄罗斯的 GLONASS、中国的 BDS、欧盟的 Galileo 等。

GNSS 具有全球性、全天候、定位速度快、精度高、抗干扰能力强、保密性好、功能多、用途广泛等特点。

二、全球定位系统

全球定位系统（GPS），又称全球卫星定位系统，是一个中距离圆型轨道卫星导航系统。它可以为地球表面绝大部分地区（98%）提供准确的定位、测速和高精度的时间标准。系统由美国国防部研制和维护，可满足位于全球任何地方或近地空间的军事用户连续精确地确定三维位置、三维运动和时间的需要。该系统包括太空中的 24 颗 GPS 卫星；地面上 1 个主控站、3 个数据注入站、5 个监测站及作为用户端的 GPS 接收机。最少只需其中 3 颗卫星，就能迅速确定用户端在地球上所处的位置及海拔高度，所能接收连接到的卫星数越多，解码出来的位置就越精确。

全球定位系统由美国政府于 20 世纪 70 年代开始进行研制，并于 1994 年全面建成。使用者只需拥有 GPS 接收机即可使用该服务，无须另外付费。GPS 信号分为民用的标准定位服务（Standard Positioning Service，SPS）和军规的精确定位服务（Precise Positioning Service，PPS）两类。由于 SPS 无须任何授权即可任意使用，原本美国因为担心敌对国家或组织会利用 SPS 对美国发动攻击，故在民用信号中人为地加入选择性误差（Selective Availability，SA）以降低其精确度，使其最终定位精确度大概在 100 米；军规的精度在十米以下。2000 年以后，民用 GPS 也可以达到十米左右的定位精度。

三、北斗卫星导航系统

北斗卫星导航系统是中国自主建设、独立运行的全球卫星导航系统。该系统旨在为全球用户提供全天候、全天时、高精度的定位、导航和授时服务，并具备短报文通信功能，是我国重要的空间基础设施之一。

（一）系统组成

北斗系统由空间段、地面段和用户段三部分组成。

1. 空间段

空间段由若干颗地球静止轨道（Geostationary Orbit，GEO）卫星、倾斜地球同步轨道卫星（Inclined Geosynchronous Orbit，IGSO）和中圆地球轨道（Medium Earth Orbit，MEO）卫星组成。这些卫星在太空中按照一定的轨道运行，并向地面发射导航信号。

2. 地面段

地面段包括主控站、时间同步/注入站和监测站等。地面段负责监控卫星状态、维护卫星时间系统、计算导航电文等，确保系统的正常运行。

3. 用户段

用户段是指使用北斗服务的各类用户设备，如车载导航仪、手机 APP 等。这些设备能够接收北斗卫星发射的信号，通过解算信号中的位置信息，实现定位、导航和授时等功能。

（二）发展历程

北斗系统的发展历经了三个阶段。

短视频：
北斗精神

北斗一号（2000—2007 年）：主要服务于中国国内，提供定位、授时和短报文通信服务。虽然覆盖范围有限，但为后续北斗系统的发展奠定了坚实基础。

北斗二号（2004—2012 年）：在继承北斗一号的基础上进行了全面升级，增加了卫星数量，提高了定位精度和稳定性，并增加了星基增强服务和国际搜救增强服务等特色服务。

北斗三号（2009 年至今）：实现了全球覆盖，提供了更高精度、更稳定、更可靠的服务。北斗三号系统采用了新型原子钟、高精度星间链路等更为先进的技术，大幅提升了导航定位性能。

说一说：你了解北斗导航发展过程中的相关故事吗？

（三）北斗导航技术的特点

1. 高精度定位

北斗系统采用多频信号技术，相较于其他卫星导航系统（如 GPS 的双频信号），三频信号可以更好地消除高阶电离层延迟影响，提高定位可靠性。北斗三号系统的全球定位精度达到了 10 米以内，亚太地区的定位精度甚至可以达到 5 米左右。这一高精度定位能力为各类应用提供了有力支持。

2. 短报文通信

北斗系统具有独特的短报文通信功能，用户可以通过北斗终端发送和接收短报文信息。这一功能在紧急救援、远洋渔业等领域具有不可替代的作用。例如，渔民在海上遇险时，可以通过北斗终端发送求救信息，从而获得及时救援。

3. 星间链路技术

北斗三号系统采用星间链路技术，实现了卫星间的相互通信和实时位置共享。这一技术显著提升了卫星的自主运营能力，拓宽了覆盖范围，并大幅提高了效率。通过星间链路技术，北斗系统实现了全天候、全天时的通信，摆脱了对地面站的依赖。

4. 混合星座设计

北斗系统空间段是由三种轨道卫星（GEO、IGSO、MEO）组成的混合星座。相较于其他系统，其高轨卫星更多，抗遮挡能力强，尤其低纬度地区性能特点尤为明显。这种设计使北斗系统能在全球范围内提供稳定可靠的服务。

5. 自主创新能力

北斗系统是中国自主研发的卫星导航系统，具备完全的自主知识产权。在系统设计、研发和生产过程中，充分体现了自主创新能力。北斗系统的成功建设和发展，彰显了中国在高科技领域的自主创新能力和国家意志。

（五）北斗导航技术的应用

1. 航空航天领域

北斗系统为飞机和宇航器提供导航、定位和授时服务，支持飞行器的航线规划、航行监控和飞行安全。其高精度、高可靠性的定位能力，确保了航空航天活动的顺利进行。

2. 海洋领域

在海洋渔业中，北斗系统在渔船定位和航行安全方面发挥着重要作用，帮助渔民进行定位、导航和监测渔船的位置，提高渔业生产效率。

在海洋资源勘探和海洋监测方面，北斗系统提供精确的勘探数据和海洋环境监测服务，为海洋经济的发展和海洋环境的保护提供了有力支持。

3. 陆地交通领域

北斗系统广泛应用于车辆导航和车队管理，提供实时导航、路径规划和交通流量信息，助力司机规划最优路线，提高交通效率和安全性。

在公共交通领域，北斗系统还可以用于实时监控公交车、出租车等交通工具的位置和运行状态，提升公共交通服务水平。

4. 电力通信领域

在电力行业中，北斗系统用于电力线路巡检、设备定位和故障诊断，提高电网运行的可靠性和安全性。其高精度定位能力，使电力工作者能够迅速准确地找到故障点并进行修复。

5. 物流运输领域

在物流行业中，北斗系统用于货物跟踪和配送管理，提供实时位置信息、路线规划和运输监控，提高物流效率和可视化管理水平，有助于降低物流成本，提升客户满意度。

6. 公共安全领域

北斗导航系统可以为警务人员提供快速定位和实时监控服务，提高应急处置能力。在紧急情况下，警务人员能够迅速定位到事发地点并采取相应的措施。

7. 其他领域

北斗导航系统在农业、测绘、灾害防治等领域也有广泛应用。例如，在农业领域，北斗系统可以帮助农民进行精准农业作业；在测绘领域，北斗系统可以提供高精度的测绘数据；在灾害防治领域，北斗系统可以用于灾害预警和应急救援等。

此外，随着物联网与智慧城市的不断发展，北斗的高精度服务正逐渐渗透到日常生活中。例如，在共享单车领域，北斗的高精度定位技术将定位误差缩小至1米内，极大地方便了用户找车；在智能手机、车载终端及穿戴设备等领域，北斗的高精度定位同样展现出强大的实力。

子任务4　智能新技术

课前任务单

2024年1月，无人驾驶配送车在雄安新区投入使用。收件人可以在手机APP上预约派送时间，无人驾驶配送车到达前会自动发出短信通知收件人，到达指定地点后，收件人输入取件码即可取件。据介绍，该无人驾驶配送车最大承重为1 000千克，单车日配送量达到500～800单，满电续航200千米，可以实现1分钟换电。无人驾驶车的出现极大地解决了物流“最后一公里”的配送问题，但末端配送场景复杂，非结构化特征突出，技术壁垒很高。因此，若想在社会上普遍使用，依然需要较多智能新技术的应用。请大家畅想一下：未来的末端配送会是什么样的场景？

初识知识 · 提纲挈领

1. 阅读将要学习的知识内容，绘制预习内容框架，思考你还想了解哪些其他的知识或信息。

2. 完成以下训练题目。

（1）（单选题）人工智能的英文全称是（　　）。

A. Artificial Intelligence　　B. Art Intelligence

C. People Smart　　D. Artificial Intell

（2）（多选题）（　　）是大数据的特点。

A. 数据量大　　B. 处理速度快　　C. 数据类型多样　　D. 价值密度高

（3）（多选题）物联网技术中有（　　）关键技术。

A. RFID技术　　B. 网络与通信技术

C. 传感器技术　　D. 嵌入式系统技术

熟读精思 · 循序渐进

阅读将要学习的知识内容，查找网上的资料，写下人工智能技术在物流中的用途。

明确任务 · 情境挑战

基于物联网、人工智能、大数据、GIS等技术的综合应用，已被广泛地运用于物流的各个环节。顺丰科技一直致力于应用各种创新技术，构建智慧物流体系。2019年，除了推出能够多形态、一站式地解决体积测量问题的快测增强现实技术之外，3月7日顺丰科技有限公司还对外发布“慧眼神瞳”，这标志着顺丰科技人工智能计算机视觉成果在业务场景的落地。

简单地说，“慧眼神瞳”是利用各种视频和图像进行自动化分析的人工智能系统。监控摄像头是目前快递企业各业务场景中的标配，其中蕴含着丰富的数据资源，但是如果数据没有经过分析和汇总，就发挥不了更大的价值。“慧眼神瞳”正是通过人工智能的高科技手段，自动分析这些数据，并将其转化为企业管理决策的依据。

举例来说，对于中转场的装卸口场景，通过将摄像机部署在装卸口，分析车辆到离卡行为、车牌识别、车辆装载率、人员工作能效等基础数据，就可以描绘出装卸口作业场景的完整生产要素，将所有作业数据线上化，持续优化各项运营成本，提升运转效率，就像“润滑油”一样，让人、货、场、车等“齿轮”高速运转，提升中转场这台“机器”的效率。

任务思考：

你还了解哪些物流领域的黑科技？请总结并在班级进行汇报展示。

一、人工智能技术

（一）人工智能技术的起源与发展

人工智能的起源可以追溯到1950年艾伦·图灵提出的图灵测试。该测试通过“问”与“答”模式，让观察者通过打字机与两个试验对象（一个人和一个机器）进行通信，以判断机器是否具备智能。然而，真正将人工智能作为一门独立学科提出，则是在1956年的达特茅斯会议上，会议由约翰·麦卡锡、马文·闵斯基、克劳德·香农和纳撒尼尔·罗切斯特共同发起，这一会议标志着人工智能的诞生。早期的研究主要集中在逻辑推理和问题解决等领域。

人工智能的发展经历了三次主要的浪潮。

① 第一次浪潮（1956—1974年）。这一时期的研究主要集中在基于逻辑的推理和问题解决上。美国高等研究计划局投入巨资培养早期的计算机科学和人工智能人才，但由于技术限制和社会对人工智能不切实际的期待，20世纪70年代中期，人工智能进入了第一个“冬天”。

② 第二次浪潮（1980—2000年）。随着专家系统和人工神经网络的新进展，人工智能再次兴起。1986年，反向传播算法的广泛应用推动了人工神经网络的训练，使得人工智能技术在特定领域取得了突破。

③ 第三次浪潮（2011年至今）。21世纪的大数据时代为人工智能提供了丰富的数据资源，计算能力的显著提升和深度学习算法的突破，使得人工智能在图像识别、自然语言处理等多个领域取得了显著的进展。2012年的ImageNet大规模视觉识别挑战竞赛和2016年AlphaGo战胜世界围棋冠军李世石，都是这一时期的重要里程碑。

（二）人工智能的特点

人工智能的基本思想是模拟人类的认知过程，包括感知、学习、推理、记忆、思维、决策和行动等。它涉及多个研究领域，如机器人、语言识别、图像识别、自然语言处理和专家系统等。人工智能的特点主要包括以下几点。

① 知识表示。研究如何将知识以计算机可理解的形式进行编码和存储。

② 自动推理。模拟人类的逻辑推理过程，使机器能够进行问题求解和决策。

③ 机器学习。使计算机系统通过学习数据来改善性能，包括监督学习、无监督学习、强化学习等。

④ 自然语言处理。使计算机能够理解和生成人类语言，包括语言翻译、情感分析等。

⑤ 计算机视觉。使计算机能够从图像或多维数据中识别和处理信息，执行图像识别、场景重建等任务。

（三）人工智能技术的应用

人工智能的应用范围广泛，从医疗诊断到自动驾驶，从智能家居到工业自动化，均展现出巨大的潜力。在医疗领域，人工智能可以辅助医生进行诊断和治疗决策，通过大数据分析挖掘潜在的医学知识和治疗方案，提高医疗效率和治疗效果。在自动驾驶领域，无人驾驶汽车结合机器学习、计算机视觉、传感器技术等多个领域的前沿技术，实现环境感知、决策控制等功能，为交通安全和出行便利提供了新的解决方案。在智能家居领域，通过物联网技术，智能家居系统能够学习用户的习惯，实现智能照明、智能温控等功能，提升生活品质。

二、大数据技术

（一）大数据技术的起源与发展

大数据的起源可以追溯到20世纪五六十年代，当时的美国政府和企业开始使用电子计算机处理数据。然而，由于计算机技术的限制，数据的规模和处理能力都非常有限。直到20世纪八九十年代，随着计算机技术的不断发展，数据的规模和处理能力才得到了显著的提高。

进入21世纪，随着互联网的普及和智能手机的发展，数据量呈现爆炸式增长，涵盖了文本、音频、视频、图像等多种类型的信息。传统的数据处理方法已经无法胜任，因此大数据处理技术应运而生。大数据的发展经历了三个阶段。

① 第一阶段。主要技术手段是分布式存储和处理技术，分布式系统的基础架构 Hadoop 是最著名的开源分布式存储和处理框架之一。

② 第二阶段。出现了更多的开源分布式存储和处理框架，如 Spark 和 Storm，这些框架提高了数据处理的速度和效率。

③ 第三阶段。随着机器学习和人工智能的发展，大数据处理技术开始融合这些技术，实现智能化和自动化处理。

（二）大数据技术的特点

① 数据规模大。数据量巨大，传统数据处理工具无法处理。

② 处理速度快。需要快速响应和实时处理数据。

③ 数据类型多样。数据类型包括结构化、半结构化和非结构化数据。

④ 价值密度低。海量数据中只有少数数据具有价值，需要通过算法进行提

取和分析。

（三）大数据技术的应用

大数据技术在物流领域的应用非常广泛，为物流行业带来了显著的效率提升和成本降低。以下是大数据技术在物流领域的主要应用。

1. 货物跟踪与监控

大数据技术能够实现对物流中运输车辆、货物的实时监控与跟踪。通过物流企业建立的传感器网络，可以收集到大量有关货物运输的数据，如货物所处的位置、环境温度、湿度等。这些数据通过大数据技术进行分析，物流企业可以实时获取货物的运输状态，确保货物安全，减少货损，并提高车辆运输效率。

2. 物流路径规划与优化

大数据技术可以对丰富的物流数据进行分析，为企业提供更准确的物流路径规划与优化方案。通过对历史数据、交通流量数据等进行分析，大数据技术可以找出最佳的物流路径，避开拥堵路段，减少运输时间和成本。同时，大数据技术还可以根据实时交通状况调整物流路径，确保货物能够按时交付。这种实时的路径优化功能，对于提高物流效率和客户满意度至关重要。

3. 库存管理与需求预测

大数据技术可以帮助企业优化库存管理，并通过对历史销售数据、市场需求趋势等进行分析，生成准确的需求预测。根据预测结果，物流企业可以合理安排库存，减少库存积压和资金浪费，同时可以及时调整供应链的产能，满足消费者需求。这种基于大数据的库存管理和需求预测，有助于物流企业实现精益化管理和提高市场竞争力。

4. 客户服务与运营管理

大数据技术可以帮助物流企业更好地了解客户需求，提供个性化的服务。通过对客户的历史订单数据、反馈数据进行分析，物流企业可以为客户提供更准确、及时的跟踪信息，提高客户满意度。同时，大数据技术还可以对物流企业的运营数据进行分析，发现问题所在，优化运营流程。这种以客户为中心的服务模式，有助于提升物流企业的品牌形象和市场竞争力。

5. 安全风险评估与防范

大数据技术可以对物流企业的运输车辆、货物进行实时监控，发现异常情况，并通过对大量数据进行分析，识别出潜在的安全风险。物流企业可以根据风险评估结果，采取相应的防范措施，保障货物的安全。这种基于大数据的安全风险评估与防范机制，有助于物流企业降低损失并提高运营效率。

6. 在国际物流中的应用

在国际物流领域，大数据技术的应用同样广泛。例如，中外运敦豪国际航空快递有限公司通过大数据加快了自身反应速度，通过分析客户数据做到了精准服务；联合包裹服务公司通过大数据调整了配送策略，节省了大量燃油成本。大数据技术能够在国际物流中发挥重要作用，提高物流效率和服务质量。

大数据技术在物流领域的应用涵盖了货物跟踪与监控、物流路径规划与优化、库存管理与需求预测、客户服务与运营管理及安全风险评估与防范等多个方面。这些应用不仅提高了物流企业的运营效率和服务质量，还降低了成本和风险，为物流行业的持续发展提供了有力支持。

三、物联网技术

（一）物联网技术的起源与发展

物联网技术（Internet of Things，IoT）起源于传媒领域，是信息科技产业的第三次革命。物联网是指通过信息传感设备，按约定的协议，将任何物体与网络相连接，物体通过信息传播媒介进行信息交换和通信，以实现智能化识别、定位、跟踪、监管等功能。物联网的核心和基础是互联网技术，是其在物联网基础上的延伸和扩展。

物联网的概念最早在1999年被提出，随后在2005年国际电信联盟的报告中预测了物联网通信时代的到来。自2009年中国将物联网列为五大新兴战略性产业之一以来，物联网技术在中国得到了快速发展和广泛关注。随着技术的进步和应用的拓展，物联网的覆盖范围和应用领域不断扩大，已经成为推动社会发展的重要力量。

（二）物联网技术的特点

① 无线连接性。物联网通过无线通信技术实现设备之间的互联互通，覆盖更广阔的区域，实现设备的远程监控和控制。

② 大规模互联。物联网可以连接数十亿甚至上百亿的设备，实现设备之间的实时通信和数据交换。

③ 感知和识别能力。物联网中的设备可以通过传感器和识别技术收集、处理各种数据，如温度、湿度、光照、声音、图像等，实时监测和分析环境、设备的状态。

④ 自动化和智能化。物联网通过传感器和智能设备收集、分析数据，实现设备的自动化协同工作和智能化管理。

⑤ 安全和隐私保护。物联网涉及大量的数据交换和共享，因此需要采取有效的安全措施，如数据加密、身份认证和权限管理，保护用户、设备的安全与隐私。

⑥ 开放性和标准化。物联网需要建立统一的标准和协议，以实现设备之间的互操作性和数据的互通共享。

（三）物流网技术的应用

物联网技术具有广泛的应用前景，包括智慧城市、智慧交通、智慧医疗、智能家居、工业控制等多个领域。在智能家居领域，物联网技术使得家居设备和家庭电器能够互相连接，实现智能控制和管理，提高生活的便利性和舒适度。在智能交通领域，物联网技术通过感知车辆和道路的信息，实现智能调度和优化交通流量。在智能制造领域，物联网技术应用于制造业，实现生产线的自动化和智能化，提高生产效率和质量。在智慧城市领域，物联网技术在城市管理中发挥重要作用，实现对城市设施的实时监控和管理，提高城市的安全性和便利性。在智慧物流领域，物联网实现运送检测、快递终端设备等环节的智能化管理。

通过物联网技术，可以实现物与物、人与物之间的智能化连接和交互，提高生产效率和生活便利性。物联网技术作为一种新兴的信息技术，具有广阔的发展前景和应用空间。随着技术的不断进步和应用的不断拓展，物联网将在各个领域发挥更加重要的作用，为人们的生活、工作和经济发展带来更多的便利和创新。但随着物联网技术的普及和应用领域的扩展，安全性和隐私保护问题日益凸显。物联网系统需要采取多种安全措施，确保数据传输和存储的安全性，防止数据泄露和非法访问。

任务三　探究常见物流信息系统

课前任务单

京东集团自2007年开始自建物流，并于2017年4月正式成立京东物流集团。京东物流建立了仓储网络、综合运输网络、配送网络、大件网络、冷链网络及跨境网络等6个高度协同网络，具备数字化、广泛性和灵活化的特点。随着人工智能技术的不断深化，京东物流在无人机、智能快递车、无人仓、服务机器人等一系列智能物流设备以及WMS、TMS、OMS等一系列系统管理软件方面加大开发和应用力度，以满足复杂多变的用户需求，实现运营效率和用户体验的提升。同学们，你们了解京东物流吗？你们知道在京东商城下单的包裹需要经过哪些物流信息系统操作吗？接下来，让我们一起走进物流信息系统的世界！

初识知识·提纲挈领

1. 阅读将要学习的知识内容，绘制预习内容框架，思考你还想了解哪些其他的知识或信息。

2. 完成以下训练题目。

（1）（单选题）仓储管理信息系统的英文缩写是（　　）。

A. WMS　　B. TMS　　C. MRP　　D. ERP

（2）（多选题）（　　）是仓储管理系统的常见功能。

A. 供应链管理　　B. 库存管理　　C. 作业管理　　D. 数据分析

（3）（多选题）订单管理系统的特点有（　　）。

A. 自动化处理　　B. 灵活性　　C. 延时性　　D. 多渠道整合

熟读精思·循序渐进

阅读将要学习的知识内容，查找网上的资料，了解目前物流企业有哪些常用的物流信息技术。

明确任务·情境挑战

佳怡供应链企业集团，是一家专注于现代物流与供应链服务的知名综合性企业，是国家5A级物流企业、全国先进物流集体、中国物流百强企业。根植山东，面向全国，历经二十多年的稳健发展，已成长为一家现代化、综合型物流与供应链服务企业。集团旗下拥有90多个区域配送中心，自有及合作建设六大物流园区，拥有超100万平方米仓储资源，为供应链上下游的10万家客户提供现代化、全环节供应链服务。

佳怡通过应用仓储管理系统，基于灵活的业务规则及策略配置，智能指引仓库人员操作，规范化、智能化作业流程，确保每个环节分工清晰且流转顺畅。实现精细化、可视化的仓储管理，对库位库存精准管理，优化作业方式及路径，减少人员依赖并提升仓库效率。实现各系统间信息实时同步并高效协同，贯通企业信息流、订单流、实物流等。通过成熟稳定的系统应用，助力完善供应链体系建设，进而为更多的品牌客户提供一体化的仓配服务，助力佳怡供应链打造高配置、高可靠、高灵活性的仓储物流体系。

任务思考：

WMS系统能给企业带来什么样的帮助？

一、仓储管理系统

（一）WMS的定义

WMS是一个实时的计算机软件系统，能够按照运作的业务规则和运算法则，对信息、资源、行为、存货和分销运作进行高效管理。它不仅是仓库信息集成的纽带，而且是企业实施智能制造、实现仓库作业精益化的基本手段。

（二）WMS的功能和特点

1. WMS的功能

① 供应链管理：WMS能够实现为物流供应链服务，包括供应商、生产商、分销商等多个环节，提供坚实的信息基础，实现各个环节之间的高效协作。

② 库存管理：WMS可以对仓库内的货物进行精细管理，实现对库存的实时监控和精确计算，监控库龄，预警库存过量等，提高企业库存流转速度，避免库存积压。

③ 作业管理：WMS实现自动化作业管理，通过RFID、条码扫描等技术，实现快速拣货、快速入库等，降低人力成本，避免物品的误拣、误装等情况的

发生。

④ 数据分析：WMS 具备数据采集、数据分析等功能，可以提供关键的仓储数据分析报告，帮助企业进行仓储效率分析、库存规划分析等。

常见 WMS 功能模块如图 8-3-1 所示。

图 8-3-1　常见 WMS 功能模块

2. WMS 的特点

① 基础数据自定义：WMS 可自定义商品信息、物料信息、设备信息、工序等基础数据，满足不同企业的个性化需求。

② 多模式入库：支持生产入库、采购入库、退货入库等多种入库方式，提高入库操作的灵活性。

③ 动态查询与统计：支持入库单、出库单、商品类型、库存等各类查询，并自动生成销售报表与盘点报表，帮助企业实时掌握库存动态。

④ 智能化管理：通过自动化和智能化手段，WMS 实现了对仓库物流流程的精准、高效管理，提高了作业效率和准确性。

⑤ 提升客户服务水平：WMS 能够快速响应客户需求，确保货物的准时送达和高质量的服务，提高客户满意度。

3. WMS 的作用

① 促进仓储管理与作业模式的变革：WMS 系统可使仓库管理实现可视化，精确查找每一条出入库记录，让仓库管理清晰、规范；通过信息化作业，减少人力依赖，提高仓储作业效率。

② 提升仓储作业效率：根据系统提示库位信息，智能入库、拣选和出库；通过设置库存预警进行自动补货管理；支持变动盘点、循环盘点、抽检、巡查等。

③ 提升库存准确性：提升收发货准确性，减少库存的非正常损失。

④ 提升作业人员绩效：使用 WMS 可以精确查询到每个员工的作业记录，包括拣货、装箱、收发货、上架、补货、盘点等，自动计算人员作业汇总信息，对接仓库看板系统实时展示。

（三）WMS 的应用

WMS 广泛应用于各个行业的仓储管理中，特别是在制造业、零售业、物流业等领域。在制造业中，WMS 用于管理原材料、半成品和成品的库存，优化仓库布局和拣货路径，提高生产效率。在零售业中，WMS 帮助零售商实现库存的实时监控和快速补货，确保商品供应充足，满足顾客需求。在物流业中，WMS 用于管理仓库的收货、存储、拣选、包装和发货等环节，提高物流运作效率和服务质量。

WMS 通过其强大的功能和特点，在企业的仓储管理中发挥着重要作用，不仅提高了仓储效率和物流效率，还降低了企业的运营成本，提升了企业的市场竞争力。

说一说：你知道哪些常见的仓储管理系统软件服务商？简要说一下它们在企业应用的实例。

二、运输管理系统

（一）TMS 的定义

TMS 是一种用于管理和优化物流运输过程的软件系统。其旨在通过集成化的管理手段，提高物流运输的效率和准确性，降低运输成本，并增强供应链的透明度和协同性。

（二）TMS 的功能和特点

1. TMS 的功能

TMS 的功能涵盖了物流运输过程中的多个关键环节，这些功能共同构成了 TMS 系统的核心，帮助企业实现运输过程的精细化管理，提高运输效率和服务质量，降低运营成本。

① 订单管理：接收、处理和跟踪运输订单；自动生成运输任务，包括货物信息、目的地、预计送达时间等；支持订单拆分、合并及异常处理。

② 运输计划与优化：根据订单需求、车辆资源、交通状况等因素，制定最优的运输计划；进行路线规划，选择最短或成本最低的运输路径；实现负载优化，确保车辆装载效率最大化。

③ 车辆调度与跟踪：实时调度车辆，确保按时出发和到达；提供 GPS 跟踪功能，实时监控车辆位置和状态；预测车辆到达时间，提供准确的运输进度信息。

④ 运输成本管理：计算和分析运输成本，包括燃料费用、车辆维护费用、司机工资等；提供成本报告和预算控制功能，帮助企业降低运输成本。

⑤ 货物追踪与可视化：提供货物从起点到终点的全程追踪功能；通过地

图、图表等可视化工具展示货物的实时位置和运输状态；支持客户自助查询货物信息，提高客户满意度。

⑥ 承运商管理：管理承运商信息，包括资质审核、合同管理等；评估承运商绩效，选择可靠的合作伙伴；协调与承运商之间的沟通和合作，确保运输顺利进行。

⑦ 文档管理：管理运输过程中产生的各种文档，如提单、发票、运输合同等；提供电子文档存储和检索功能，方便随时查阅。

⑧ 数据分析与报告：对运输数据进行收集、整理和分析，发现潜在问题和改进机会；提供运输绩效报告、成本分析报告等，为决策提供数据支持。

⑨ 系统集成：与 ERP、WMS、客户关系管理（Customer Relationship Management，CRM）等其他系统实现无缝集成；实现数据共享和流程自动化，提高整体运营效率。

2. TMS 的特点

① 集成性与协同性：TMS 系统具有高度的集成性，能够与企业内部的 ERP、WMS、CRM 等系统无缝集成，实现数据共享和流程自动化。这种集成性使得运输管理过程更加高效，减少了人工干预和数据错误。同时，TMS 系统还能与承运商、货代等外部合作伙伴进行协同作业，提高供应链的整体协同效率。

② 实时性与可视化：TMS 系统通过 GPS、物联网等技术手段，实现了对运输过程的实时监控和可视化展示。企业可以实时查看车辆的位置、状态、预计到达时间等信息，从而及时调整运输计划和资源配置。同时，TMS 系统还能提供货物追踪功能，让客户可以随时了解货物的运输情况，提高客户满意度。

③ 智能性与优化性：TMS 系统运用先进的算法和模型，对运输过程进行智能化管理和优化。系统可以根据订单信息、车辆资源、交通状况等因素，自动生成最优的运输计划和路线规划。同时，TMS 系统还能对运输成本、时间、效率等关键指标进行智能分析，为企业提供决策支持。通过智能化管理和优化，TMS 系统能够显著降低运输成本，提高运输效率。

④ 灵活性与可扩展性：TMS 系统通常具有灵活的配置和可扩展的功能模块。企业可以根据自身的业务需求，选择适合的功能模块进行部署和定制。同时，随着企业业务的不断发展和变化，TMS 系统也能够通过升级和扩展来满足新的需求。这种灵活性和可扩展性使得 TMS 系统能够适应不同规模和类型的企业，并为企业的未来发展提供有力支持。

⑤ 数据驱动与决策支持：TMS 系统以数据为核心，通过收集、整理和分析运输过程中的各种数据，为企业提供全面的数据支持和决策依据。系统能够生成各种报表和图表，帮助企业了解运输过程的实际情况和潜在问题。同时，TMS 系统还能通过数据挖掘和预测分析等技术手段，为企业提供更加精准的预测和决策支持。这种数据驱动的特点使得 TMS 系统成为企业优化运输管理、提高供应链效率的重要工具。

三、订单管理系统

（一）OMS 的定义

OMS 是一种软件系统，其核心在于对企业接收到的订单进行全方位的管理和跟踪。它涵盖了从订单创建、处理、配送到最终交付和结算的整个订单生命周期，确保订单信息的准确性和流程的顺畅性。这是一种综合性的商业软件解决方案，专注于有效管理和处理企业订单。这些订单可能涉及产品销售、服务提供、供应链协调等多个方面。OMS 通过整合订单相关的各个环节，提供全面、实时的信息和控制，以支持企业优化运营流程和提升客户体验。OMS 系统订单处理流程如图 8-3-2 所示。

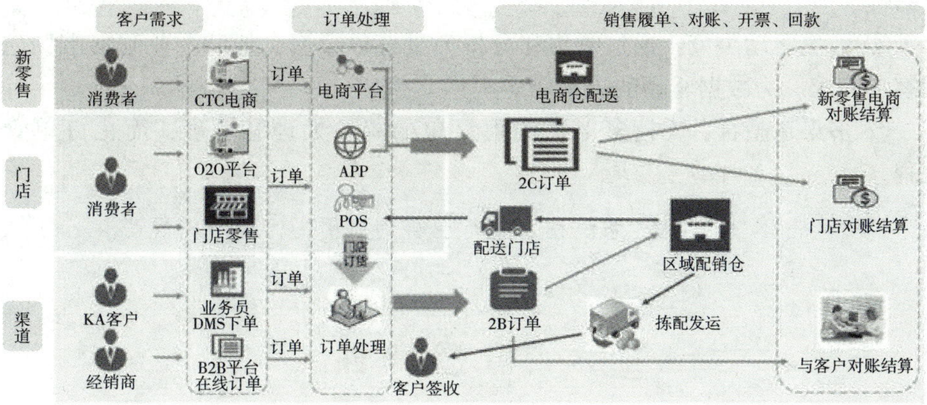

图 8-3-2　OMS 系统订单处理流程

（二）OMS 的功能和特点

1. OMS 的功能

① 订单处理和跟踪：使用 OMS 系统可以接收来自不同渠道（如官网、第三方电商平台、线下门店等）的订单信息；通过对订单信息进行校验，确保准确性；可以处理支付和发票信息，安排生产和物流，并实时跟踪订单状态，包括生产进度、物流运输情况等。

② 库存管理：通过 OMS 系统与企业的库存系统集成，确保订单的实时库存可用性；通过库存管理功能，避免超卖、低库存等问题，优化库存水平。

③ 多渠道销售支持：OMS 系统支持在各种销售渠道上的订单处理，包括线上商城、实体店铺、市场平台等；可以简化订单管理流程，提高企业在不同渠道上的灵活性和响应速度。

④ 客户体验优化：通过提供实时订单状态、预期交货日期等信息，增强客户体验；可以处理退换货和客户咨询，确保客户问题得到及时解决。

⑤ 助力企业决策：OMS 系统可以提供强大的报表和分析工具，帮助企业了解订单趋势、库存状况和客户行为，支持企业制定战略决策。

⑥ 系统集成：与其他关键系统（如 ERP、CRM 等）进行集成，确保信息的一致性和顺畅的业务流程。

⑦ 在线对账与费用管理：支持在线对账操作，实时与供应商或客户进行应收应付款项的核对；生成各类数据报表，包括新增客户、订单成交金额、实际回款等，为生产运营决策提供数据支持。

2. OMS 系统的特点

① 自动化处理：通过自动化处理订单，减少人工干预，提高订单处理效率和准确性。

② 实时性：提供实时订单状态和库存信息，确保企业能够快速响应市场变化和客户需求。

③ 灵活性：可适应不同行业、企业规模和特殊需求，具备一定的定制性和灵活性。

④ 数据驱动决策：通过收集和分析大量订单数据，帮助企业洞察市场趋势和客户需求，为数据驱动的决策制定提供支持。

⑤ 多渠道整合：支持多渠道销售订单的统一处理和管理，简化订单管理流程。

说一说： 你知道 OMS 系统在哪些行业得到应用吗？请举例说明。

模拟实训

一、实训内容

物流信息系统应用实训。

二、实训步骤和要求

（1）全班同学自由分组，每组 4—6 人，根据本任务所学知识，熟练掌握 WMS 系统的功能模块，并能完成简单的任务操作。

（2）以小组为单位进行 WMS 系统操作比赛，通过模拟仓储入库、上架、拣选、出库等流程，开展小组 PK，看哪组的出入库效率高且质量好。

实训评价

实训评价表

内容		评价		
学习目标	评价项目	自我评价	组间评价	教师评价
专业知识（30 分）	WMS 系统的概念和特点	得分及备注：	得分及备注：	得分及备注：
	WMS 系统的功能模块			
	WMS 系统的应用			

续表

<table>
<tr><th colspan="2">内容</th><th colspan="3">评价</th></tr>
<tr><th>学习目标</th><th>评价项目</th><th>自我评价</th><th>组间评价</th><th>教师评价</th></tr>
<tr><td rowspan="3">专业能力
（30 分）</td><td>能描述 WMS 系统的概念和特点</td><td rowspan="3">得分及备注：</td><td rowspan="3">得分及备注：</td><td rowspan="3">得分及备注：</td></tr>
<tr><td>能操作 WMS 系统的功能模块</td></tr>
<tr><td>能利用所学知识完成 WMS 操作</td></tr>
<tr><td rowspan="4">职业意识
（40 分）</td><td>团队合作精神</td><td rowspan="4">得分及备注：</td><td rowspan="4">得分及备注：</td><td rowspan="4">得分及备注：</td></tr>
<tr><td>数据处理能力</td></tr>
<tr><td>规范操作意识</td></tr>
<tr><td>严谨细致态度</td></tr>
<tr><td colspan="2">教师建议：</td><td colspan="3" rowspan="2">评价汇总：
A. 优秀　　B. 良好
C. 基本掌握　　D. 没有掌握
（参考标准：得分低于 60 分的为没有掌握，60～70 分的为基本掌握，70～80 分的为良好，高于 80 分的为优秀）</td></tr>
<tr><td colspan="2">个人努力方向：</td></tr>
</table>

同步测试

一、单选题

1. 条码的研究始于（　　）。

A. 美国　　B. 日本　　C. 法国　　D. 德国

2. 目前较常用的（　　）码制有 EAN 条码、UPC 条码、25 条码、库德巴码、39 条码、128 条码等。

A. 一维条码　　B. 二维条码　　C. QR 码　　D. 储运单元码

3. （　　）是一套基于运输作业流程的管理系统，一般含有系统管理、信息管理、运输作业管理、财务管理四大功能模块。它是优化运输模式组织，寻求最佳运输路线的有效工具。

A. WMS　　B. TMS　　C. CAPS　　D. EDI

4. 下列选项中，（　　）是条码的优越性。

A. 价格昂贵　　B. 可靠准确

C. 自由度小　　D. 不易制作，难以印刷

5. 总体而言，RFID 技术已经逐步发展成为一个（　　）专业领域。

A. 独立的、跨学科的　　B. 独立的、单学科的

C. 附属的、跨学科的　　D. 附属的、单学科的

6. 射频识别技术是一种（　　）的自动识别技术，它通过射频信号自动识别目标对象来获取相关数据。

A. 非接触式　　B. 分离式　　C. 零距离式　　D. 接触式

7. 二维条码的特点不包括（　　）。

A. 成本低，易制作，持久耐用

B. 高密度编码，信息容量小

C. 编码范围广

D. 可引入加密措施，保密性、防伪性好

8. （　　）技术的起源可以追溯到 1950 年艾伦·图灵提出的图灵测试。

A. RFID　　B. 人工智能　　C. 大数据　　D. 物联网

9. （　　）是我国自主建设的导航技术。

A. GPS　　B. GIS　　C. BDS　　D. RFID

10. “小丰”智能耳机以语音识别技术为核心，结合 TTS 语音播报、语音语义理解能力，将收派员日常终端手动操作语音指令化，语音唤醒“小丰”后，即可发送语音指令，以此解放收派员的双手，将日常拨打电话、转单、查单等高频操作由 8—10 步手动操作减为 1 步语音指令，大幅提升工作效率，完善收派端作业的数据采集，推动业务的数字化转型。该场景应用的智慧物流技术是（　　）。

A. 自动识别技术　　B. 数据挖掘技术

C. 人工智能技术　　D. GIS 技术

11. 下列选项中，不属于货到人拣选方式的是（　　）。

A. Miniload 拣选方式　　B. 多层穿梭车拣选方式

C. 类 Kiva 机器人拣选方式　　D. 电子标签拣选方式

12. 数字孪生技术具象化的最佳表现形式是（　　）。

A. 仿真　　B. 统计　　C. 分析　　D. 系统化

二、多选题

1. 条形码可以标出物品的生产国、制造厂家、商品名称、生产日期、图书分类号、邮件起止地点、类别、日期等信息，因而在（　　）等许多领域都得到广泛的应用。

A. 商品流通　　B. 图书管理　　C. 邮政管理　　D. 银行系统

2. 物流信息系统硬件包括（　　）。

A. 计算机　　B. 信息收集处理系统

C. 网络通信系统　　D. 报告生成系统

3. 全球卫星导航系统主要包括（　　）。

A. 美国全球定位系统　　B. 俄罗斯格洛纳斯系统

C. 欧洲伽利略系统　　D. 中国北斗导航系统

4. 北斗导航系统由（　　）构成。

A. 空间段　　B. 地面段　　C. 用户段　　D. 地下段

5. 应用 WMS 系统的作用有（　　）。

A. 提升仓储作业效率　　B. 促进仓储管理与作业模式的变革

C. 实现库存准确率 100%　　D. 降低人员效能

6. 人工智能技术得到很好的应用的领域是（　　）。

A. 智能制造　　B. 医疗领域　　C. 自动驾驶　　D. 智能家居

三、判断题

1. 借助网络技术发展起来的物流信息技术，在享受网络飞速发展带来的巨大好处的同时，也时刻承受着可能遭受的安全危机。（　　）

2. 条形码是将宽度相等的多个黑条和空白，按一定的编码规则排列，用以表达一组信息的图形标识符。（　　）

3. 物流信息是物流各个子系统，各个作业环节生成的信息集合。（　　）

4. EAN-13 的编码原则，必须遵循唯一性、永久性、无含义原则。（　　）

5. 物流信息系统是用于企业的物流管理的信息系统，是物流信息管理的信息化支撑平台。（　　）

6. 条码能够广泛应用，得益于条码标准的统一。（　　）

7. 我国高速公路上的 ETC 通道，使用了无线射频识别技术。（　　）

8. 物流信息伴随着其他物流职能的运行而产生，对其他物流职能及整个物流起着支撑保障的作用。（　　）

9. 出库管理是物流配送中心最重要、最核心的模块之一，重点在于降低出库的成本。（　　）

10. 广义的物流信息不仅起到连接生产厂家—批发商—零售商—消费者的整个供应链的作用，而且在现代信息技术的基础上能实现整个供应链活动的效率化。（　　）

四、案例分析题

在物流行业，末端配送一直是物流过程中的一个重要环节，也是最具挑战性的环节之一。末端配送需要解决的问题包括："最后一公里"的配送问题、配送效率低、配送成本高及配送安全隐患问题等。自动化物流机器人是一种应用于物流行业的自动化设备，可以实现物流过程中的自动化作业，进而提高物流效率、降低物流成本。

自动化物流机器人进行末端配送具有以下优势：一是配送效率高：自动化物流机器人可以实现24小时不间断作业，其配送效率是传统人工配送的数倍；二是配送成本低，自动化物流机器人可以节省人力成本，提高配送效率，从而降低配送成本；三是配送安全性高，自动化物流机器人可以避免人为失误，提高配送安全性。目前，自动化物流机器人已经开始在物流行业进行末端配送的应用。京东物流已经开始使用自动化物流机器人进行末端配送，在北京、上海、广州等城市已经落地多个末端配送项目。菜鸟物流也已经开始使用自动化物流机器人进行末端配送，在杭州、上海、广州等城市已经落地了多个末端配送项目。

随着物流行业的发展，自动化物流机器人进行末端配送将成为一种主流的配送方式。未来自动化物流机器人将变得更加智能，能够自动规划配送路线、自动识别道路障碍物、自动避让行人等。同时，它们将变得更加灵活，能够适应各种配送环境，如室内配送、室外配送、社区配送等。此外，自动化物流机器人的价格将更加亲民，使更多的企业能够负担得起。

自动化物流机器人进行末端配送是物流行业发展的重要趋势，将对物流行业产生深远的影响。它们将提高物流效率、降低物流成本、增强配送安全性，并为消费者带来更优质的配送体验。

思考题：

1. 自动化物流机器人在进行配送时会运用到哪些物流技术？
2. 请简要论述你对物流配送"最后一公里"的见解。

参考答案

项目九 全局意识，协同合作促运营——供应链管理

项目简介

本项目主要介绍供应链的演变与发展，供应链的结构模型、类型与特征，供应链管理的目标，供应链管理的方法等内容。

学习目标

知识目标	1. 了解供应链的发展和流程。 2. 理解供应链的结构模式和类型。 3. 掌握供应链的概念与特征。 4. 掌握供应链管理的定义及内涵。 5. 掌握供应链管理的内容和目标。 6. 掌握供应链管理的方法。
能力目标	1. 能描述供应链管理的含义、发展溯源和未来趋势。 2. 能分析某一条具体的供应链的构成。 3. 会绘制日常用品的简易供应链。 4. 能区分供应链管理与传统管理的不同。
素质目标	1. 培养学生具有强烈的社会责任感、良好的职业道德和团队合作意识。 2. 引导学生将理论与实践相结合，用新理念、新视角认知供应链管理，培养新思维。 3. 培养学生的全局观、合作精神和成本意识，形成协同共享、合作共赢、绿色发展理念，树立职业理想和法律意识。

思维导图

- 项目九　全局意识，协同合作促运营——供应链管理
  - 认知供应链
    - 供应链的演变与发展
    - 供应链概述
    - 供应链的结构模型
    - 供应链的类型
    - 供应链的特征
  - 探究智慧供应链管理
    - 认识供应链管理
    - 供应链管理的目标
    - 供应链管理的方法

任务一　认知供应链

课前任务单

从共建“一带一路”倡议到企业协同竞争无不体现着共赢发展的理念，这正是供应链思想的核心，也是当今社会经济发展的主流意识。学习供应链管理理论，建立供应链管理思维，熟悉供应链管理原理与方法，具备新思维、新视野，是新时代对每一位社会活动参与者的客观要求。供应链管理将带领你开启这一征程。

初识知识·提纲挈领

1. 阅读将要学习的知识内容，绘制预习内容框架，思考你还想了解哪些其他的知识或信息。

2. 阅读将要学习的知识内容，梳理供应链的演变与发展，填写下表。

序号	阶段	特征
1	萌芽阶段	
2	成长阶段	
3	深化阶段	
4	数字化与智能化阶段	

熟读精思·循序渐进

1. 请思考一瓶矿泉水、一本书或者一件电器经历了哪些环节到达超市或便利店，这些环节是怎样联系在一起的。

2. 请列举生活中某一件产品的供应链，思考它对你的生活有哪些影响。

明确任务·情境挑战

在现代社会中，几乎所有商品都无一例外地涉及供应链的概念。它通常又跟全球化密切相关。比如，你手上拿着的智能手机很可能是在郑州的富士康科技集团或是昆山的富士康电子工业发展有限公司组装完成的，其中的芯片是在日月光封装测试（上海）有限公司封装，在中国台湾积体电路制造股份有限公司代工，而代工所用到的高纯度硅来自日本，硅石原料可能又来自巴西。

供应链真正意义上连接了世界各地，也让商业活动更具逐利性，哪里成本更为低廉，供应链就往哪里去。如今，无论你具有何种专业背景，只要你参与社会活动，都可以且都需要应用供应链管理的思维来为你找到处理各种社会关系的新视角，应用共赢思维拓展利益相关方的共同利益，找到效率更高、价值收益更大的处理方式，帮助我们改善所在组织的治理环境，建立命运共同体。

任务思考：

请以生活中常见的用品为例（如矿泉水、图书），绘制出该用品的供应链网络结构图（注：尽量使用真实的节点企业），并阐述供应链的四个特征在这条供应链中是如何体现的。请将思考结果与小组成员讨论，并在班级汇报展示。

一、供应链的演变与发展

（一）萌芽阶段

供应链的概念最早可追溯至工业革命时期的流水线作业。随着生产效率的提升和生产规模的扩大，生产分工制度逐渐形成，链式生产模式开始出现，这是供应链的雏形阶段。具有代表性的例子是 1913 年建立的福特 T 型车生产流水线，它彻底改变了汽车的生产方式，奠定了现代工业的基本生产模式。

（二）成长阶段

20 世纪 80 年代，日本推出了 JIT 制造理念，通过对前后端的整合，不断根据客户需求调整内部生产模式，同时与供应商进行深度捆绑合作，打通从原材料到制造商再到客户的过程，第一次真正形成了链的概念。这一阶段，供应链管理开始受到重视，企业之间的竞争逐渐转向追求生产效率和服务质量。

（三）深化阶段

20 世纪 90 年代以后，随着大部分企业仿效丰田实行精益生产来保持竞争力，供应链管理进入了深化阶段。新的企业流程重组（Business Process Reengineering，BPR）理念强调以客户为导向重新审视和设计流程，把客户需求提到更高的层面，同时开始思考供应链中实现物流、信息流、资金流管理的深化。

短视频：供应链的“前世今生”

（四）数字化与智能化阶段

进入 21 世纪，随着信息技术的飞速发展，供应链管理逐渐进入数字化与智能化阶段。物联网、大数据分析、人工智能、云计算等技术的广泛应用，使供应链管理的可视性、效率和决策制定能力大幅提高。

想一想：穿越时光隧道，剖析供应链的演变历程。

二、供应链概述

（一）供应链的概念

在《物流术语》（GB/T 18354—2021）中，供应链被定义为：生产及流通过程中，围绕核心企业的核心产品或服务，由所涉及的原材料供应商、制造商、分销商、零售商直到最终用户等形成的网链结构。供应链的基本结构如图 9-1-1 所示。

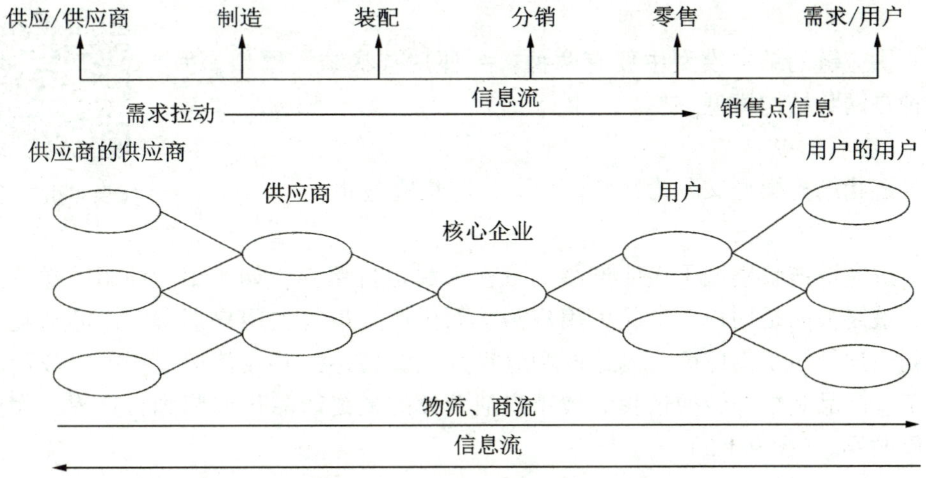

图 9-1-1　供应链的基本结构

（二）供应链的基本组成

供应链的基本组成如下。

① 供应商：为企业供应各种需要的资源，供应包括原材料、在制品、设备、能源、服务等。

② 制造商：负责产品制造，包括产品开发、生产和售后服务等。

③ 分销商：将产品送到经营地理范围的各个角落，在某一区域和领域，拥有商品的所有权，承担渠道销售的业务。

④ 零售商：将产品销售给消费者的企业。

（三）供应链的流程

一条完整的供应链必须包含以下四个流程。

① 物流：商品和服务的配送和传输渠道。它涉及从供应商到最终消费者的整个过程，包括运输、仓储、包装、配送等。物流的目标是确保在正确的时间和地点提供正确的产品数量，以满足客户的需求。

② 商流：商品和服务的买卖过程，如接受订货、签订合同等的商业流程。目前，商业流通形式呈现多元化：既有传统的店铺销售、上门销售、邮购等方式，又有通过互联网等新兴媒体进行购物的电子商务形式。

③ 信息流：供应链中的关键组成部分，犹如人类的神经系统。在供应链管理过程中，无论是资金的往来还是商品的往来，都需要数据作为支撑。

④ 资金流：供应链中涉及资金的流动。当商品和服务在供应链中流动时，资金也在各个环节之间流动，包括货款支付、运输费用、仓储费用等。有效的资金管理对于供应链的顺畅运作至关重要，它可以确保供应链的稳定性和可持续性。

想一想：供应链中包括了物流、商流、信息流和资金流，其中促使供应链形成的关键是什么？

三、供应链的结构模型

供应链的结构模型主要有两种：一种是链状结构模型，另一种是网状结构模型。

微课：供应链的结构模型

（一）链状结构模型

链状结构模型又分为链状模型Ⅰ、链状模型Ⅱ。

1. 链状模型Ⅰ

供应链链状模型Ⅰ表明产品的最初来源是自然界，如矿山、油田、橡胶园等，最终去向是用户。产品因用户需求而生产，最终被用户消费。产品从自然界到用户经历了供应商、制造商和分销商三级传递，并在传递过程中完成产品加工、产品装配等转换过程。被用户消费掉的最终产品仍回归到自然界，完成物质循环。（图 9-1-2）

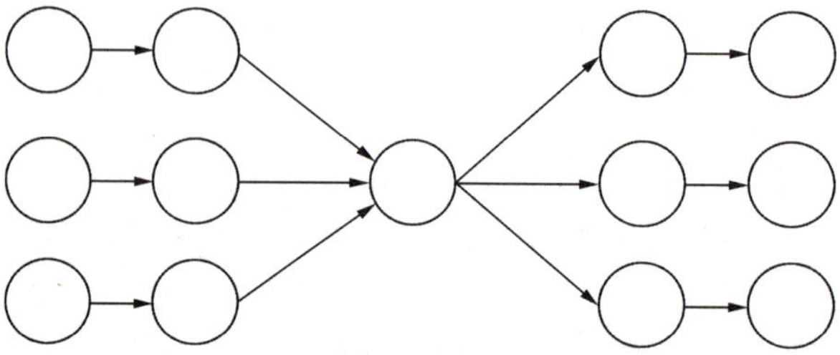

图 9-1-2　链状结构模型Ⅰ

2. 链状模型Ⅱ

模型Ⅱ是对模型Ⅰ的进一步抽象，它把商家都抽象成一个个的点，称为节点，并用字母或数字表示。节点以特定的方式和顺序联结成一串，构成图中的一条供应链。在模型Ⅱ中，若假定 C 为制造商，则 B 为供应商，D 为分销商；同样，若假定 B 为制造商，则 A 为供应商，C 为分销商。（图 9-1-3）

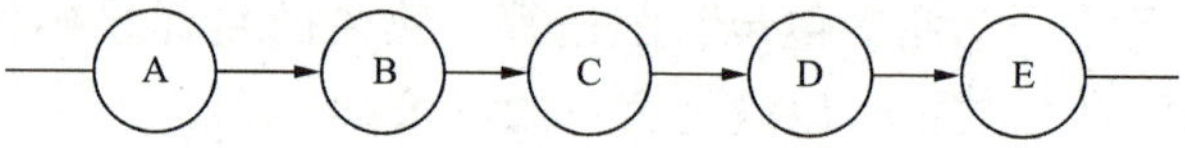

图 9-1-3　链状结构模型Ⅱ

在供应链上，除了资金流和信息流流动外，还存在物流（产品流）。物流的方向一般都是从供应商流向制造商，再流向分销商。在特殊情况（如产品退货）下，产品在供应链上的流向与上述方向相反，但由于产品退货属于非正常情况，且退货的产品也非严格定义的产品，因此在此不予考虑。依照物流的方向来定义供应链的方向，可以确定供应商、制造商和分销商之间的顺序关系。模型Ⅱ的箭头方向即表示供应链的物流方向。

在模型Ⅱ中，若假定 C 为制造商，可以相应地认为 B 为一级供应商，A 为二级供应商，并且还可以递归地假定三级供应商、四级供应商……同样，可以认为 D 为一级分销商，E 为二级分销商，并递归地假定三级分销商、四级分销商……一般来说，一个企业应尽可能考虑多级供应商和分销商，这样有利于从整体上了解供应链的运行状态。

（二）网状结构模型

事实上，在串行的链状结构的供应链模型中，C 的供应商可能不止一家，而是有 B_1，B_2，…，B_n 等 n 家，分销商也可能有 D_1，D_2，…，D_m 等 m 家。动态地看，C 也可能有 C_1，C_2，…，C_k 等 k 家，这样串行的链状结构供应链模型就转变为一个网状结构模型（图 9-1-4），网状模型更能说明现实世界中产品的复杂供应关系。

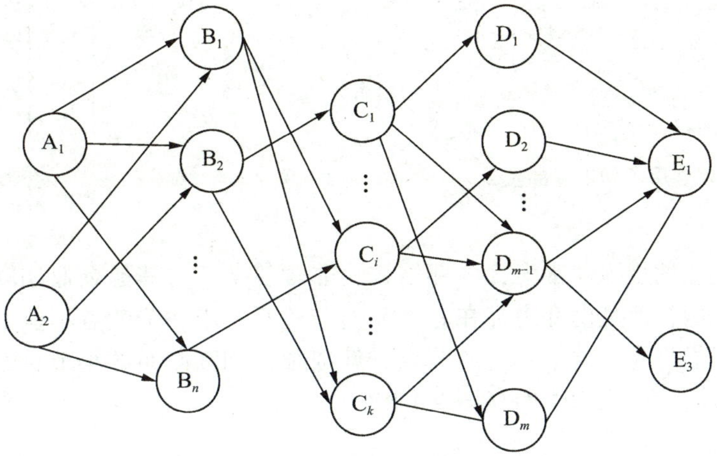

图 9-1-4　网状结构模型

1. 入点和出点

在网状模型中，物流的流动有方向性，从一个节点流向另一个节点。还有一些物流从某些节点补充流入，从某些节点分流流出。这些物流进入的节点称为入点，而流出的节点称为出点。入点相当于矿山、油田、橡胶园等原材料提供商，出点相当于最终用户。如图 9-1-5 所示，在串行的链状结构的供应链模型中 A 节点为入点，F 节点为出点。

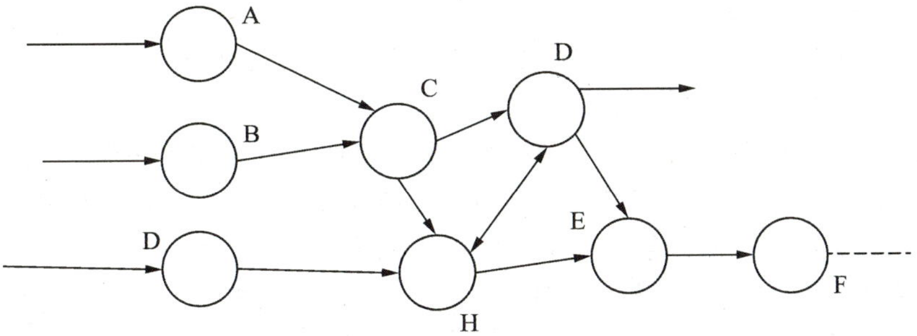

图 9-1-5　入点和出点

对于那些既为入点又为出点的节点企业，为了简化网状供应链的表示，将代表这个企业的节点一分为二，变成两个节点，一个为入点、一个为出点，并用实线将其框起来。如图 9-1-6 所示，A_1 为入点，A_2 为出点。同样，如有的企业对于另一个企业既为供应商又为分销商，也可将这个企业一分为二，变成两个节点：一个节点表示供应商，另一个节点表示分销商，也用实线将其框起来。如图 9-1-7 所示，B 是 C_1 的供应商，又是 C_2 的分销商。

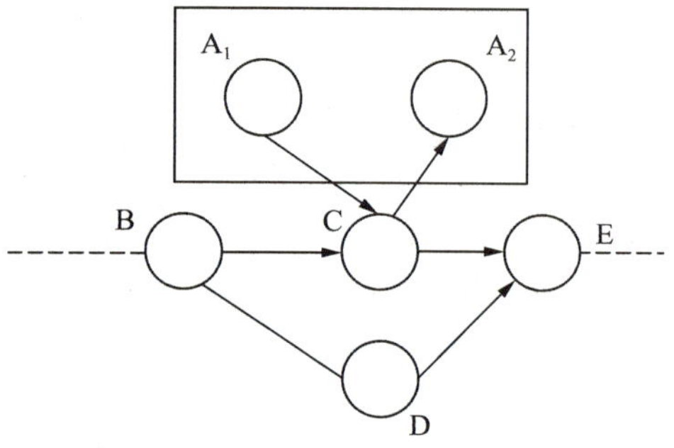

图 9-1-6 包含出点和入点的企业

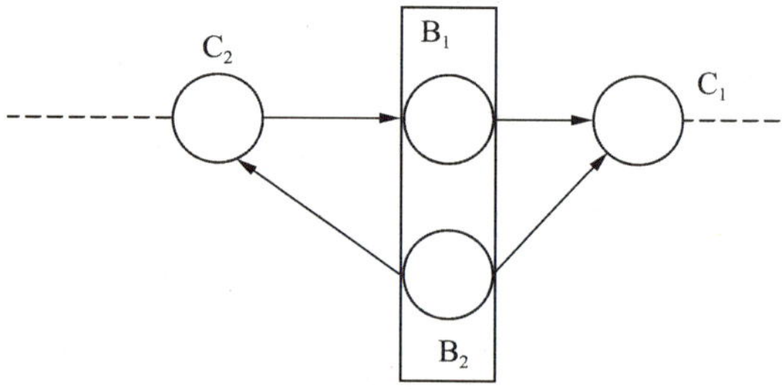

图 9-1-7 包含供应商和分销商的企业

2. 子网

有些企业的规模非常大，内部结构也非常复杂。与其他企业相联系的只是其中一个部门，而且内部也存在着产品对应关系，用一个节点不能表示这些复杂关系，我们将表示这个企业的节点分解成很多相互联系的小节点，这些小节点构成一个网，称之为子网（图 9-1-8）。

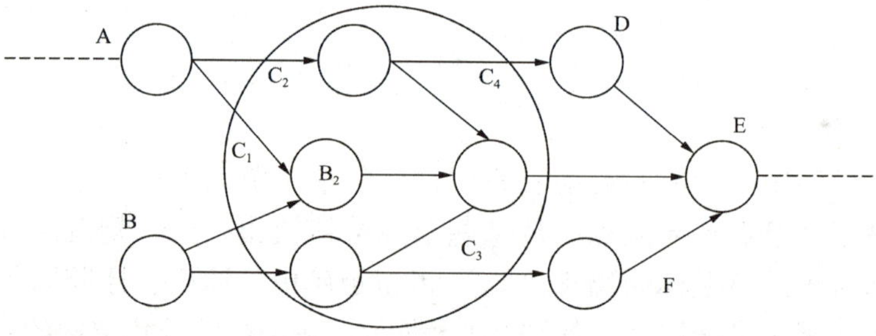

图 9-1-8 子网

四、供应链的类型

根据不同的划分标准，可以将供应链划分为不同的类型。

（一）根据供应链的范围不同划分

根据供应链的范围不同，可以将供应链分为内部供应链和外部供应链。

① 内部供应链是指企业内部产品生产和流通过程中所涉及的采购部门、生产部门、仓储部门、销售部门等组成的供需网络。

② 外部供应链则是指企业外部的，与企业相关的产品生产和流通过程中涉及的原材料供应商、生产厂商、储运商、零售商及最终消费者组成的供需网络。

内部供应链和外部供应链共同组成了企业产品从原材料到成品再到消费者的供应链。内部供应链是外部供应链的缩小化。例如，对于制造厂商，其采购部门就可看作内部供应链中的供应商。它们的区别只在于外部供应链范围大，涉及企业众多，企业间的协调更困难。

（二）根据供应链的复杂程度不同划分

根据供应链的复杂程度不同，可以将供应链分为直接型供应链、扩展型供应链和终端型供应链。

① 直接型供应链是产品、服务、资金和信息在往上游和下游的流动过程中，由公司、该公司的供应商和该公司的客户组成。

② 扩展型供应链是把直接供应商的供应商和直接客户的客户也包含在内，所有这些成员均参与产品、服务、资金和信息往上游和下游的流动过程。

③ 终端型供应链包括参与产品、服务、资金、信息从终端供应商到终端消费者的所有往上游和下游的流动过程中的所有组织。

（三）根据供应链的稳定性不同划分

根据供应链的稳定性划分，可以将供应链分为稳定的供应链和动态的供应链。

① 稳定的供应链是指基于相对稳定、单一的市场需求而组成的供应链。

② 动态的供应链是指基于相对频繁变化、复杂的需求而组成的供应链。

在实际管理运作中，需要根据不断变化的需求，相应地改变供应链的组成。

（四）根据供应链的容量与用户需求不同划分

根据供应链容量与用户需求不同，可以将供应链划分为平衡的供应链和倾斜的供应链。

① 平衡的供应链指一个供应链具有一定的、相对稳定的设备容量和生产能力（所有节点企业能力的综合，包括供应商、制造商、运输商、分销商、零售商等），但用户需求处于不断变化的过程中，当供应链的容量能满足用户需求时，供应链处于平衡状态。

② 倾斜的供应链指当市场变化加剧，造成供应链成本增加、库存增加、浪费增加等现象时，企业不是在最优状态下运作，供应链则处于倾斜状态。

（五）根据供应链的功能模式不同划分

根据供应链的功能模式（物理功能、市场中介功能和客户需求功能）不同，可以把供应链划分为三种：有效性供应链、反应性供应链和创新性供应链。

① 有效性供应链主要体现供应链的物理功能，即以最低的成本将原材料转化成零部件、半成品、产品及在供应链中的运输等。

② 反应性供应链主要体现供应链的市场中介的功能，即把产品分配到满足用户需求的市场，对未预知的需求做出快速反应等。

③ 创新性供应链主要体现供应链的客户需求功能，即根据最终消费者的喜好或时尚的引导，进而调整产品内容与形式来满足市场需求。

（六）根据供应链中企业地位不同划分

根据供应链中企业地位不同，可以将供应链分成盟主型供应链和非盟主型供应链。

① 盟主型供应链是指供应链中某一成员的节点企业在整个供应链中占据主导地位，对其他成员具有很强的辐射能力和吸引能力的供应链。盟主型供应链

分为以生产商为核心的供应链、以中间商为核心的供应链和以零售商为核心的供应链。比如，以生产商为核心的供应链——奇瑞汽车股份有限公司，以零售企业为核心的供应链——沃尔玛投资有限公司，以第三方物流服务为核心的供应链——顺丰控股股份有限公司。

② 非盟主型供应链是指供应链中企业的地位彼此差距不大，对供应链的重要程度相同的供应链。

（七）根据供应链的驱动力不同划分

根据供应链的驱动力不同，可以将供应链分为推式供应链、拉式供应链、推-拉混合式供应链。

① 推式供应链（图 9-1-9）是一种基于预测的供应链管理模式。在推式供应链中，企业根据市场需求和预测，提前进行生产并储存产品，然后通过推销和促销手段将产品推向市场。这种模式的特点是生产和库存的规模较大，以应对市场需求的波动。

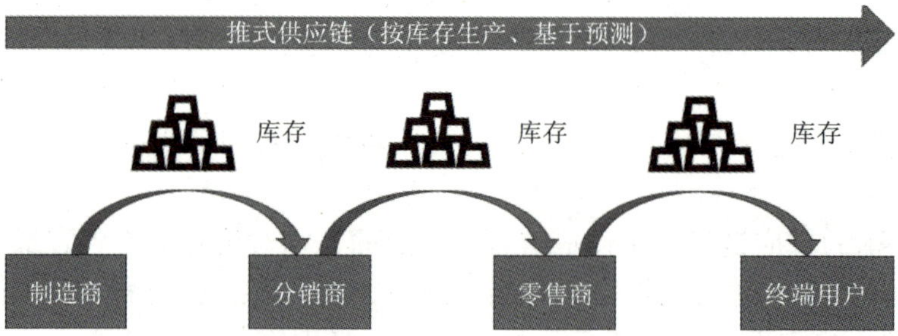

图 9-1-9　推式供应链

推式供应链的优点是可以确保产品的供应和交货期的可靠性，降低缺货和延迟交货的风险。然而，推式供应链也存在一些问题，如库存过高、资金占用和产品易过时等。因此，企业在实施推式供应链时，需要充分考虑市场需求和预测的准确性，以避免库存积压和资金浪费。

② 拉式供应链（图 9-1-10）是一种基于用户需求的供应链管理模式。在拉式供应链中，企业根据实际订单和需求，按需生产和供应产品。这种模式的特点是生产和库存的规模较小，以减少库存积压和资金。

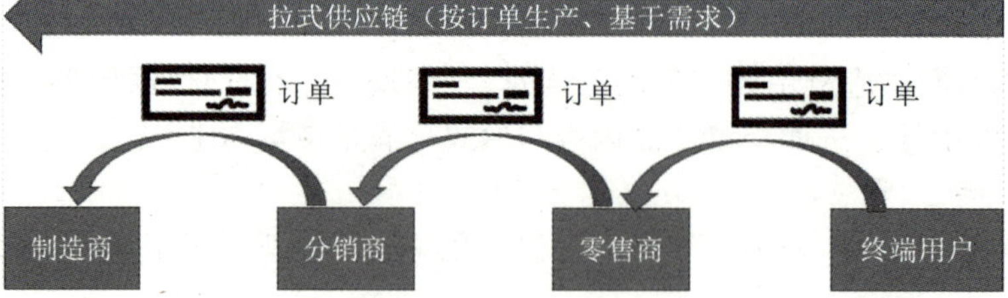

图 9-1-10　拉式供应链

拉式供应链的优点是可以降低库存成本、提高资金利用率和保持产品的新鲜度。然而，拉式供应链也存在一些问题，如交货期的不确定性和供应链的响应能力等。因此，企业在实施拉式供应链时，需要建立有效的供应链协调机制，以确保及时交付和满足客户需求。

③ 推-拉混合式供应链（图 9-1-11）运用延迟差异的思想，采用标准化、组件化、模块化生产方式，延缓产品差异产生的临界点，在产品出现差异化之前采用推动型供应链，在产品出现差异化之后采用拉动型供应链进行个性化组装、生产和加工。差异的区分之处就是推拉的边界，在此处系统从推动转换为拉动。

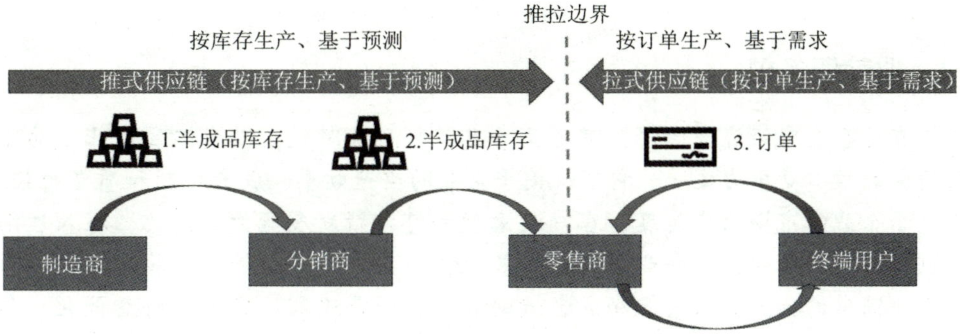

图 9-1-11　推-拉混合式供应链

根据商品的流向，推拉式供应链可分为前推后拉和前拉后推两种：其一，大部分业务采用前推后拉模式，先将不变的部分通过预测生产出半成本（推式），待接到用户需求后，再基于半成品组装成最终成品提供给用户（拉式）。其二，有些业务（如定制家具）采用前拉后推模式，在生产环节基于用户订单需求（拉式），但在运输环节采用规模经济，定期集中配送（推式）。

说一说：推式供应链和拉式供应链的区别。

五、供应链的特征

供应链是一个涉及从原材料供应商到最终用户的复杂系统，具备如下特征。

（一）复杂性

由于供应链节点企业组成的跨度（层次）不同，供应链往往由多个、多类型甚至多国企业构成，因此供应链结构模式比一般单个企业的结构模式更为复杂。

（二）动态性

因企业战略和适应市场需求变化的需要，其中节点企业需要动态地更新，不断重构，这就使得供应链具有明显的动态性。

（三）面向用户需求

供应链的形成、存在、重构，都是基于一定的市场需求而发生的，并且在供应链的运作过程中，用户的需求拉动是供应链中信息流、产品/服务流、资金流运作的驱动源。

（四）交叉性

对于产品而言，每种产品往往由多个链条组成。对于企业而言，供应链节点企业既可以是这条供应链的成员，又可以是另一条供应链的成员，众多供应链形成交叉结构，增加了协调管理的难度。

任务二 探究智慧供应链管理

课前任务单

在这个全球经济一体化、市场竞争日益激烈的时代，供应链管理已成为企业运营的核心竞争力之一。它不仅关乎企业的生产效率、成本控制和质量把控，更关乎企业的市场响应速度、客户满意度和可持续发展能力。因此，深入理解和剖析供应链管理，对企业的长远发展至关重要。如今，供应链管理已经不再局限于简单的物流、信息流和资金流的整合，而是逐渐演变为一种智能化、集成化的管理模式。你是否了解智慧供应链管理的核心理念、关键技术、实践案例及未来趋势？接下来，让我们一起学习智慧供应链管理的相关知识。

初识知识·提纲挈领

1. 阅读将要学习的知识内容，绘制预习内容框架，思考你还想了解哪些其他的知识或信息。

2. 完成以下训练题目。

（1）（单选题）供应链管理的经营导向是（　　）。

A. 客户服务　　B. 最低成本　　C. 最高利润　　D. 零库存

（2）（多选题）供应链管理的内容主要有（　　）。

A. 客户服务管理　　B. 信息管理　　C. 关系管理　　D. 库存管理

（3）（多选题）以下关于供应链管理的理解，正确的是（　　）。

A. 供应链管理是一种集成化的管理模式

B. 供应链管理是全过程的战略管理

C. 供应链管理提出了全新的库存观念

D. 供应链管理过程中节点之间具有竞合性

（4）（多选题）供应链管理具有（　　）特点。

A. 客户满意性　　B. 信息技术性

C. 协调性　　D. 交易费用最小性

熟读精思·循序渐进

以某超市为调查对象，完成如下任务。

1. 收集该超市的主要经营商品。
2. 从供应到销售环节，思考可采取哪些措施来提高这些商品的反应速度。

明确任务·情境挑战

理想汽车的供应链管理体系：理想汽车在供应链管理方面表现如此出色，甚至在某些层面达到了比亚迪所不及的高度，这得益于其成熟的供应链管理体系，即供应链的垂直整合。对于垂直整合的边界界定，理想汽车主要遵循两个原则：一是“死穴”原则，供应商无法生产零件，只能由理想去做；二是效率原则，如果零件生产的封闭性越高、效率越高，则自行生产，如果开放模式下效率更高，则交由供应商生产。

宜家的供应链管理体系：宜家自1943年创办以来，始终保持着强劲的竞争力，靠的就是强大的供应链管理办法。宜家供应链管理的三大法宝：最佳采购、竞争性竞价、创造最优条件，以此确保客户可以在优惠的价格内享有最好的产品。在供应链管理上，宜家不仅致力于为自身创造最优条件，也积极为供应商创造有利条件，力求实现双赢。因为在宜家看来，供应商降本增效就等同于自身降本增效，最终目标是让消费者可以低价购入优质产品。

名创优品的供应链管理体系：名创优品在2013—2024年这十年间，发展到全球门店数量达6 600多家，遍布111个国家/地区，会员用户超1亿，营收突破100亿的规模。它采用“平台+个人”的共享模式，将全球的公共设计师资源转化为自有资源；凭借极短的账期遴选出最优质的供应商，并用最严格的标准保证产品品质；与专业团队合作，共建仓储物流体系，与合作商分享利润，自身仅赚取产品利润，凭借此理念保证物流体系的高效运转，这些都是名创优品的供应链运作模式。

任务思考：

供应链管理是一种怎样的管理模式？它所追求的目标和涵盖的管理内容分别是什么？请将思考结果与小组成员进行讨论，并在班级汇报展示。

一、认识供应链管理

（一）供应链管理的定义

供应链管理的经营理念是站在消费者的立场，通过企业间的协作，力求实现供应链的整体优化。成功的供应链管理，能够协调并整合供应链中所有的活动，最终达成无缝连接的一体化过程。同一企业在这个网络中充当不同的组成节点，但更多的情况下是由不同的企业构成这个网络中的不同节点。

在《物流术语》（GB/T 18354—2021）中，供应链管理被定义为：从供应链整体目标出发，对供应链中采购、生产、销售各环节的商流、物流、信息流及资金流进行统一计划、组织、协调、控制的活动和过程。

（二）供应链管理的内涵

供应链管理是一种先进的管理理念，它的先进性体现在以顾客和最终消费者为经营导向，围绕满足顾客和消费者的最终期望来组织生产和供应。供应链管理的内涵主要涵盖以下几点。

1. 供应链管理是全过程的战略管理

供应链管理把所有节点企业看作是一个整体，实现全过程的战略管理。供应链是由供应商、制造商、分销商、零售商、客户和服务商组成的网状结构。链中各环节不是彼此分割的，而是环环相扣的一个有机整体。供应链管理把物流、信息流、资金流、商流和价值流的管理贯穿于供应链的全过程。它要求各节点企业之间实现信息共享、风险共担、利益共存，并从战略的高度去认识供应链管理的重要性和必要性，进而真正实现整体的有效管理。

2. 供应链管理是一种集成化的管理模式

供应链管理的关键在于运用集成的思想和方法。它是一种从供应商开始，经由制造商、分销商、零售商，直到最终客户的全要素、全过程的集成化管理模式，是一种新型的管理策略，它把不同的企业集成起来以提高整个供应链的效率，注重的是企业之间的合作，以实现全局最优。

3. 供应链管理提出了全新的库存观念

传统的库存思想认为：库存是维系生产与销售的必要措施，是一种必要的成本。因此，供应链管理使企业与其上下游企业之间在不同的市场环境下实现了库存的转移，降低了企业的库存成本。这也要求供应链上的各个企业成员建立战略合作关系，通过快速反应降低库存总成本。

4. 供应链管理以最终客户为中心

以最终客户为中心是供应链管理的经营导向。无论构成供应链节点的企业数量有多少，也无论供应链节点企业的类型、层次有多少，供应链的形成都是以客户和最终消费者的需求为导向的。正是由于有了客户和最终消费者的需求，供应链才得以存在。而且，只有让客户和最终消费者的需求得到满足，才能实现供应链的更大发展。

说一说： 供应链管理与传统物流管理模式的区别？

（三）供应链管理的内容

1. 客户管理

在供应链管理中，客户管理是起点，供应链源于客户需求，也终于客户需求，因此供应链管理是以满足客户需求为核心运作的。由于客户需求千变万化，而且存在个体差异，因此真实、准确的客户管理是企业供应链管理的重中之重。

想一想： 华为的新产品 Mate70 上市了，请你从交易前、交易中与交易后三个方面，全面分析哪些因素会影响客户的服务水平。

2. 信息管理

信息管理是供应链管理的关键内容之一。要真正实现供应链管理潜能的最大化，信息流必须是双向的。信息交流可以借助电子数据交换系统经由私人和公共网络完成，这样，供应链成员就可以及时地、成本较低地互通信息。计算机控制了整个流程，从订单传输到供应商接收订单，以及订单的履行，一直到接收并检验货物。

3. 库存管理

原材料、半成品及产成品的库存管理是供应链管理的重点，也是评价供应链管理成功与否的主要指标。对于库存管理，一方面必须能客观、合理地满足客户需求，另一方面又要尽力降低供应链成本。为了保持商品库存供求的平衡，需要对供应链进行综合管理以避免积压。供应链内部的信息共享将极大地促进节点企业“零库存”目标的实现，从而提高供应链的整体效益。

4. 关系管理

现代供应链管理理论提供了提升竞争优势、降低交易成本的有效途径，这种途径就是通过协调供应链各成员之间的关系，加强与合作伙伴的联系，在协调合作关系的基础上进行交易，为供应链的全局最优化而努力，从而有效地降低供应链整体的交易成本，使供应链各方的利益获得同步的增加。

5. 风险管理

供应链上企业之间的合作，会因为信息不对称、信息扭曲、市场不确定性及其他政治、经济、法律等因素的变化而产生各种风险。为了使供应链上的企业都能从合作中获得满意结果，必须采取一定的措施规避供应链运行中的风险，如提高信息透明度和共享性、优化合同模式、建立监督控制机制等，尤其是必须在企业合作的各个阶段通过激励机制的运行，采用各种手段实施激励，以使供应链企业之间的合作更加有效。

短视频：产业链供应链安全是“底线”

二、供应链管理的目标

供应链管理的目标在于提高用户服务水平和降低总的交易成本，并且寻求两者的平衡。

（一）总成本最低化

采购成本、运输成本、库存成本、制造成本及供应链物流的其他成本费用都是相互联系的。因此，为了实现有效的供应链管理，必须将供应链中各成员企业作为一个有机整体来考虑，并使实体供应物流、制造装配物流与实体分销物流之间达到高度均衡，从这一意义出发，总成本最低化目标并不是指运输费用或库存成本，或其他任何单项活动的成本最低，而是指整个供应链运作与管理的所有成本的总和达到最低。

（二）客户服务最优化

在激烈的市场竞争时代，当许多企业都能在价格、特色和质量等方面提供相类似的产品时，差异化的客户服务能带给企业独特的竞争优势。纵观当前的每个行业，消费者都有广泛而多样化的选择余地，企业所提供的客户服务水平，直接影响到它的市场份额、物流总成本，并且最终影响其整体利润。供应链管理的目标之一就是通过上下游企业协调一致的运作，保证达到客户满意的服务水平，吸引并保留客户，最终实现企业的价值最大化。

（三）总库存最小化

传统的管理思想认为，库存是维系生产与销售的必要措施，因而企业与其上下游企业之间的活动只是实现了库存的转移，整个社会库存总量并未减少。按照 JIT 管理思想，库存是不确定性的产物，任何库存都是浪费的。因此，在实现供应链管理目标的同时，要使整个供应链的库存控制在最低的程度。“零库存”反映的就是这一目标的理想状态。所以，总库存最小化目标的达成，有赖于实现对整个供应链的库存水平与库存变化的最优控制，而不只是单个成员企业库存水平的最低。

企业案例

走进海尔看制造业数字化转型——2 400 亿家电巨头 85%产品不入库

早在 2008 年，海尔集团就提出“零库存”的目标。经过多年努力，2022 年海尔家电全品类不入库率已达 85%。海尔中德滚筒洗衣机互联工厂年产洗衣机近 300 万台，每个工作日有超过 1 万台洗衣机流向世界各地，但厂区仓库很小，只有小面积物流中转站。近年来，海尔实现了“大规模制造”向“大规模定制”的转变，海尔智家大力推行以用户为中心的大规模个性化定制模式，从根本上保证了低库存。

（四）总周期最短化

在当今的市场竞争中，时间已成为竞争成败最重要的要素之一。当今的市场竞争不再是单个企业之间的竞争，而是供应链与供应链之间的竞争。从某种意义上讲，供应链之间的竞争实质上是时间的竞争，即必须实现快速有效的反应，最大限度地缩短从客户发出订单到交货的总周期。

企业案例

ZARA 演绎供应链的极速传说

ZARA 是西班牙 Inditex 集团旗下的一个子公司，它既是服装品牌，也是专营 ZARA 品牌服装的连锁零售品牌。ZARA 专卖店按照女装、男装和童装分类摆放衣物，将衣裤、皮包、配饰组合搭配在一起，促使顾客成套购买；ZARA 专卖店中每种款式衣服上架时间不超过 3 周，每种款式最多补货一次；两三个星期后未卖出的产品，将会被运往该国的其他分店或西班牙本部；服装行业一般只能出售 60%~70%的产品，而 ZARA 却让这个比例提升到 85%。

（五）物流质量最优化

企业产品或服务质量的优劣直接关系到企业的成败。同样，供应链企业间服务质量的好坏直接关系到供应链的存亡。如果在所有业务过程结束以后，发现提供给最终客户的产品或服务存在质量缺陷，就意味着所有成本的投入将不会得到任何价值补偿，供应链管理下的所有物流业务活动都会沦为非增值活动，从而导致整个供应链的价值无法实现。因此，达到并保持物流质量最优化，也是供应链管理的重要目标。而这一目标的实现，必须从原材料、零部件供应的零缺陷开始，直至供应链管理全过程、全方位质量的最优化。

三、供应链管理的方法

（一）快速反应

在《物流术语》（GB/T 18354—2021）中，快速反应（Quick Response，QR）被定义为：供应链成员企业之间建立战略合作伙伴关系，利用电子数据交换等信息技术进行信息交换与信息共享，用高频率小批量配送方式补货，以实现缩短交货周期、减少库存、提高顾客服务水平和企业竞争力为目的的一种供应链管理策略。

短视频："小单快反"打造跨境电商企业供应链

QR 贯彻的哲理是：为了快速响应顾客的需求，供应商、制造商和分销商应该紧密合作，通过共享信息来共同预测未来的需求并且持续监视需求的变化以获得机会。QR 适用于单位价值高、季节性强、可替代性差、购买频率低的行业。

知识链接

QR 产生的背景

20 世纪 70 年代后半期，通货膨胀致使价格上涨，纺织品的大量进口使美国纺织业出现迅速萎缩。1985 年，纺织与服装协会委托咨询公司克特 · 萨尔蒙（Kurt Salmon）进行了供应链分析，结果显示：尽管系统的各个部分运作效率较高，但整个系统的效率却很低。于是，纤维、纺织、服装及零售业开始寻找那些在供应链上导致高成本的活动，发现供应链的周期是影响其运作效率的主要因素。据统计，从原材料采购到消费者购买，时间为 66 周的供应链（11 周在制造车间、40 周在仓库或转运、15 周在商店）不仅各种费用庞大，而且基于不准确需求预测的生产和分销，因数量过多或过少造成的损失巨大，每年可达 25 亿美元，其中三分之二的损失来自零售商或制造商对服装的降价处理及零售时的缺货。通过进一步的调查发现：消费者离开商店不购买的主要原因是找不到合适尺寸和颜色的商品，而并不是对商品款式不满。

这项研究导致了快速反应策略的应用和发展。实施快速反应，供应商、制造商和零售商可以通过 POS 信息系统，联合预测未来需求变化，共同开发新产品并分析新产品的营销机会，对消费者的需求做出快速反应。从运作角度看，供应链上的贸易伙伴需要通过 EDI 加快信息的流动，并共同重组业务流程，以缩短订货提前期并实现成本最小化。纺织服装业快速反应的应用，使其供应链周期从 66 周降至 45 周，交货提前期从 62 天降至 15 天。

想一想：结合 QR 产生的背景，想一想快速反应给服装行业整条供应链带来了哪些好处？

（二）有效客户反应

在《物流术语》（GB/T 18354—2021）中，有效客户反应（Efficient Consumer Response，ECR）被定义为：以满足顾客要求和最大限度降低物流过程费用为原则，能及时做出准确反应，使提供的物品供应或服务流程最佳化的一种供应链管理策略。

ECR 主要以食品行业为对象，其主要目标是降低供应链各环节的成本，提高效率。ECR 适用于产品单位价值低、库存周转率高、毛利少、可替代性强、购买频率高的行业。

知识链接

ECR 产生的背景

20 世纪 80 年代特别是到了 90 年代以后，美国日杂百货业零售商和生产厂家的交易关系由生产厂家占据支配地位，转换为零售商占主导地位，在供应链内部，零售商和生产厂家为取得供应链主导权，为商家品牌和厂家品牌占据零售店铺货架空间的份额展开激烈的竞争，使得供应链各个环节间的成本不断转移，供应链整体成本上升。

从零售商角度看，新的零售业态如仓储商店、折扣店大量涌现，日杂百货业的竞争更趋激烈，他们开始寻找新的管理方法。从生产商角度看，为了获得销售渠道，直接或间接降价，牺牲了厂家自身利益。生产商希望与零售商结成更为紧密的联盟，对双方都有利。从消费者角度看，过度竞争忽视了消费者需求：高质量、新鲜、服务好和合理价格。

在此背景下，美国食品市场营销协会联合多家公司对供应链进行调查、总结、分析，得到改进供应链管理的详细报告，提出了 ECR 的概念体系，被零售商和制造商广泛应用于实践。

说一说： 快速反应和有效客户响应的不同？

模拟实训

一、实训内容

企业供应链管理调研分享会。

二、实训步骤和要求

（1）全班同学自由分组，每组 4—6 人，根据本任务所学知识，各组选择所在城市内的一家企业，对该企业的供应链管理相关内容开展调研。

（2）了解该企业供应链类型、供应链管理目标、供应链管理方法、供应链管理岗位要求等。

（3）以小组为单位进行 PPT 汇报，小组互评，教师点评；全班同学开展交流分享。

实训评价

实训评价表

内容		评价		
学习目标	评价项目	自我评价	组间评价	教师评价
专业知识（30 分）	了解供应链的发展演变	得分及备注：	得分及备注：	得分及备注：
	掌握供应链的概念与特征			
	理解供应链管理的目标			
	掌握供应链管理的方法			
专业能力（45 分）	能描述供应链管理的定义	得分及备注：	得分及备注：	得分及备注：
	能识别供应链的类型，结合实例分析供应链管理的内容和目标			
	能利用所学知识初步分析供应链结构模式			

续表

<table>
<tr><th colspan="2">内容</th><th colspan="3">评价</th></tr>
<tr><th>学习目标</th><th>评价项目</th><th>自我评价</th><th>组间评价</th><th>教师评价</th></tr>
<tr><td rowspan="4">职业意识
（25 分）</td><td>踏实刻苦、周密细致的工作作风</td><td rowspan="4">得分及备注：</td><td rowspan="4">得分及备注：</td><td rowspan="4">得分及备注：</td></tr>
<tr><td>奋斗精神、团队合作意识</td></tr>
<tr><td>服务意识</td></tr>
<tr><td>实践创新意识</td></tr>
<tr><td colspan="2">教师建议：</td><td colspan="3" rowspan="2">评价汇总：
A. 优秀　　B. 良好
C. 基本掌握　　D. 没有掌握
（参考标准：得分低于 60 分的为没有掌握，60~70 分的为基本掌握，70~80 分的为良好，高于 80 分的为优秀）</td></tr>
<tr><td colspan="2">个人努力方向：</td></tr>
</table>

同步测试

一、单选题

1. 供应链节点企业既可以是这条供应链的成员，同时又是另一条供应链的成员，这体现了供应链的（　　）。

A. 增值性　　B. 交叉性　　C. 供求性　　D. 动态性

2. 与消费者联系最为紧密的环节是（　　）。

A. 零售商　　B. 批发商　　C. 制造商　　D. 供应商

3. 电子产品的推–拉混合式供应链是（　　）。

A. 前拉后推　　B. 前推后拉　　C. 前推前拉　　D. 后推后拉

4. 推–拉混合式供应链的实施关键是（　　）。

A. 制造商的生产计划　　B. 零售商的促销计划

C. 顾客需求切入点的确定　　D. 消费者的需求信息

5. 关于供应链管理的目标，下列说法正确的是（　　）。

A. 实现核心企业的成本最低化　　B. 降低产品的生产时间

C. 提高客户满意度　　D. 降低零售商各门店的存货

6. 供应链管理最基本的目标是（　　）。

A. 客户服务最优化　　B. 总成本最低化

C. 总库存最小化　　D. 总周期最短化

7. 快速反应产生于（　　）行业。

A. 食品　　B. 电子　　C. 药品　　D. 服装

8. 有效客户反应的实施可以减少许多不必要的成本开支，下列选项中属于“管理费用下降”的是（　　）。

A. 商品的制造成本下降　　B. 商品促销费用下降

C. 办事员和财务人员减少　　D. 包装材料减少

9. 供应链的主要成本来源是（　　），对供应链中的物流周转时间也有显著影响，对企业的反应能力有巨大影响。

A. 库存　　B. 仓储　　C. 运输　　D. 分销

10. 供应链的各个节点的选择应遵循强强联合的原则，达到实现资源外用的目的，每个企业只集中精力致力于各自核心的业务过程，这是坚持了（　　）原则。

A. 集优性原则　　B. 战略性原则

C. 动态性原则　　D. 自顶向下和自底向上相结合原则

二、多选题

1. 供应链的流程主要包括（　　）。

A. 物资流通　　B. 商业流通　　C. 信息流通　　D. 资金流通

2. 下列属于供应链特征的是（　　）。

A. 复杂性　　B. 动态性

C. 交叉性　　D. 面向客户服务

3. 根据供应链容量与用户需求的关系不同，供应链可以分为（　　）。

A. 稳定的供应链　　B. 平衡的供应链

C. 倾斜的供应链　　D. 有效性供应链

4. 供应链管理所涉及的领域包括（　　）。

A. 供应管理　　B. 生产计划管理

C. 需求管理　　D. 回流管理

5. 下列关于供应链管理的说法，正确的是（　　）。

A. 供应链管理需要把不同企业集成起来以提高效率

B. 供应链管理需要对供应链中的所有活动进行计划、组织、协调和控制

C. 供应链管理可以将产品及时准确地交到消费者手中

D. 供应链注重逆向管理，而忽略传统的正向管理

三、判断题

1. 供应链是交错链状的网络结构。（　　）

2. 供应链结构模式比一般单个企业模式更为简单。（　　）

3. 供应链的网络结构是由供应商推动的。（　　）

4. 现代供应链管理是把供应链上的各个企业作为一个整体，使供应链上的各个企业分担采购、生产、分销、销售的职能，作为一个协调发展的有机体。（　　）

5. 供应链管理是一种集成的管理思想和方法，是一种管理战略。（　　）

6. 推式供应链要求以客户需求驱动。（　　）

7. 要有效实现供应链管理的目标，必须依托强大的信息技术。（　　）

8. 供应链中只有相邻的两个节点是供应与需求的关系，而非相邻的节点企业不是供应与需求的关系。（　　）

9. 快速反应需要通过柔性，以满足不同客户的不同需求。（　　）

10. 有效客户响应需要借助多种物流技术，才能实现商品供应的精确性。（　　）

四、案例分析题

当下，在理性消费趋势下，企业的供应链竞争能力更显重要。原因无他，消费者习惯正在发生肉眼可见的变化，“平替”热度居高不下的潜台词是：既要品质好，又要价格低。对坚持走品质路线的终端需求拉动型企业来说，如何更好地满足新消费趋势，是摆在他们面前的核心问题。京东、盒马、安踏如此，良品铺子也不例外。

一、品质与价格的对决

2020 年，良品铺子通过作业标准化、自动化、连续流作业等 12 个维度，帮

助供应商提升精益管理能力。基于此，良品铺子建立了供应链成本数字化管理体系。过亿爆款单品香卤铁蛋的供应商，就是在良品铺子的指导下，通过优化生产设备、改变剥蛋方法、提升包装工艺，以及引进色选机代替人工挑选“花蛋”，一年节省成本105万元。一点点“抠”出来的成本，都让利给了消费者。

2023年，年货节物流纸箱降本18.4%，还能不能进一步“挤水分”？良品铺子把包装袋一一拆解，研究哪里还能“抠成本”。还真有“抠”的空间：在保质期和口感不受影响下，将透明高阻隔塑料替代铝箔，方便回收再利用；预计2024年还能降本862万元。

二、从消费者视角看品质

良品铺子关注到的另一个核心触点，是将一切顾客认为没有价值的浪费去掉。2023年，良品铺子从消费视角落实对品质的全新思考，让公司花在品质上的每一分钱，都能被消费者看见，而不是让消费者用钱包来买单。

以坚果产品为例，作为原料型为主产品，以前良品铺子要求供应商定向在市场上采购指定规格原料，因等级高导致采购成本一直居高不下。现在，良品铺子一方面将大宗坚果原料采购纳入供应商直采体系，另一方面改变原料收购策略，通过市场统采将原料进行分级应用，用不同型号、不同等级的原料，去做不同类型的产品。

三、在变革中坚守品质底线

当下，尽管一些变化正在快速发生，但对良品铺子而言，一直坚持的品质底线和原则并未变化。2023年10月，供应商携带猪肉脯试吃样品，到良品铺子沟通产品升级事宜。采购人员购买门店在售产品进行试吃对比后发现，该供应商某批次产品“湿软、无干香”，和良品铺子要求的产品口感有明显差异。企业当即做出决定，在付出销售损失近90万元的情况下，将该批次产品全部下架。随后，良品铺子跟进供应商调研，发现问题来源主要是生产时烘烤位置不一致导致，立即指导供应商进行调整，直至产品达标后才重新上市。

这是良品铺子对产品品质把关的一个缩影。良品铺子从消费者需求出发，倒逼供应链企业转型升级的双赢模式，一直是业界标杆。高品质一直都是良品铺子的立身之本、生命之源，也是赋能公司供应链高质量发展的关键。未来，不管世界变化有多快，竞争有多激烈，相信良品铺子对高品质的坚守，永远都不会变。

思考题：

1. 良品铺子是如何应对零食行业剧烈变化的？
2. 良品铺子是如何控制成本的？
3. 良品铺子是如何通过供应链效率优化，最终实现降价呢？

参考答案

参考文献

[1] 刘华，王月. 现代物流管理与实务［M］. 3 版. 北京：清华大学出版社，2022.

[2] 任豪祥. 北京中物联 1+X 证书系列教材 物流与供应链职业基础［M］. 南京：江苏凤凰教育出版社，2021.

[3] 刘宝红. 供应链管理：高成本、高库存、重资产的解决方案［M］. 2 版. 北京：机械工业出版社，2023.

[4] 郑玉卉，于丽娟. 走进物流［M］. 3 版. 北京：机械工业出版社，2024.

[5] 中国物流与采购联合会，中国物流学会. 中国物流发展报告（2022—2023）［M］. 北京：中国财富出版社，2023.